GUIDE POUR LE CHOIX

...ION

DAMES

Nouvelle Édition
ENTIÈREMENT REVUE, MISE À JOUR ET AUGMENTÉE
avec une préface

PAR

GEORGES BROQUELET

Licencié en Droit

PARIS

GARNIER FRÈRES, LIBRAIRES-ÉDITEURS

6, RUE DES SAINTS-PÈRES, 6

GUIDE POUR LE CHOIX

D'UNE

PROFESSION

A L'USAGE DES

JEUNES FILLES ET DES DAMES

PAR

F. DE DONVILLE

Nouvelle Édition

ENTIÈREMENT REVUE, MISE A JOUR ET AUGMENTÉE

avec une préface

PAR

GEORGES BROQUELET

Licencié en Droit

PARIS

GARNIER FRÈRES, LIBRAIRES-ÉDITEURS

6, RUE DES SAINTS-PÈRES, 6

GUIDE POUR LE CHOIX

D'UNE PROFESSION

A L'USAGE

DES JEUNES FILLES ET DES DAMES

ÉMILE COLIN ET Cie — IMPRIMERIE DE LAGNY

E. OREVIN, SUCC^r.

LES PROFESSIONS DES FEMMES

GUIDE POUR LE CHOIX

D'UNE

PROFESSION

A L'USAGE DES

JEUNES FILLES ET DES DAMES

PAR

F. DE DONVILLE

Nouvelle Édition

ENTIÈREMENT REVUE, MISE A JOUR ET AUGMENTÉE

avec une préface

PAR

GEORGES BROQUELET

Licencié en Droit.

PARIS

GARNIER FRÈRES, LIBRAIRES-ÉDITEURS

6, RUE DES SAINTS-PÈRES, 6

1900

PRÉFACE

Le nombre de professions auxquelles les femmes
peuvent accéder est fort restreint, si on le compare
au chiffre des métiers dans lesquels les hommes
sont employés.

De nos jours beaucoup de jeunes filles ou de
dames sont forcées de chercher des occupations en
dehors du foyer, et aussi bien dans les professions
administratives que manuelles les places sont difficiles à trouver.

D'autre part, la place enfin découverte, une
autre question s'agite, celle du salaire, car dans
certains métiers celui-ci est dérisoire.

L'exploitation du travail féminin est un sujet
dont on parle beaucoup, mais pour lequel on ne
fait pas grand chose.

De temps à autre un économiste ou un socio-
logue quelconque s'empare de la question pour
donner libre cours à sa prose ou à sa parole, mais

tout cela sont des mots; pas d'agissements, partant pas de résultats.

Le « sweating system », ou « système de la sueur », ou exploitation basse et sans nom d'entrepreneurs avides de gain, est la source de la misère dans laquelle tombent des centaines et des centaines d'ouvrières.

Le résultat des statistiques ordonnées par l'office du travail a été déplorable, surtout chez les ouvrières travaillant pour des entreprises.

Le salaire journalier dont parlent ces statistiques n'est pas, malgré sa modicité, toujours sûr. Il faut encore compter avec les mortes-saisons souvent fréquentes, les chômages.

Et, pour gagner quelques centaines de francs par an, une ouvrière est obligée de travailler sans relâche, de produire sans cesse.

Peut-elle vivre avec les sommes minimes qui lui sont attribuées? La réponse n'est que trop claire. Si sa famille peut l'aider, elle pourra péniblement se suffire, mais si elle n'en a pas ou si, ce qui se produit souvent, elle doit elle-même subvenir à ses besoins, alors la gêne, la maladie, la misère apparaissent.

Les causes de cet état de choses sont faciles à trouver. Ce sont l'encombrement des métiers et l'avidité des entrepreneurs jamais rassasiés.

Le remède? On en a proposé beaucoup, mais

peu ont des chances de réussite et moins encore peuvent être réalisés.

En attendant sa disparition, l'injustice subsiste et les ouvrières exploitées doivent continuer de travailler sans répit.

Dans ce volume, le lecteur — ou plutôt la lectrice, puisqu'il s'adresse aux jeunes filles et aux dames — trouvera les renseignements destinés à la guider dans le choix d'une profession.

Humble, voudra-t-elle exercer un métier manuel, elle pourra se reporter à la partie qui termine cet ouvrage !

D'une position plus aisée, désirera-t-elle entrer dans une école quelconque afin de compléter ses études ou de se préparer à une profession libérale, elle pourra y puiser des données utiles.

Enfin, son intention sera-t-elle de faire sa carrière dans l'une de ces administrations ouvertes à l'heure actuelle aux femmes, elle rencontrera dans ce guide divers articles qui leur sont consacrés.

Nous espérons que ce recueil remplira le but que l'auteur s'est proposé, et qu'il pourra parfois éclairer nos lectrices à l'heure critique où elles seront forcées de choisir leur voie.

GEORGES BROQUELET,
Licencié en Droit.

LES
PROFESSIONS DES FEMMES

ADMINISTRATIONS

Ce ne fut pas sans protestations qu'on vit un certain nombre d'administrations — quelques administrations de l'État en tête — offrir des emplois aux femmes.

Le monde des employés se plaignit amèrement de cette concurrence qui diminuait le nombre d'admissions, et parfois même arrêtait l'avancement.

Nous avouons que cette amertume était un peu justifiée, car la lutte pour la vie devient de plus en plus difficile.

Mais est-ce à dire qu'on a tort en créant de nouvelles ressources pour les femmes, en leur permettant d'appliquer leur intelligence à certains travaux de bureau qui n'exigent que de l'ordre et de la régulaité, qualités qui sont, en général, inhérentes à leur ature?

Les envoyer faire le ménage est chose aisée, mais
ont-elles toujours un ménage à diriger, et, même en
ce cas, peuvent-elles ainsi suffire à leurs besoins et
aux besoins de ceux dont les circonstances les ont
faites l'appui ?

Cette sorte d'émancipation des femmes par le travail, à laquelle nous assistons, inspirait les lignes
suivantes à un publiciste des plus distingués (1) :

« La vie compliquée que la société contemporaine
fait aux hommes comme aux femmes ne permet pas
toujours à celles-ci de rester sans bouger à ce foyer
où manque parfois le feu, et qu'elles ont la fonction
d'alimenter.

« Les femmes qui sont dans le négoce et qui font
des affaires préféreraient sans doute être des créa-
tures de luxe et de parade, de délicieuses perruches
caquetant chez les bons faiseurs ; mais pour la plupart, c'est la nécessité qui les force à travailler, sous
la forme d'un mari malade ou occupé ailleurs, de fils
à élever, de filles à marier.

« C'est ce qui rend, notamment, infiniment res-
pectable la cause des femmes, auxquelles le Sénat
a donné le droit électoral en matière de commerce.

« Comme elles paient patente aussi bien que les
hommes, continuer à le leur refuser eût été une injustice flagrante et choquante ; il en est quelques-unes
qui se perpétuent ainsi d'âge en âge, sans autre
raison que la difficulté de faire ce qui n'a pas été fait
encore.

(1) M. Francis Magnard.

« Et pourtant si l'on essayait ! Si l'on osait vouloir ! Si nos propres préjugés et plus encore ceux des autres ne nous empêchaient pas de parler !... Ce serait peut-être l'aurore d'un monde différent et meilleur, sinon nouveau. »

On ne peut qu'applaudir à cette appréciation : elle est marquée au coin du bon sens.

Si d'ailleurs les hommes sont forcés d'abandonner aux femmes, dans les administrations et dans le commerce, certains postes secondaires, ce ne sera peut-être pas un mal. Cela les obligera à en conquérir de plus élevés; cela en forcera peut-être un certain nombre à chercher leur voie dans le grand commerce, surtout dans le commerce extérieur, et dans certaines branches de l'industrie où se trouvent de nombreux postes accessibles seulement à l'homme.

Et si, d'un autre côté, les hommes tiennent autant à faire revenir les femmes au foyer, n'en ont-ils pas en général les moyens : qu'ils s'appliquent à enrichir ce foyer et à y garantir, autant que possible, une existence indépendante à leurs femmes et à leurs filles.

Les principales administrations qui ont admis jusqu'ici les femmes dans leur personnel sont celles des Postes, Télégraphes et Téléphones, le service des Poids et Mesures, les compagnies de Chemins de fer, le Crédit Foncier, la Banque de France et plusieurs Sociétés financières, telles que le Crédit Lyonnais, la Société Générale et un certain nombre de banques. Nous consacrons un article spécial, ci-après, à chacun e ces établissements.

POSTES, TÉLÉGRAPHES
ET TÉLÉPHONES

RECEVEUSES DES POSTES

Les recettes à bureau simple, c'est-à-dire qui n'emploient pas de commis de l'administration des Postes, peuvent seules être accordées aux dames.

Ces recettes sont accordées :

Aux dames employées dans l'administration ;

Aux femmes et filles d'agent décédés dans l'exercice de leur fonctions ou mis hors d'état de continuer leur service par suite de blessures ou infirmités contractées dans l'exercice de leurs fonctions.

Nulle ne peut être nommée titulaire d'une recette de poste, si elle n'est âgée de vingt-cinq ans au moins et de trente ans au plus. Toutefois, en ce qui concerne les aspirantes dont les services antérieurs sont valables pour la retraite (les anciennes institutrices communales par exemple), cette limite peut être reculée d'un nombre d'années égal à la durée des dits services, jusqu'à la limite extrême de quarante-cinq ans.

Les demandes de recettes doivent être adressées au préfet et au directeur des Postes du département où la postulante désire être nommée.

La postulante doit produire les pièces suivantes :

1° Sa demande, établie sur une feuille de papier timbré à 60 centimes ;

2° Un extrait de son acte de naissance, dûment légalisé ;

3° Un certificat du maire de sa commune, constatant qu'elle est Française, de bonne vie et mœurs ;

4° Un état authentique indiquant la nature, la durée et les motifs de cessation des services de son mari, de son père ou de son frère ;

5° Un relevé de ses services personnels, si elle appartient ou a appartenu à une autre administration publique ;

6° Enfin, un extrait négatif de son casier judiciaire, délivré par le greffe du tribunal civil de l'arrondissement où elle est née.

Aux pièces ci-dessus indiquées, les femmes mariées joindront une expédition en forme de leur acte de mariage ; les veuves, un extrait de l'acte de décès de leur mari.

Les aspirantes aux recettes de poste doivent en outre subir un examen analogue à celui que nous indiquons plus loin pour les dames-employées.

Toute postulante est tenue, en outre, de justifier de la connaissance du service télégraphique par la production d'un certificat d'aptitude délivré par l'Administration des Postes et Télégraphes. Pour se familiariser avec ce service, les aspirantes devront demander à l'Administration des Postes et Télégraphes l'autorisation de travailler pendant quelques mois, à titre gratuit, dans un bureau télégraphique.

Les receveuses des postes touchent en débutant un traitement qui, avec l'indemnité de logement qui leur est allouée et les remises sur les timbres-poste, peut s'élever à 1.100 ou 1.200 francs par an.

Dans les localités où le service du télégraphe leur

est confié, elles touchent encore un supplément de traitement.

Elles peuvent ensuite obtenir de l'avancement, et arriver au chiffre de 1.800 francs par an. Mais c'est là le chiffre maximum, car les emplois supérieurs du service des Postes sont réservés aux hommes, lesquels doivent subir un nouvel examen, dit du second degré, avant de monter en grade.

Les receveuses des Postes sont astreintes à une retenue sur leur traitement. Elles ont droit à une pension de retraite, soit à trente ans de service et soixante ans d'âge, soit en cas d'infirmités contractées dans l'exercice de leurs fonctions.

AIDES

Les bureaux des postes et des télégraphes se divisent en trois catégories :

1° Ceux dans lesquels le service est assuré en totalité, sous la direction de receveur, par du personnel que l'Administration rétribue directement ;

2° Ceux dans lesquels le service, assuré en partie par le receveur, avec ou sans le concours d'employés rétribués par l'Administration, nécessite l'intervention de personnes étrangères (hommes et femmes) ;

3° Ceux dont le service doit être assuré normalement par le receveur seul.

Les personnes qui, sans faire partie des cadres de l'Administration, sont autorisées à participer au service des bureaux sont dénommées : « *aides des postes et des télégraphes.* »

Il n'est pas admis d'aide, à titre normal, dans les bureaux de la 1re catégorie ci-dessus indiquée. Mais des aides peuvent être autorisés à y participer temporairement au service pour suppléer des employés empêchés.

Les aides des bureaux de la 2e catégorie doivent prendre une part effective à toutes les parties du service.

Il est accordé des avantages spéciaux aux aides féminins pour l'admission ultérieure dans les cadres de l'Administration.

Le nombre des concessions d'aide est, pour chaque bureau, subordonné à l'importance du service et, par conséquent, au montant des allocations correspondantes, de telle sorte que les inscriptions ne soient pas simplement nominales.

Les receveurs des bureaux de la 3e catégorie sont autorisés à présenter des suppléants qui les remplacent accidentellement. Ces suppléants ne jouissent d'aucune prérogative pour entrer dans les cadres de l'Administration.

Toute personne qui désire être admise à participer au service d'un bureau en qualité d'aide doit :

1° Être âgée de seize ans au moins ;

2° Être agréée par le titulaire du bureau auquel elle désire être attachée ;

3° Être autorisée par le directeur départemental.

La postulante formule sa demande sur papier timbré et la transmet au directeur départemental par l'intermédiaire du receveur.

Elle y joint les pièces suivantes :

1° Une expédition de son acte de naissance ;

2° Un certificat, délivré par un médecin assermenté, constatant qu'elle a une bonne constitution, qu'elle a été vaccinée ou revaccinée depuis moins de six ans et qu'elle n'est atteinte d'aucune infirmité ;

3° Un certificat du maire de la commune constatant qu'elle est de bonne vie et mœurs et de nationalité française ;

En outre, les femmes mariées doivent fournir une expédition en forme de leur acte de mariage et un certificat attestant que leur mari est de nationalité française ; les veuves, une copie de l'acte de décès de leur mari, et les femmes divorcées, un extrait de l'acte de divorce.

Toutes ces pièces doivent être sur papier timbré et dûment légalisées.

Les postulantes ont également à fournir un certificat d'études primaires. En l'absence de ce certificat, le directeur s'assure qu'elles possèdent une instruction suffisante en leur faisant subir un examen sommaire équivalent.

L'autorisation de participer au service n'est accordée qu'autant que la postulante a fourni un certificat médical satisfaisant et a subi avec succès, si elle ne peut produire le certificat d'études primaires, un examen équivalent.

Si l'autorisation est accordée, l'aide signe en triple expédition une déclaration constatant sa situation au point de vue de l'obtention ultérieure d'un emploi dans l'Administration.

La déclaration mentionne la limite extrême après

laquelle il sera impossible d'admettre l'aide à concourir pour l'emploi de dame.

Si une exception s'impose, pour des raisons d'huma-
nité ou à cause de circonstances spéciales, à l'égard
d'une postulante n'étant pas en état de produire le
certificat médical réglementaire, le dossier de candidature est transmis, avec tous les renseignements
utiles, à l'administration qui statue.

Ce dossier doit contenir, dûment remplis par l'intéressée, trois exemplaires de la déclaration constatant que l'autorisation de participer au service en
qualité d'aide ne lui confère aucun droit à un emploi
dans l'Administration.

Un exemplaire de cette déclaration est remis à
l'aide.

Les deux autres sont classés à son dossier.

EMPLOYÉES DU SERVICE DES POSTES

Les dames qui participent au service des postes et
des télégraphes à l'Administration centrale, à la
Direction de la Caisse nationale d'épargne, dans les
directions départementales, dans les bureaux de
poste, les bureaux mixtes, les bureaux télégraphiques
ou téléphoniques, sont dénommées « Dames employées. »

Les dames employées se recrutent par voie de
concours.

Pour être admises à concourir, les postulantes
doivent :

1° Être agréées par le Sous-Secrétaire d'État aux Postes, Télégraphes et Téléphones :

2° Posséder l'aptitude physique nécessaire et n'avoir aucune infirmité ;

3° Avoir la taille de 1 m. 50 au moins ;

4° Être âgées de dix-huit ans au moins et de vingt-cinq ans au plus le 1er janvier de l'année où a lieu le concours.

Toutefois, la limite d'âge de 25 ans est reculée pour les aides d'une durée égale à celle de leurs années de service en cette qualité sans pouvoir dépasser 35 ans.

Sont appelées, en première ligne, à concourir :

1° Les postulantes qui sont femmes, filles ou sœurs d'agents ou de sous-agents de l'Administration des postes et des télégraphes en activité et comptant au moins dix ans de services, et les parentes au même degré d'agents ou de sous-agents décédés, retraités ou qui, comptant au moins dix ans de services, ont été reconnus hors d'état de continuer leurs fonctions ;

2° Les élèves des maisons d'éducation de la Légion d'honneur ;

3° Les aides ayant exercé effectivement l'emploi d'aide pendant deux ans au moins.

Les postulantes de ces trois catégories concourent entre elles.

Si le concours spécial aux postulantes de ces catégories ne fournit pas la totalité du contingent nécessaire, il est ouvert, pour le surplus, un concours complémentaire auquel sont appelées toutes les postulantes.

Les postulantes des catégories visées ci-dessus et

qui seraient autorisées à prendre part à ces concours complémentaires n'y jouissent d'aucune prérogative spéciale.

Le dossier de candidature comprend les pièces suivantes :

1° Une demande d'admission au concours, établie par la postulante sur papier timbré ;

2° Une expédition de son acte de naissance ;

3° Un certificat d'aptitude physique délivré par un médecin assermenté et constatant qu'elle a été vaccinée ou revaccinée depuis moins de six ans et qu'elle n'a pas d'infirmité ;

4° Un certificat du maire de sa commune constatant qu'elle est de bonne vie et mœurs et de nationalité française.

En outre les femmes mariées doivent fournir une expédition en forme de leur acte de mariage et un certificat attestant que leur mari est de nationalité française ; les veuves, une copie de l'acte de décès de leur mari, et les femmes divorcées, un extrait de l'acte de divorce.

Toutes ces pièces doivent être sur papier timbré et dûment légalisées.

Les postulantes qui invoquent des titres spéciaux doivent en produire le relevé authentique.

Les demandes sont adressées aux directeurs départementaux chargés d'examiner et de faire compléter, s'il y a lieu, les dossiers individuels des postulantes.

Les postulantes admises à concourir sont convoquées par les soins des directeurs départementaux,

Elles doivent se présenter au lieu qui leur est indiqué, au jour et à l'heure fixés.

Elles doivent, sous peine d'annulation de leurs compositions et même d'exclusion du concours se conformer rigoureusement aux prescriptions réglementaires sur la tenue des concours, prescriptions dont il leur est donné lecture à l'ouverture de la première séance.

Les nominations à l'emploi de dame employée sont faites au fur et à mesure des vacances.

Les dames employées reçoivent au début un traitement de 1.100 francs, qui peut être porté jusqu'à 1.900 francs par augmentations successives de 100 francs.

Une indemnité de 300 francs pour frais de séjour est accordée à celles qui sont attachées au service de Paris.

GÉRANTES DES RECETTES AUXILIAIRES

Les gérantes des recettes auxiliaires urbaines des postes sont rémunérées d'après le travail effectué, leur salaire est variable et ne peut être déterminé à l'avance.

Le tarif suivant est actuellement appliqué :

Mandats ordinaires et mandats cartes émis, 0 fr. 03 par unité.

Mandats payés, — bons de poste émis et payés, 0 fr. 03 par unité.

Lettres et objets recommandés reçus, 0 fr. 04, envois de valeurs à recouvrer, 0 fr. 03 par unité.

Il est, de plus, attribué une somme de 20 francs par an pour chacun des envois reçus ou à destination du bureau d'attache.

Le minimum du montant des remises est fixé à 200 francs par an.

INSPECTRICES DU TRAVAIL

Le recrutement des inspectrices départementales du travail a lieu exclusivement par la voie du concours.

Nulle n'est admise à concourir si elle n'a préalablement justifié :

1° Qu'elle est Française ;

2° Qu'elle a accompli sa vingt-sixième année au moins et sa trente-cinquième année au plus au 1er janvier de l'année pendant laquelle a été pris l'arrêté ministériel ouvrant le concours. Aucune dispense d'âge n'est accordée.

Les concours ont lieu suivant les besoins du service ; le nombre des places mises au concours et la date des examens sont fixés par arrêté ministériel.

Cet arrêté fixe la date à laquelle les demandes d'admission doivent être parvenues au Ministère du Travail et de la Prévoyance sociale.

Les demandes d'admission au concours doivent indiquer dans quel centre de circonscription la candidate désire subir les épreuves écrites. Les candidates qui désireraient subir l'épreuve pratique de travail industriel feront connaître la nature de l'industrie qu'elles auront choisie.

Ces demandes seront accompagnées des pièces suivantes :

1° Une expédition authentique de l'acte de naissance de la candidate et, s'il y a lieu, un certificat établissant qu'elle possède la qualité de Française ;

2° Un certificat de bonne vie et mœurs et l'extrait du casier judiciaire ;

3° Une note signée de la candidate et faisant connaître ses antécédents, ses titres et les études auxquelles elle s'est livrée, ainsi que ses domiciles successifs, et notamment, s'il y a lieu, la durée et la nature de ses occupations dans l'industrie ou dans le commerce, avec l'indication des établissements où elle les a remplies ;

4° Les diplômes, brevets ou certificats qui auraient pu être délivrés à la candidate ou des copies dûment certifiées de ces pièces ;

5° Si la candidate a appartenu ou appartient à un service public, un état certifié de ses services ; les candidates appartenant à l'instruction publique devront y joindre une pièce officielle constatant que leur engagement décennal est expiré ;

Le Ministre du Travail et de la Prévoyance sociale arrête, après avis de la Commission supérieure du travail, la liste des candidates admises à concourir. Il fixe également, après avis de la Commission, les industries sur lesquelles pourront porter les épreuves pratiques de travail industriel.

L'examen se compose d'épreuves écrites et d'épreuves orales.

Les épreuves écrites comprennent :

1º Une composition sur une question se rattachant aux lois réglementant le travail. Cette composition est également jugée au point de vue de la connaissance de la langue française;

2º Une composition sur une question d'hygiène industrielle;

3º Une composition sur une question de mécanique industrielle.

Les épreuves orales comprennent des interrogations sur les matières ci-après :

1º Lois réglementant le travail et éléments de droit pénal relatifs à la répression des délits et des contraventions à la législation du travail;

2º Éléments d'hygiène industrielle;

3º Épreuve pratique facultative de travail industriel.

Les épreuves écrites sont éliminatoires. Nulle ne peut être admise à subir les épreuves orales si elle n'a obtenu, pour l'ensemble des épreuves écrites, la moitié au moins du maximum de points.

PROGRAMME DES MATIÈRES EXIGÉES POUR L'EXAMEN DES CANDIDATES A L'EMPLOI D'INSPECTRICE DU TRAVAIL

Loi du 2 novembre 1892, modifiée par la loi du 30 mars 1900, sur le travail des enfants, des filles mineures et des femmes dans les établissements industriels. — Règlements d'administration publique, décrets et arrêté du 31 juillet 1894, rendus pour l'exécution de cette loi.

Loi des 12 juin 1893-11 juillet 1903 relative à l'hygiène et à la sécurité des travailleurs et réglements d'administration publique rendus pour l'application de cette loi.

Loi du 9 septembre 1848, modifiée par la loi du 30 mars 1900, relative aux heures de travail dans les usines et manufactures. — Règlements d'administration publique rendus pour l'exécution de cette loi.

Loi du 22 février 1851 relative aux contrats d'apprentissage.

Loi du 7 décembre 1874 relative à la protection des enfants employés dans les professions ambulantes.

Loi du 9 avril 1898 concernant les responsabilités des accidents dont les ouvriers sont victimes dans leur travail modifiée par les lois des 22 mars 1902 et 31 mars 1905. — Loi du 12 avril 1906.

Loi du 29 décembre 1900 fixant les conditions du travail des femmes employées dans les magasins, boutiques et autres locaux en dépendant.

Loi du 13 juillet 1906 sur le repos hebdomadaire et règlements rendus pour son exécution.

ÉLÉMENTS DE DROIT PÉNAL

Du délit en général ;

Distinction des crimes, délits et contraventions ;

Action publique et action civile ;

Police judiciaire. — Officiers de police judiciaire. — Procès-verbaux. — Instruction ;

Des juridictions pénales. — Voies de recours.

ÉLÉMENTS D'HYGIÈNE INDUSTRIELLE

I. — ATMOSPHÈRE DU TRAVAIL.

Aérage et ventilation. —Dangers de l'air confiné. —

Nécessité de l'aérage et de la ventilation. — Conditions et modes de leur établissement dans les ateliers industriels.

Vapeurs, gaz et poussières mêlés à l'air. — Dangers, suivant leur nature, des vapeurs et gaz (irrespirables, irritants, toxiques). — Des poussières (minérales, végétales, animales). — Moyens divers d'atténuer ou d'enlever ces dangers suivant les cas (absorption; ventilation générale ou spéciale, par ascendum ou par descendum; hottes, cheminées d'appel, ventilateurs, désinfection).

Action de la chaleur et du froid. —Règles d'hygiène applicables.

II. — Matières mises en œuvre.

Matières irritantes (acides, alcalis). — Matières toxiques (mercure, plomb, arsenic, phosphore, sulfure de carbone). — Matières infectieuses et putrescibles (chiffons, peaux, poils, etc.).

Industries principales qui les emploient. Dangers de leur élaboration et de leur maniement. — Mesures spéciales de précaution pour les éviter ou s'en prémunir.

III. — Hygiène générale des établissements
industriels.

Conditions d'établissement, au point de vue hygiénique, des fosses d'aisances, — des évacuations d'eaux résiduaires, — des distributions d'eau potable. — Qualités que doit présenter l'eau potable.

Dispositions de nature à éviter les incendies et à prémunir contre leur propagation.

IV. — ACCIDENTS DU TRAVAIL.

Notions sur les accidents produits par les machines et mécanismes. — Brûlures. — Plaies simples ou contuses. — Plaies par arrachement. — Fractures.

Premiers soins à donner en cas d'accident.

Les candidates déclarées admissibles à la suite du concours sont nommées inspectrices départementales stagiaires du travail, suivant leur rang d'admission et au fur et à mesure des besoins du service.

Les inspectrices stagiaires reçoivent un traitement annuel de 2,400 francs; ce traitement est soumis à la retenue conformément à la loi du 9 juin 1853 sur les pensions civiles. La durée du stage est d'une année au moins.

Il existe cinq classes d'inspectrices départementales.

La 5e classe reçoit un traitement de 3.000 francs;
la 4e classe, un traitement de 3.500 francs;
la 3e classe, un traitement de 4.000 francs;
la 2e classe, un traitement de 4.500 francs;
la 1re classe, un traitement de 5.000 francs.

Il y a trois classes d'inspectrices divisionnaires:

La 3e classe reçoit un traitement de 6.000 francs;
la 2e classe, un traitement de 7.000 francs;
la 1re classe, un traitement de 8.000 francs.

Les inspectrices ne peuvent être élevées de classe qu'après trois ans de service au moins dans la classe immédiatement inférieure et lorsqu'elles figurent sur le tableau d'avancement dressé à la fin de chaque année; leur classement est personnel.

Les inspectrices divisionnaires sont nommées au choix parmi les inspectrices départementales appartenant au moins à la 2º classe.

BANQUE DE FRANCE

La Banque de France emploie un certain nombre de femmes.

Elles sont principalement chargées du classement des billets, du classement des coupons et de quelques travaux d'imprimerie et de reliure.

Toutes les dames débutent comme stagiaires puis elles passent auxiliaires et au bout de deux ans sont nommées titulaires.

Comme stagiaires dans certains services elles ne viennent que pour les grandes échéances de janvier, avril, juillet, octobre.

Tant qu'elles ne sont qu'auxiliaires ou stagiaires elles ne gagnent que 3 fr. 50 à 6 francs. Tous les trois ans elles ont une augmentation de 200 francs, ceci jusqu'à la retraite obtenue à 60 ans.

Elles ont alors 800 francs de retraite, plus 200 francs d'indemnité.

La Banque se réserve le droit de mettre à la retraite une employée n'ayant que 20 ans de service, mais 60 ans d'âge. Elle lui donne 600 francs, et, à 25 ans, 700 francs.

Pour les travaux d'imprimerie et de brochage, il faut accomplir une année d'apprentissage avant de pouvoir être admise comme employée.

Les aspirantes ne sont reçues qu'après avoir produit un certificat d'études primaires ou après avoir subi un examen équivalent.

Elles doivent être âgées de 19 ans au moins et de 35 ans au plus.

De sérieuses recommandations sont, en outre, nécessaires.

Les employées sont choisies moitié au dehors, moitié chez les femmes veuves ou filles d'employés.

CHEMINS DE FER

Les compagnies de chemins de fer emploient des femmes dans leurs bureaux.

Elles sont principalement employées aux titres, à la statistique, à la comptabilité et à la distribution des billets.

Les administrations accordent de préférence ces emplois aux femmes, filles ou sœurs de leurs employés, mais cette condition n'a rien d'absolu.

Les aspirantes subissent un examen portant sur l'écriture, l'orthographe, l'arithmétique et la géographie.

Les brevets ne dispensent pas de cet examen, mais il est évident que celles qui en possèdent ont généralement plus de chances de succès.

Traitements. — Les femmes employées dans les administrations de chemins de fer sont presque toujours rétribuées à la journée.

Elles gagnent au début 3 francs par jour, et obtiennent des augmentations progressives qui peuvent aller jusqu'à 4 fr. 50.

Les chefs de section gagnent de 125 à 150 francs, les sous-chefs de 110 à 125 francs.

Les employées de chemins de fer, définitivement admises dans l'administration, ont droit à une pension de retraite.

Elles subissent à cet effet une retenue de 4 pour 100 sur leurs appointements.

La compagnie verse de son côté 4 pour 100 pendant les dix premières année de service de l'employée, 5 pour 100 au delà de la dixième année et 6 pour 100 au delà de la quinzième.

A 50 ans d'âge l'employée peut demander la liquidation de la pension sur ses versements et à 55 ans sur les versements de la compagnie.

En dehors de ces versements elle peut verser sur le livret les économies qu'elle veut déposer à la caisse de la vieillesse pour augmenter sa retraite.

Mentionnons pour mémoire les emplois de garde-barrières, qui sont le plus souvent confiés aux femmes d'employés de la compagnie. Ces employés touchent alors, en plus de leur traitement, une indemnité qui varie de 100 à 250 francs, suivant le service, et sont logés gratuitement.

COMPTOIR D'ESCOMPTE

Comme les autres établissements financiers le comptoir d'escompte emploie, dans ses bureaux, des femmes.

Les conditions d'admission, de traitement sont

sensiblement les mêmes que pour le Crédit Lyonnais et le Crédit Foncier.

Le recrutement du personnel féminin, toutefois, n'est pas régulier.

L'entrée se fait par concours, mais ce dernier n'a lieu que lorsque l'établissement a besoin d'employées.

CRÉDIT FONCIER

Le Crédit foncier emploie dans ses bureaux un grand nombre de femmes, environ 2.000, paraît-il. Ces personnes sont principalement chargées du service des coupons et du classement de la correspondance.

Les candidates à ces emplois doivent être âgées de 16 ans au moins et de 35 ans au plus, être françaises ou naturalisées.

Elles ont à produire à l'appui d'une demande écrite :

1° Un extrait de leur acte de naissance et de leur casier judiciaire ;

2° Un certificat de bonne vie et mœurs ;

3° Si elles ont déjà occupé un autre emploi, un certificat émanant des personnes qui les ont eues sous leurs ordres.

Celles dont la demande est agréée subissent un examen portant sur l'écriture, l'arithmétique, l'orthographe et la rédaction. Cet examen a lieu en janvier et en juillet, mais seulement lorsqu'il y a des vacances.

Les traitements des dames employées au Crédit

foncier sont de 3 francs par jour de présence pour les auxiliaires, et de 1.000 francs par an pour les titulaires.

Des augmentations de 100 francs peuvent être accordées à ces dernières, jusqu'à ce que leur traitement ait atteint le chiffre de 1.700 francs.

Une retenue de 4 pour 100 est pratiquée sur les appointements des titulaires pour alimenter la Caisse des Retraites.

Après vingt ans de service, elles ont droit à une pension.

CRÉDIT LYONNAIS

Le Crédit Lyonnais emploie des femmes dans ses principaux bureaux.

Les candidates peuvent être admises de 16 à 25 ans.

Elles ne subissent pas d'examen spécial, mais elles ne sauraient évidemment réussir si elles n'étaient pourvues d'une bonne instruction primaire.

Les dames employées sont principalement occupées aux coupons, aux carnets d'échéances, au classement des titres, etc.

Quelques dames remplissant les fonctions de caissières touchent des appointements variant de 2.000 à 2.400 francs. Mais les autres employées, titulaires ou auxiliaires, reçoivent 3 francs par journée de présence.

Les auxiliaires ne sont appelées qu'un mois par trimestre.

Quant aux titulaires, elles sont continuellement employées, sauf les dimanches et jours fériés, et leur salaire peut s'élever jusqu'à 5 francs par jour.

Le Crédit Lyonnais n'a pas jusqu'ici de Caisse de Retraites pour les dames qu'il emploie.

SOCIÉTÉ GÉNÉRALE

La Société Générale admet également les femmes dans ses bureaux.

Les candidates doivent être âgées de 18 ans au moins, de 30 ans au plus, et être françaises ou naturalisées.

Leur demande doit être accompagnée de certificats établissant leurs antécédents.

Celles dont la demande est accueillie subissent un examen portant sur les matières de l'enseignement primaire.

Les jeunes personnes pourvues du brevet de capacité sont dispensées de cet examen.

Les candidates définitivement admises sont d'abord employées comme auxiliaires, 15 ou 20 jours par trimestre.

Elles deviennent ensuite titulaires, au fur et à mesure des vacances.

Les auxiliaires reçoivent 3 francs par journée de présence.

Les titulaires peuvent arriver graduellement au chiffre de 5 francs par jour (jours fériés exceptés).

AUTRES BANQUES

Plusieurs autres banques ou sociétés financières de Paris et des grandes villes de province ont admis des

dames dans leurs bureaux. La plupart sont chargées
du service des coupons.

Elles gagnent de 2 fr. 50 à 4 francs par jour.

TIMBRE (Atelier du)

L'atelier du Timbre, qui dépend de l'administration
des Domaines, n'emploie qu'un petit nombre de
femmes (une centaine environ).

Aussi n'en parlons-nous guère que très succinctement.

Les dames employées sont divisées en auxiliaires
et en commissionnées ou titulaires.

Les auxiliaires touchent de 3 fr. 60 à 6 francs par
journée de présence.

Quant aux titulaires, elles débutent à 1.200.

Il n'y a pas d'examen à passer pour obtenir ces rares
emplois; mais il est indispensable d'être sérieusement
appuyée.

COPISTES

A Paris et dans les grandes villes, les dames ayant
une belle écriture peuvent trouver à s'occuper chez
elles comme copistes.

Le travail le plus facile en ce genre est celui de
la confection d'adresses. Celui-ci n'exige d'ailleurs
qu'une écriture lisible.

Les adresses sont payées de 2 à 2 fr. 50 le mille. Ce
n'est donc une occupation ni bien agréable ni bien
payée.

Ce sont généralement des entrepreneurs spéciaux
qui se chargent de faire copier les adresses.

Manuscrits. — Les manuscrits sont payés, par rôle de deux pages, de 50 à 75 centimes. Mais il s'agit de découvrir ce travail.

Les notaires et avoués ne paient guère le rôle plus de 25 à 30 centimes. Il est vrai que les pages sont peu remplies. D'un autre côté, ces fonctionnaires donnent de moins en moins des copies à faire hors de leurs études.

Musique. — La première condition pour pouvoir copier de la musique est d'être musicienne, c'est-à-dire de savoir lire la musique. Il faut aussi s'être exercée et avoir une copie nette, et ayant même du coup d'œil. Ce sont généralement les éditeurs ou les sociétés musicales qui fournissent ce genre de travail. Ajoutons qu'il est peu payé, et que les copistes ne gagnent guère plus de 25 à 30 centimes l'heure.

Autographie. — L'autographie se fait au moyen d'une encre grasse dite autographique et d'un papier spécial soit végétal transparent, soit jaune, encollé du côté qui doit recevoir les écriteaux. Lorsqu'on a une belle écriture (l'écriture dite *petite ronde* est la meilleure pour l'autographie), on peut se mettre assez rapidement au courant auprès d'une personne déjà experte. Certains imprimeurs ou éditeurs travaillant pour les cours des Facultés et pour les tribunaux ou ceux faisant les en-têtes des registres, les lettres de mariage, les circulaires d'un prix peu élevé peuvent procurer du travail aux autographistes.

Les autographistes habiles peuvent gagner de 5 à 6 francs par journée de dix heures.

BEAUX-ARTS

Voici certainement les carrières les plus séduisantes pour nombre de jeunes filles. Le dessin, la peinture et tous les arts qui en dérivent, la musique, l'art dramatique même, toutes ces études, tous ces travaux sont de nature à passionner la plupart de nos jeunes lectrices.

Mais dans toutes ces carrières, il y a, nous devons le constater, beaucoup d'appelées et peu d'élues. En général, les jeunes filles sont tentées d'oublier qu'un joli talent d'amateur diminue considérablement d'importance lorsqu'il s'agit d'en faire un gagne-pain. Pour arriver à conquérir dans les arts une place non seulement honorable, mais encore lucrative, il faut beaucoup de dons naturels, beaucoup d'études, et surtout aussi... beaucoup de chance.

Il est vrai qu'en se bornant à employer son talent, soit dans un professorat modeste, soit dans certaines branches de l'industrie, la femme peut arriver à subvenir à ses besoins, ou, du moins, à augmenter un peu ses ressources. Le grand point, ici comme dans bien d'autres situations, est de savoir s'apprécier soi-même.

ARTISTE DRAMATIQUE

Nous ne pouvons que répéter ici ce que nous avons

dit dans notre précédent ouvrage sur les Professions (1) :

Cette profession, pour laquelle se passionnent un
certain nombre de jeunes gens, ne saurait être envi-
sagée avec trop de défiance par les personnes sérieuses.

Pour un artiste qui arrive à la célébrité, combien
sombrent lamentablement et cherchent en vain à
reconquérir une autre situation dans la société! C'est
particulièrement pour les jeunes filles qu'une telle
carrière est scabreuse.

Elles y courent de nombreux dangers, et, lancées
dans la voie, il leur est bien difficile de revenir en
arrière. Les plus brillantes, les plus applaudies elles-
mêmes, ont souvent des regrets. Que dire de celles
qui n'arrivent ni à la gloire, ni même à la réputation?

Il est toutefois des vocations contre lesquelles on
ne saurait résister. Pour ceux qui se sentent des
dispositions assez grandes pour aborder la carrière
théâtrale, et l'âme assez forte pour lutter contre les
dangers qu'elle offre, nous allons donner les quelques
indications qui suivent :

Un certain nombre d'artistes dramatiques se sont,
pour ainsi dire, formés eux-mêmes, en commençant
d'abord par jouer de petits rôles, pour prendre l'habitude *des planches*, et en étudiant le jeu de ceux de
leurs camarades qui tenaient les premiers emplois.
Beaucoup de comédiens de province procèdent en-

(1) *Guide pour le choix d'une Profession.* (Garnier frères,
éditeurs.)

core ainsi, mais bien peu d'entre eux arrivent à la réputation.

La meilleure voie à suivre est, sans contredit, de se faire admettre au Conservatoire de musique et de déclamation, où nos artistes les plus estimés donnent leurs précieuses leçons. (Voir *Conservatoire de musique et de déclamation*.)

La plupart des élèves sortis de cette école avec distinction sont immédiatement demandés par les directeurs des théâtres nationaux : Théâtre-Français, Odéon, pour la déclamation ; Opéra et Opéra-Comique pour la musique ; les autres se placent généralement avec facilité dans les grands théâtres de Paris et des principales villes de province.

L'ambition de beaucoup d'artistes dramatiques est d'arriver au Théâtre-Français ; malheureusement les places y sont peu nombreuses, et sont vivement disputées.

Les emplois du Théâtre-Français sont, en général, enviables.

Sans y faire fortune, les artistes qui sont attachés à la « Maison de Molière » échappent aux vicissitudes dont souffrent les comédiens forcés d'émigrer de théâtre en théâtre, et ceux qui arrivent au sociétariat ont une situation à la fois honorable et lucrative.

L'organisation actuelle du Théâtre-Français est due à Napoléon Ier. Voici les principales dispositions du décret signé par lui, à Moscou, le 15 octobre 1812, et qui fait encore loi de nos jours dans quelques-unes de ses parties :

« Les comédiens de notre Théâtre-Français con-

2.

tinueront d'être réunis en Société, laquelle sera administrée selon les règles ci-après.

« Le produit des recettes, tous les frais et dépenses prélevés, sera divisé en vingt-quatre parts.

« Une de ces parts sera mise en réserve pour être affectée par le surintendant aux besoins imprévus; si elle n'est pas employée en entier, le surplus sera distribué à la fin de l'année entre les sociétaires.

« Une demi-part sera mise en réserve pour augmenter le fonds des pensions de la Société.

« Une demi-part sera employée annuellement en décorations, ameublements, costumes du magasin, réparations de loyer et entretien de la salle, d'après les ordres du surintendant.

« Les vingt-deux parts restantes continueront d'être réparties entre les comédiens sociétaires, depuis un huitième de part jusqu'à une part entière, qui sera le maximum.

« Les parts ou portions de parts vacantes seront accordées ou distribuées par le surintendant.

« Tout sociétaire qui sera reçu contractera l'engagement de jouer pendant 20 ans, et après 20 ans de services non interrompus il pourra prendre sa retraite, à moins que le surintendant ne juge à propos de le retenir.

« Les 20 ans dateront du jour des débuts lorsqu'ils auront été immédiatement suivis de l'admission à l'essai et ensuite dans la Société.

« Le sociétaire qui se retirera après 20 ans aura droit à une pension viagère de 4.000 francs. Si le sociétaire continue son service au delà de 20 ans, il sera ajouté, quand il se retirera, 100 francs de plus par an à sa pension. »

Un décret du 27 avril 1850 a apporté les modifications suivantes au décret de Moscou :

« Chaque sociétaire a droit à une allocation annuelle, à des feux, à une quotité dans les bénéfices nets, à une représentation à son bénéfice, à une pension.

« L'allocation, calculée proportionnellement à la quotité de la part sociale, ne peut dépasser le maximum des allocations fixes précédemment accordées aux sociétaires; elle sera payable par douzième. La quotité des feux, suivant les services et les emplois, sera déterminée par le règlement.

« La quotité dans les bénéfices nets est proportionnée à la part ou portion de part de chaque sociétaire.

« Une moitié est mise en réserve et soumise aux dispositions du décret de Moscou (15 octobre 1812).

« La représentation à bénéfice est accordée au sociétaire à l'époque de sa retraite définitive, après 20 ans au moins de service en qualité de sociétaire.

« La pension de retraite ne sera acquise à l'avenir qu'après 20 années de service, à partir du jour de l'admission au titre de sociétaire.

« Elle est fixée et liquidée conformément au décret de Moscou.

« Après une période de 10 années de service à partir du jour de la réception, il sera statué de nouveau sur la position de chaque sociétaire reçu postérieurement à la promulgation du présent décret. Le

ministre, après avoir pris l'avis de l'administrateur
et du comité d'administration, pourra prononcer la
mise à la retraite, conformément à l'article 16 du
décret du 15 octobre 1812, lequel dit qu'en cas d'incapacité de servir, le sociétaire pourra être mis à la
retraite avant ses 20 ans de service. Il n'est stipulé
d'exception qu'au profit du sociétaire qu'un accident
ayant pour cause immédiate le service du Théâtre-
Français obligerait de se retirer avant d'avoir accompli ses 20 ans, auquel cas il aurait droit à sa pension entière.

« Tout sociétaire qui, après 20 ans de service,
n'aura pas été mis en demeure de continuer à jouer
sur le Théâtre-Français, sera libre de jouer sur les
théâtres des départements.

« Il ne pourra jouer sur les théâtres de Paris qu'avec
l'autorisation du ministre de l'Intérieur, et sauf interruption du payement de sa pension de retraite pendant la durée des engagements qu'il aura contractés
sur ces théâtres.

« Les acteurs sont tenus, sous les peines qui seront
déterminées par le règlement, de se soumettre aux
ordres de service donnés par l'administrateur. Ils ne
peuvent, sous les mêmes peines : 1° refuser aucun
rôle de leur emploi, ni s'opposer à ce qu'un autre
acteur le partage avec eux ; 2° s'absenter sans congé,
ni dépasser le terme du congé obtenu. »

En 1901, un décret relatif au maintien des sociétaires en activité après 20 ans de services a été signé
par M. Loubet :

Le voici :

Le Président de la République Française,

Sur le rapport du ministre de l'Instruction publique et des Beaux-Arts;

Vu le décret du 15 octobre 1812;

Vu le décret du 27 avril 1850 ;

Vu le décret du 19 novembre 1859;

      Décrète :

ARTICLE PREMIER. — Après une période de 20 années de services à dater du jour des débuts, tout sociétaire de la Comédie-Française sera admis à la retraite, à moins que le ministre, sur l'avis de l'administrateur général et du comité d'administration, ne juge à propos de le retenir.

ART. 2. — La situation de tout sociétaire maintenu au delà de la période de 20 années de services sera revisée d'année en année. Le ministre, sur l'avis de l'administrateur général et du comité d'administration, prononcera sa mise à la retraite ou son maintien dans la société.

ART. 3. — Sont rapportées toutes dispositions des décrets antérieurs contraires au présent décret.

ART. 4. — Le ministre de l'Instruction publique et des Beaux-Arts est chargé de l'exécution du présent décret.

Fait à Paris, le 5 novembre 1901.

                    ÉMILE LOUBET.

Par le Président de la République :

Le ministre de l'Instruction publique,
      et des Beaux-Arts,
        GEORGES LEYGUES.

Voici un aperçu des appointement payés actuellement aux artistes des théâtres nationaux :

GRAND-OPÉRA. — *Artistes :* De 2.400 à 90.000 francs.

Danseuses :

Dans le *deuxième quadrille,* 1.200, 1.300 ou 1.400 fr., suivant la division à laquelle elles appartiennent.

Premier quadrille : 1.500 et 1.600 francs.

Coryphées : 1.700, 1.800 et 1.900 francs.

Les *petits sujets* ont 2.500 francs.

Quant aux *sujets,* leurs appointements varient de 3.000 à 40.000 francs.

OPÉRA-COMIQUE. — *Artistes :* De 3.000 à 75.000 fr.

Danseuses : De 500 à 2.200 francs.

COMÉDIE-FRANÇAISE. — Ainsi qu'on l'a vu plus haut, chaque artiste ayant le rang de *sociétaire* a droit à une allocation annuelle, à des feux, à une part dans les bénéfices nets, à une représentation à bénéfice lorsqu'il se retire du théâtre, et enfin à une pension de retraite.

L'allocation annuelle est calculée proportionnellement à l'importance de la part sociale; elle ne peut dépasser 12.000 francs.

Le traitement des artistes dits *pensionnaires* est de 2.400 francs au minimum et ne dépasse guère le maximum de 10.000 francs.

ODÉON. — Les artistes sont généralement recrutés parmi les élèves lauréats du Conservatoire.

Leurs appointements varient entre 1.800 francs et 12.000 fr.

Nous ne citerons pas de chiffres pour les autres théâtres : ils sont excessivement variables et dépendent non seulement du talent des artistes, mais encore d'une vogue plus ou moins justifiée.

CORRESPONDANTS DES THÉATRES

Il existe à Paris, sous le nom de *correspondants*, un certain nombre d'agents de placement qui servent d'intermédiaires entre les directeurs des troupes de province et les artistes en quête d'emploi.

Ces agents se font généralement payer une commission, plus une prime de tant pour 100 sur les appointements des artistes auxquels ils ont procuré un engagement.

SOCIÉTÉ DES ARTISTES DRAMATIQUES

Sous ce nom, le baron Taylor a fondé une Société de secours mutuels qui rend aux artistes les plus grands services.

Elle sert des pensions de retraite à ceux de ses membres âgés de plus de 60 ans, et accorde des secours ou des pensions temporaires à ceux qui, par suite de maladie, sont obligés d'interrompre l'exercice de leur profession.

Cette société possède actuellement plus de 100.000 fr. de rente.

CONSERVATOIRE NATIONAL DE MUSIQUE ET DE DÉCLAMATION

Le Conservatoire national de musique et de décla-

mation, situé à Paris, rue du Faubourg-Poisson-
nière, 15, est consacré à l'enseignement gratuit de
la musique vocale et instrumentale et de la déclamation dramatique et lyrique.

L'enseignement du Conservatoire comprend :

Solfège et théorie musicale ;

Harmonie, orgue et composition ;

Chant, déclamation lyrique ;

Piano, harpe ;

Instruments à archet ;

Instruments à vent ;

Classes d'ensemble ;

Lecture à haute voix, diction et déclamation dramatique ;

Histoire générale de la musique; histoire et littérature dramatique.

ENSEIGNEMENT

Solfège. — L'enseignement du solfège est distinct
et séparé pour les chanteurs et les instrumentistes.

Il y a quatre classes pour les chanteurs, dont deux
pour les élèves-femmes, et huit classes pour les instrumentistes, dont cinq pour les élèves-femmes.

Harmonie, Orgue, Composition. — Il y a six classes
d'harmonie écrite, dont deux pour les femmes, et
une classe d'accompagnement au piano.

Cet enseignement comprend l'accompagnement de
la basse chiffrée, du chant donné, de la grande par-
tition et la transposition à première vue.

On ne peut être reçu dans la classe d'accompagnement qu'après avoir été admis à concourir pour l'harmonie écrite.

Il y a une classe d'orgue et d'improvisation.

Il y a deux classes de composition et deux classes de fugue.

Cet enseignement comprend le contre-point et la fugue, la composition et l'instrumentation.

Chant et déclamation lyrique. — Il y a dix classes de vocalisation et de chant.

Il y a trois classes de déclamation lyrique ; une pour l'Opéra et deux pour l'Opéra-Comique.

Les élèves de ces classes suivent obligatoirement une classe de maintien et une classe de diction.

Il est attaché à chaque classe de déclamation lyrique un accompagnateur chargé de l'étude des rôles.

Tous les lundis, à quatre heures, a lieu une classe d'esthétique théâtrale obligatoire pour les classes de déclamation lyrique.

Piano et Harpe. — Il y a cinq classes de piano, dont trois pour les femmes, et six classes préparatoires de piano, dont quatre pour les femmes.

On ne peut être admis dans ces classes après l'âge de quinze ans.

Il y a deux classes d'étude du clavier, dont une pour les femmes.

Ces classes sont destinées exclusivement aux élèves de chant.

Il y a une classe de harpe.

Instruments à archet. — Il y a quatre classes de violon, deux classes de violoncelle.

Il y a en outre deux classes préparatoires pour le

violon, dans lesquelles on ne peut être admis au delà de seize ans.

Classes d'ensemble. — Il y a une classe d'ensemble vocal, obligatoire pour tous les élèves des classes de chant, et une classe d'ensemble instrumental pour la musique de chambre.

Cette classe est obligatoire pour les lauréats des classes de piano et d'autres instruments.

Il y a également une classe d'orchestre obligatoire pour les élèves des classes d'instruments.

Déclamation dramatique. — Cet enseignement comprend la lecture à haute voix, la diction et la déclamation.

Il y a au Conservatoire quatre classes de déclamation dramatique.

Les élèves de déclamation suivent obligatoirement une classe de maintien.

Cours d'histoire. — Il y a aussi un cours d'histoire de la musique par semaine. Ce cours est obligatoire pour les élèves des classes de composition et d'harmonie.

Il y a en outre un cours d'histoire et de littérature dramatique par semaine, le cours est obligatoire pour les élèves des classes de déclamation dramatique.

CONDITIONS D'ADMISSION

On n'est admis élève au Conservatoire que par voie d'examen et de concours.

Les examens et concours d'admission ont lieu du 15 octobre au 30 novembre.

Les aspirantes doivent se faire inscrire au Secrétariat du Conservatoire, cinq jours au moins avant la date fixée pour le concours d'admission, en déposant un extrait de leur acte de naissance et un certificat de vaccination.

Les aspirantes étrangères sont tenues, en outre, de joindre à leur acte de naissance une traduction dudit acte, faite par un interprète-expert.

Chaque aspirante aux classes de déclamation dramatique doit remettre une liste de trois scènes d'ouvrages différents, tragédie ou comédie, selon le genre auquel elle se destine, soit six scènes si elle se présente pour les deux genres.

Pour le piano et le violon, le nombre des morceaux à présenter est de trois.

Les aspirantes inscrites sont prévenues, par lettre, du jour et de l'heure de l'examen.

Les épreuves du concours comprennent :

1° Pour les classes d'*instruments*, à l'exception du piano et du violon, exécution d'un morceau au choix de l'aspirante, et lecture à première vue ; d'un morceau manuscrit spécialement imposé.

2° Pour les classes de *déclamation dramatique, de chant, de piano, de violon,* le concours comprend deux épreuves :

a) Pour les classes de chant : un morceau de son choix avec lecture à première vue d'un fragment imposé ;

b) Pour les classes de piano et de violon : un des trois morceaux désignés lors de l'inscription (à son choix) et un morceau imposé inédit de manuscrit, à exécuter à première vue ;

c) Pour les classes de déclamation dramatique : une scène à son choix comprise sur la liste donnée en s'inscrivant.

Les aspirantes jugées admissibles sont seules appelées à passer la seconde épreuve.

Pour cette seconde épreuve, le jury décide, d'après la liste présentée par l'aspirante, dans quel morceau ou scène celle-ci sera entendue à nouveau.

Les admissibles qui n'ont pas été reçues élèves titulaires sont, de droit, reçues auditrices.

Aucune aspirante ne peut être admise si elle a moins de neuf ans ou plus de vingt-deux ans (l'âge varie suivant les classes).

Le directeur répartit dans les diverses classes les élèves admises par les jurys. Il peut faire passer une élève d'une classe dans une autre, lorsqu'il juge ce changement utile à ses progrès. Il peut admettre, sans le secours des jurys, les aspirantes aux classes de solfège, d'étude du clavier, d'harmonie et de composition.

Après chaque examen semestriel, il place dans les classes d'opéra et d'opéra-comique les élèves de chant dont les études ont été jugées assez avancées pour qu'elles puissent suivre les classes de déclamation lyrique.

Le directeur peut admettre dans toutes les classes, mais seulement pour la durée de l'année scolaire, des auditrices choisies parmi les aspirantes qui montrent le plus de dispositions.

Nulle ne peut être admise dans une classe de solfège au delà de l'âge de treize ans. Il n'est dérogé à cette règle qu'en faveur des élèves suivant déjà une classe de chant ou d'instrument.

Aucun élève ne peut, sous peine de radiation, contracter un engagement avec un théâtre quelconque, jouer un rôle, chanter ou exécuter un morceau sur un théâtre ou dans un concert public, sans la permission expresse du directeur.

Tout élève admis dans une classe de chant ou de déclamation doit signer un engagement.

Des pensions et indemnités sont attribuées par voie de concours aux élèves des deux sexes qui suivent les classes de chant et de déclamation.

Pour les élèves des classes de chant il y a des pensions de 1.200 francs et des encouragements de 700, 500, 400, 300, 200 francs.

Pour les élèves des classes de déclamation des encouragements de 300 francs.

Pour les élèves des écoles nationales de musique des départements admis au Conservatoire, il y a des bourses d'études de 600 francs, et des encouragements de 600, 500, 350 francs.

Examens et concours. — A chaque examen semestriel, le Comité se prononce sur le maintien ou le renvoi des élèves.

En outre, à l'examen du mois de juin, le Comité désigne les élèves qui seront appelées à prendre part aux concours, et celles dont les études doivent être considérées comme terminées.

Les concours ont lieu dans le mois de juillet. Les sujets de concours sont déterminés, chaque année, par les Comités d'examen, sur la proposition du directeur.

Les élèves du même sexe et de la même spécialité, quel que soit le nombre des classes ou celui des concurrents, concourent ensemble. Les élèves des deux sexes sont réunis seulement dans les concours de déclamation dramatique ; mais il y a des récompenses distinctes pour les élèves-hommes et pour les élèves-femmes.

Les élèves des classes préparatoires de piano et de violon ne sont pas admises à concourir au delà de l'âge de 18 ans.

Ne peuvent être admises à concourir les élèves qui ont moins de six mois d'études, ou celles qui, ayant débuté sur les théâtres, sont néanmoins conservées dans les classes pour s'y perfectionner.

Toute élève qui, après trois années d'études, n'a pas été admise à concourir, est rayée des contrôles. Cessent également de faire partie du Conservatoire les élèves qui, ayant concouru trois fois, n'ont pas remporté de prix ni d'accessit, et celles qui, après avoir obtenu une nomination, ont concouru deux fois sans succès.

Les récompenses se divisent en *premier prix, second prix, premier accessit et deuxième accessit.*

Pour le solfège et les classes préparatoires de piano et de violon, il est décerné des *premières*, des *deuxièmes* et des *troisièmes médailles.*

Dans les jurys de concours, la présence de sept

membres au moins est nécessaire pour que les délibé-
rations soient valables.

La distribution des prix a lieu immédiatement après
les concours.

Chaque lauréat reçoit un diplôme. Des médailles en
argent sont remises aux premiers et aux seconds prix.

Il y a tous les ans des exercices publics. Quatre de
ces exercices sont consacrés à la déclamation dramatique.

Les élèves désignés par le directeur pour prendre
part à un exercice ne peuvent s'en dispenser, sous
peine de radiation.

ÉCOLES DE MUSIQUE, SUCCURSALES DU CONSERVATOIRE DE PARIS

Le Conservatoire national de musique et de déclamation a des succursales à Boulogne-sur-mer, Dijon,
Lille, Lyon, Marseille, Nancy Nantes, Rennes, Toulouse, Montpellier, Nîmes, Perpignan et Roubaix.

ÉCOLES NATIONALES DE MUSIQUE

Il y a des écoles nationales de musique dans les
villes suivantes : Abbeville, Aix, Amiens, Angoulême,
Armentières, Bayonne, Cambray, Cette, Chambéry,
Digne, Douai, Le Mans, Moulins, Lorient, Saint-Omer,
Toulon, Tours et Valenciennes.

Les aspirantes qui ont fait choix d'une de ces écoles
pour leurs études musicales, doivent s'adresser au

directeur pour être informées des conditions et formalités à remplir.

DU DESSIN

Nous ne saurions trop recommander l'étude du dessin à nos jeunes lectrices, et particulièrement à celles qui se sentent de sérieuses dispositions pour se perfectionner dans cet art.

Le dessin est en effet devenu d'une importance capitale. Il n'est guère de profession où il ne soit utile, surtout pour les femmes. A côté du professorat, qui demande aujourd'hui un nombreux personnel, généralement bien rétribué, combien de travaux se rattachant aux Modes ou à l'Industrie exigent la connaissance plus ou moins approfondie du dessin! On pourra s'en convaincre en parcourant ce petit volume.

Toutes les grandes villes de France ont compris qu'après l'Instruction primaire, le dessin devait tenir la première place dans l'Enseignement moderne. Toutes ont organisé des cours destinés à compléter ceux des Écoles primaires, qui n'ont pu recevoir partout le développement désirable. Paris avait d'ailleurs donné l'exemple en faisant des sacrifices énormes pour généraliser cet enseignement.

Une de nos publicistes les plus écoutées écrivait à propos des cours de dessin de la ville de Paris :

« Nous ne sommes plus au temps, pas très éloigné encore, où le dessin était considéré comme un art d'agrément.

« Cette hérésie, trop longtemps établie en principe, a disparu, grâce aux efforts intelligents des hommes de grand talent tels que MM. Gréard, Guillaume, Thorel, Daviaud, Viollet-le-Duc, etc , qui dès long-temps avaient reconnu la nécessité d'enseigner à l'enfant les grandes lois du dessin, et qui sont par-venus à faire admettre cet enseignement comme une des bases les plus nécessaires de l'instruction.

« Le budget de la ville de Paris comporte à l'heure présente une somme très importante pour le traite-ment du personnel enseignant.

« Le matériel de l'enseignement du dessin est ins-crit au budget pour une grosse somme.

« Voilà donc cette grande œuvre, autrefois consi-dérée comme l'apanage exclusif de quelques uns, de-venue le droit de tous, et présentant pour Paris seu-lement une dépense de près d'un million.

« Mais si la dépense est lourde, combien sont im-portants les résultats obtenus !

« La France est la terre privilégiée des artistes ; mais nulle part autant qu'à Paris, les manifestations de l'art ne sont aussi étendues, aussi variées, aussi in-timement liées à la production ouvrière.

« Dans les plus humbles produits de son travail, l'ouvrier parisien sait introduire ce quelque-chose d'ingénieux, de fin, de délicat, d'artistique, qui lui a valu sa juste réputation de bon goût, et qui le met hors de pair dans toutes les luttes internationales.

« Il y a là évidemment une question de milieu, une sorte d'entraînement par l'exemple et par la vue des belles collections que renferment nos musées.

3.

« Mais fallait-il compter sur cette initiative individuelle pour maintenir à sa hauteur la suprématie de
nos industries grandes et petites?

« Évidemment non.

« Il fallait organiser à fond l'enseignement du dessin, faire mieux que permettre à quelques natures
spécialement disposées d'acquérir l'habileté qui fait
les hommes de génie.

« Il fallait, en créant l'obligation, provoquer en quelque sorte l'éclosion artistique de talents qui se seraient ignorés.

« C'est dans ce but et avec cette préoccupation que
l'enseignement des beaux-arts a été organisé à Paris.

« Cet enseignement prend l'enfant pour ainsi dire
au berceau. C'est un curieux spectacle que de voir
les bambins des écoles maternelles, à peine sortis
des langes, s'initiant progressivement à cette science
du dessin qui donne à leur intelligence la fermeté,
à leurs yeux la précision à leurs petites mains l'as-
surance.

« Tout cela est pour l'enfant une grande avance,
une sorte de semence qui germera sans fatigue pour
lui, et dont il retrouvera les fruits un peu plus tard,
lorsque viendra le moment d'appliquer à une industrie quelconque ces principes dont l'utilité n'est plus
contestable.

« L'enseignement suit l'enfant progressivement,
grandissant avec lui, l'accompagnant à l'école primaire, puis aux cours du soir, où il acquiert le développement le plus étendu.

« Au moment de choisir une carrière, l'enfant est

armé de toutes pièces. Une irrésistible vocation le pousse-t-elle vers les plus hautes manifestations artistiques, si souvent décevantes, hélas! il a devant lui l'École des Beaux-Arts.

« Est-ce vers l'industrie, cette source féconde et rémunératrice, qu'il se dirige? Il saura apporter à l'atelier ce sens artistique, cette vue juste, cette délicatesse de main, qui produiront les merveilles que le monde entier admire avec envie dans toutes les expositions. »

Nous ne pouvons rien ajouter à cette appréciation : elle nous paraît des plus convaincantes.

DESSIN (professeurs de).

Un diplôme primaire et deux diplômes secondaires ont été créés pour l'enseignement du dessin.

Le diplôme primaire est exigé pour les professeurs de dessin des écoles normales primaires et pour ceux des écoles primaires supérieures ou des écoles professionnelles des grandes villes.

Pour les écoles des villes de moindre importance, le droit d'enseigner le dessin est provisoirement accordé aux personnes munies du certificat d'aptitude à l'enseignement du travail manuel, à la condition qu'elles aient satisfait à deux épreuves relatives à l'enseignement élémentaire du dessin.

L'examen pour l'obtention du diplôme primaire se compose de trois séries d'épreuves, savoir :

1° D'une épreuve écrite et d'épreuves graphiques ;

2° D'épreuves orales ;

3° D'épreuves pédagogiques.

L'épreuve écrite et les épreuves graphiques sont éliminatoires.

Ces épreuves comprennent :

1° Le relevé géométral et la mise en perspective d'un objet simple, tel que solide géométrique, fragment d'architecture, vase simple, etc. ;

2° Une rédaction d'un genre simple ;

3° Le dessin à vue d'un ornement en relief : rinceau, rosace, chapiteau ;

4° Le dessin d'une tête d'après l'antique (plâtre).

Les épreuves orales sont également éliminatoires.

Elles comprennent :

1° Un examen sur les projections en général, sur la représentation géométrale et sur la mise en perspective d'un objet simple ;

2° Des questions élémentaires sur l'histoire de l'art avec dessin au tableau ;

3° Des questions sur la structure et les proportions de l'homme, ainsi que sur l'anatomie.

Les épreuves pédagogiques comprennent :

1° La correction d'un dessin d'ornement ;

2° La correction d'un dessin de tête ;

3° Une leçon au tableau, sur un sujet emprunté au programme du dessin géométrique dans les écoles normales ou primaires supérieures.

L'épreuve écrite et les épreuves graphiques sont subies au chef-lieu de l'Académie ; les épreuves orales et les épreuves pédagogiques à Paris.

L'examen a généralement lieu sur la fin de l'année scolaire, aux jours fixés par le Ministre.

Les candidates doivent se faire inscrire, à Paris, à la Sorbonne et dans les départements, au bureau de l'Inspecteur d'Académie, un mois au moins avant l'ouverture de la session. Elles doivent, en outre, justifier qu'elles ont dix-huit ans révolus au moment de leur inscription.

Les appointements des professeurs des écoles normales primaires sont d'environ 900 francs pour six heures par semaine.

Dans les écoles primaires supérieures de province, ils vont de 800 à 1.500 ou 1.600 francs par an, suivant l'importance de l'école.

ENSEIGNEMENT SECONDAIRE

Le certificat d'aptitude à l'enseignement du dessin exigé pour l'enseignement dans les collèges et lycées comprend deux degrés : le premier degré et le degré supérieur.

Le diplôme du degré supérieur donne le droit d'être professeur titulaire dans un lycée.

Les examens pour l'obtention de ces diplômes, dont nous ne pouvons donner ici le détail, se composent :

1° D'épreuves graphiques qui sont éliminatoires ;

2° D'épreuves orales ;

3° D'épreuves pédagogiques.

Les examens ont lieu à Paris, généralement en juillet.

La date en est fixée par un arrêté ministériel.

Les candidats doivent se faire inscrire dans les délais indiqués par cet arrêté, soit au Ministère de l'Instruction publique (direction de l'Enseignement secondaire, 1er bureau), soit à la direction des Beaux-Arts.

Ces examens exigent une instruction artistique assez développée, que l'on ne peut acquérir que dans les écoles des Beaux-Arts de Paris et de la province.

TRAITEMENTS

Les traitements des professeurs de dessin dans les lycées et les collèges de jeunes filles sont déterminés ainsi qu'il suit :

Lycées de la Seine et de Versailles.

Professeurs titulaires de. . . . 1.200 à 4.000

Lycées de Lyon et de Marseille.

Professeurs titulaires de. . . . 1.200 à 2.800
Chargés de cours de . . . . . 1.800 à 2.400

Autres lycées et collèges.

Professeurs titulaires de. . . . 2.000 à 2.600
Chargés de cours de . . . . . 1.600 à 2.200

Les postes du département de la Seine ne sont donnés qu'aux professeurs qui ont professé plusieurs années en province.

BREVETS DE LA VILLE DE PARIS

La Ville de Paris délivre un diplôme de professeur de dessin d'art pour les femmes.

Les examens pour ce brevet sont analogues à ceux

du diplôme secondaire du deuxième degré. On exige
en plus une composition décorative. Ils ont lieu suivant les besoins et sont annoncés par des affiches et
dans les journaux.

Les candidates doivent adresser leur demande à la
préfecture de la Seine (Direction de l'enseignement
primaire, 3e bureau).

Les professeurs de dessin d'imitation dans les écoles
primaires de Paris ont 800 francs de traitement pour
quatre heures par semaine. La plupart des professeurs
enseignent dans plusieurs écoles, ce qui augmente no-
tablement leur traitement.

ÉCOLE SPÉCIALE D'ARCHITECTURE

Cette école située à Paris, 254-266 boulevard Ras-
pail, reçoit des élèves des deux sexes sans distinction
de nationalité.

La durée des études est de trois années.

Le régime de l'école est l'internat. Le prix des
études est de 850 francs par an. Il n'y a pas de limite
d'âge.

La candidate désirant être admise doit subir un
examen comprenant :

1° un dessin d'après un ornement en relief;

2° le dessin (plan, coupe, élévation) d'un édifice
rendu sur un croquis côté;

3° une composition française ;

4° un examen oral portant sur l'arithmétique, l'algèbre, la géométrie, la géométrie descriptive, la géo-

graphie, conformément aux programmes arrêtés par le conseil de l'école.

Les trois premières épreuves sont remplacées dans les départements par un certificat de l'architecte du département ou de la ville.

A l'étranger par un certificat d'un architecte notable de la localité.

A la fin de leur troisième année les élèves sont admis à un concours leur donnant droit à un diplôme décerné par le conseil de l'École à ceux qui paraissent posséder complétement les ressources et l'esprit de l'enseignement.

ÉCOLE NATIONALE DES BEAUX-ARTS DE PARIS

14, rue Bonaparte.

Cette école comprend :

Des cours oraux se rattachant aux différentes branches de l'art ;

L'Ecole proprement dite, où les élèves participent à des études pratiques et à des concours, où ils obtiennent des récompenses et des titres.

Des ateliers, au nombre de quatorze.

L'enseignement est gratuit, le régime est l'externat.

Pour l'inscription, qui a lieu au bureau du secrétariat de l'Ecole, les jeunes filles doivent produire :

Les Françaises, un extrait d'acte de naissance sur papier timbré.

Les étrangères, une lettre d'introduction de l'ambassadeur ou du ministre plénipotentiaire de leur nation, faisant connaître la date et le lieu de naissance de la candidate.

Toutes doivent être munies d'une pièce attestant qu'elles sont capables de subir les épreuves du concours d'admission. Cette pièce doit être délivrée soit par l'un des professeurs de l'Ecole, soit par l'un des membres des différents jurys actuels ou anciens, soit par un professeur chef d'atelier extérieur, soit par l'un des directeurs ou par l'un des professeurs des écoles de dessin de la province.

Nulle ne peut obtenir son inscription si elle a moins de 15 ans ou plus de 30 ans révolus.

I. — SECTION DE PEINTURE COMPRENANT AUSSI LA GRAVURE EN TAILLE-DOUCE, LA GRAVURE A L'EAU-FORTE, LA LITHOGRAPHIE ET LA GRAVURE SUR BOIS

Les épreuves, qui ont lieu deux fois par an, en octobre-novembre et en avril-mai, consistent en :

Une figure dessinée, d'après nature, à l'une des sessions, d'après l'antique à l'autre session, exécutée en douze heures.

Les candidates admises à la suite de cette première épreuve sont seules autorisées à subir les épreuves facultatives ci-après :

1º Un dessin d'anatomie (ostéologie), exécuté en loge en deux heures ;

2º Un dessin de perspective exécuté en quatre heures, d'après un objet en relief, avec les indications des principales lignes perspectives ;

3º Un fragment de figure modelé d'après l'antique, exécuté en neuf heures ;

4° Une étude élémentaire d'architecture, exécutée en loge en six heures ;

5° Un examen sur les notions générales de l'histoire, écrit ou oral, au choix de la candidate.

L'inscription est *obligatoire* pour chaque session. Elle est close trois jours avant la première épreuve.

II. — Section de sculpture comprenant aussi la gravure en médailles et en pierres fines

Les épreuves qui ont lieu deux fois par an, en octobre-novembre et en avril-mai, consistent en :

Une figure modelée, d'après nature, à l'une des sessions, d'après l'antique à l'autre session, exécutée en douze heures.

Les candidates admises à la suite de cette première épreuve sont seules autorisées à subir les épreuves facultatives ci-après :

1° Un dessin d'anatomie (ostéologie), exécuté en loge en deux heures ;

2° Un fragment de figure dessiné d'après l'antique, exécuté en neuf heures ;

3° Une étude élémentaire d'architecture, exécutée en loge en six heures ;

4° Un examen sur les notions générales de l'histoire, écrit ou oral, au choix de la candidate.

L'inscription est *obligatoire* pour chaque session. Elle est close trois jours avant la première épreuve.

III. — Section d'architecture.

Les épreuves qui ont lieu deux fois par an, en décembre-janvier et en avril-mai, consistent en :

Une composition d'architecture exécutée en loge en douze heures.

Les candidates admises à la suite de cette épreuve sont seules autorisées à subir les épreuves ci-après :

1° Dessin d'une tête ou d'un ornement d'après le plâtre, exécuté en huit heures ;

2° Modelage d'un ornement en bas-relief d'après un plâtre exécuté en huit heures ;

3° Exercices de calcul faits en loge, dont un calcul logarithmique ;

4° Examen d'arithmétique, d'algèbre et de géométrie élémentaire ;

5° Epreuve de géométrie descriptive appliquée à une projection d'architecture, faite en loge en huit heures ;

6° Examen de géométrie descriptive ;

7° Epreuve d'histoire qui consiste en un examen oral ou une composition écrite.

L'inscription est obligatoire pour chaque session. Elle est close trois jours avant la première épreuve.

Les concours de l'école sont trimestriels, semestriels ou annuels.

En dehors de ceux portés au programme d'études et donnant lieu à des premières, secondes ou troisièmes médailles et à des mentions honorables, il existe des concours particuliers, établis par suite de fondations.

Des récompenses de 100 à 1.200 francs sont attribuées aux lauréats. Les deux récompenses les plus importantes sont : le prix de Rome et la grande médaille d'émulation, celle-ci décernée chaque année dans chaque section.

Les élèves ayant obtenu l'admission en loge pour le prix de Rome, le prix Jowain d'Attainville ou prix de peinture décorative, celui de torse, celui de la tête d'expression, une médaille dans les concours d'après nature ou d'après l'antique, ou un titre de premier dans l'un des concours d'admission, reçoivent des certificats d'études.

Toutefois, cependant, les peintres doivent avoir en plus : une mention en anatomie, une mention en perspective et trois mentions en histoire et archéologie.

Les sculpteurs doivent remplir les mêmes conditions, sauf pour la mention en perspective qui n'est pas exigée.

Dans la section d'architecture, les élèves pour prétendre au certificat d'études doivent être en première classe et y obtenir une première ou deux deuxièmes médailles ou une récompense au concours du grand prix de Rome.

ÉCOLE NATIONALE DES ARTS APPLIQUÉS A L'INDUSTRIE DE BOURGES

L'école de Bourges a été édifiée en 1881. Elle fut inaugurée en 1882, sous le nom d'École nationale des Beaux-Arts.

Elle a environ 390 élèves : 320 garçons, 70 jeunes filles.

Pour les jeunes filles, qui appartiennent presque toutes à la classe aisée, elles sont exemptes en général des préoccupations de métier : ce qu'elles viennent demander, c'est plutôt le moyen de compléter, par des études d'art, leur culture générale.

L'enseignement est gratuit.

Il comprend :

1° Le dessin linéaire et géométrique ;

2° Le dessin d'architecture, les mathématiques, la construction et la perspective ;

3° Le dessin d'ornement et de figure, la composition d'ornement et de figure, la composition ;

4° L'architecture ;

5° La sculpture ;

6° La peinture ;

7° La peinture et la sculpture appliquées à la céramique ;

8° L'anatomie ;

9° L'histoire de l'art.

Pour être élève de l'École et participer aux récompenses qu'elle décerne, il faut justifier de la qualité de Français. Toutefois, les étrangères peuvent être admises par autorisation spéciale du ministre ; mais elles ne peuvent prétendre au prix d'honneur, non plus qu'aux bourses instituées pour les élèves de l'établissement.

L'inscription a lieu au secrétariat de l'École, tous les jours non fériés, aux heures des cours.

Pour être admis à l'École, les élèves doivent avoir au moins dix ans révolus, savoir lire, écrire et calculer ; ils doivent être présentés par leur père, mère, correspondant ou chef d'atelier. En entrant à l'École, tous les élèves doivent être munis des instruments nécessaires à leurs études.

L'enseignement de l'École est réparti en trois divisions : division élémentaire, division supérieure, cours spéciaux. Les épreuves pour le passage d'un cours dans le cours supérieur consistent à obtenir dans l'ensemble des matières une notation moyenne d'au moins 16 points (maximum 20 points), sans que, pour chacune d'elles, la notation puisse être inférieure à 14 ; à cet effet, tous les travaux ainsi notés par chaque professeur de cours, sont revisés par le jury, qui prononce chaque mois sur le passage d'un cours dans un autre.

Un concours annuel, donnant lieu à des prix et à des mentions, est institué pour chacune des facultés de l'enseignement de l'École, dans le dernier trimestre de l'année scolaire ; peuvent seuls y prendre part les élèves inscrits à l'École et qui ont suivi régulièrement les cours.

Des bourses d'études sont accordées aux élèves qui se distinguent le plus dans l'École. Un tiers est réservé à ceux ou celles qui se destinent à l'enseignement ; elles ne peuvent se partager ; pour y prétendre, il faut être Français, avoir au moins quinze ans, et être inscrit à l'École depuis une année au moins.

Nul ne peut en obtenir le renouvellement au delà de quatre ans.

ÉCOLE NATIONALE DES BEAUX-ARTS D'ALGER

L'ancienne École de Dessin d'Alger, érigée en École nationale des Beaux-Arts, est instituée en vue de former les jeunes gens et les jeunes filles à la pratique des arts, à l'enseignement du dessin et à l'exercice des industries relevant de l'art.

L'enseignement est gratuit.

Pour être élève de l'École et participer aux récompenses qu'elle décerne, il faut justifier de la qualité de Français ; toutefois les étrangers peuvent y être admis par autorisation spéciale délivrée sur la demande du représentant de leur nation, après l'avis du directeur de l'École.

L'inscription des élèves a lieu tous les jours non fériés au secrétariat de l'École, aux heures des cours ; pour être admis à l'École, les candidats doivent être présentés par leur père, mère, correspondant ou chef d'atelier, savoir lire, écrire et calculer.

L'enseignement de l'École est divisé, pour chacune des sections, filles et garçons, en différentes catégories, qui sont : première division, deuxième division, division supérieure, cours spéciaux.

Il est institué près de l'École nationale des Beaux-Arts d'Alger des bourses au profit des élèves qui se distinguent le plus dans l'École. Un tiers de ces bourses est réservé, s'il y a lieu, pour ceux ou celles des élèves qui se destinent à l'enseignement : elles sont accordées tous les ans au mois de janvier, sont payables à la fin de l'année scolaire et ne peuvent se partager. Nul ne peut y prétendre s'il n'est inscrit à l'École depuis une année au moins, et ne peut en obtenir le renouvellement au delà de quatre ans.

ÉCOLE NATIONALE DES ARTS DÉCORATIFS
Section des jeunes filles.

La création de cet établissement remonte à 1803. Il fut fondé par Madame Frère de Montizon qui l'établit à Paris, dans la cour de Rohan. En 1890, il a été rattaché à l'École nationale des Arts décoratifs des garçons, rue de l'École de Médecine.

Il est maintenant 10 bis rue de Seine.

Les cours de la section des jeunes filles ont lieu toute la journée. L'enseignement est gratuit.

Des concours d'admission à l'École ont lieu deux fois par an, au commencement des mois d'octobre et de mars.

Les candidates doivent :

1° Avoir treize ans au moins et vingt-cinq ans au plus ;

2° Se faire inscrire au secrétariat de l'École, 10 bis rue de Seine, dans la semaine qui précède le concours et produire un acte de naissance ou toute autre pièce justifiant de leur identité et de leur nationalité, et une autorisation de leurs parents ou répondants.

Les personnes de nationalité étrangère ne peuvent être inscrites que sur la demande du représentant de leur nation.

Le concours consiste en une épreuve de dessin.

Les candidates admises peuvent, sur la présentation des travaux faits réellement par elles, avant leur admission, être classées dans une division autre que les divisions de début.

La durée normale de l'enseignement est de trois ans. Le passage d'une division dans une autre a lieu après examen, mais une élève qui n'est pas en état de subir l'examen pour monter dans la division supérieure peut prolonger son séjour à l'École au delà de trois années.

Elles doivent se munir de tous les instruments utiles pour leurs travaux.

Elles doivent, pendant le cours de leurs études, être porteurs de leur carte et d'un livret destiné à constater leur présence au cours et à recevoir, au besoin, les observations de la Direction et des parents ou répondants. Des absences prolongées et non justifiées peuvent entraîner la radiation de l'élève des contrôles de l'École.

Des relevés de notes et de présences sont adressés, sur leur demande, aux parents et répondants des Elèves.

L'enseignement se divise en trois parties :

1° Division élémentaire ;

2° Division supérieure ;

3° Cours spéciaux.

La *division élémentaire* comprend :

1° Le dessin linéaire et le dessin à main levée des figures géométriques et d'ornement au trait ;

2° Le dessin d'après les solides géométriques, la perspective, les ombres, les lavis à teintes plates ;

3° Le dessin d'après la bosse (ornements, fleurs, figures, têtes et fragments).

La *division supérieure* comprend :

1° Le dessin de la figure d'après l'antique ; de la tête d'après nature ;

4

2° L'anatomie comparée ;

3° Le dessin d'ornement, d'après la grande bosse et les modèles empruntés aux industries d'art : bronzes, vases céramiques, meubles, tapisseries, étoffes, etc. ;

4° L'étude de l'architecture, y compris les ordres et ordonnances ;

5° La composition d'ornements ;

6° Le cours d'histoire générale de l'art.

Les *cours spéciaux* comprennent le modelage, la peinture à l'eau, à l'huile et à la colle, la peinture sur porcelaine, sur faïence, sur verre et émail, la gravure sur bois.

Tous les cours inscrits dans chacune des deux divisions sont obligatoires pour l'élève qui fait partie de cette division, et qui peut, en outre, suivre un des cours spéciaux de son choix. Des conférences techniques sur les Industries d'art, sont faites par les artistes et industriels, tous les lundis.

Indépendamment des concours annuels pour chacune des facultés de l'enseignement, il est institué trois grands concours : dessin, sculpture et composition d'ornement.

Les récompenses consistent en livres d'art, médailles d'argent et de bronze, et en une médaille d'or décernée par le ministre de l'Instruction publique et des Beaux-Arts à l'élève la plus méritante. En outre, les élèves françaises âgées d'au moins quinze ans, étant à l'École depuis plus d'une année, et qui se distinguent par leur zèle, leurs aptitudes, leur mérite, peuvent prétendre à l'obtention d'une bourse.

Ces bourses sont au nombre de six, savoir : deux bourses de 200 francs, deux bourses de 300 francs, deux bourses de 400 francs ; trois d'entre elles sont réservées aux jeunes filles qui se destinent à l'Enseignement.

ÉCOLE NATIONALE D'ART DÉCORATIF D'AUBUSSON

Cette école comprend une division de jeunes filles et une division de jeunes gens. L'enseignement y est gratuit.

Les matières enseignées sont : le dessin linéaire et géométrique, le dessin d'après l'ornement, la figure et la plante, les éléments d'architecture, d'anatomie et de composition décorative.

Des cours spéciaux sont en outre institués en vue de l'application des arts du dessin aux industries locales ; ce sont des cours de tissage, de savonnerie, de mise en cartes, de broderie et de chimie tinctoriale.

L'École est administrée par un directeur, présidant l'assemblée des professeurs et des jurys, chef de tous les services, assisté d'un conseil présidé par le Directeur des Beaux-Arts.

Les jeunes filles sont reçues à l'École d'Aubusson à l'âge de douze ans révolus.

Aucune élève n'est admise aux cours spéciaux si elle n'a passé par les cours de dessin ou si elle ne fait encore partie du cours supérieur.

Chaque faculté donne lieu à un concours de fin d'année auquel sont attachées des récompenses (prix et accessits).

Il y a de plus quatre grands concours pour le des-sin, le tissage, la savonnerie et la broderie. Deux grands prix sont offerts par le ministre à l'élève, fille ou garçon, de la division supérieure qui a obtenu le plus de nominations.

ÉCOLE NATIONALE D'ART DÉCORATIF DE LIMOGES

L'École de Limoges est ouverte aux jeunes gens des deux sexes.

L'enseignement y est gratuit.

Les jeunes filles sont admises à l'École de Limoges si elles justifient de moins de douze ans révolus.

Les conditions d'admission sont identiques à celles requises pour les autres écoles d'art décoratif.

L'enseignement de la section des jeunes filles de cette école se divise en : une division élémentaire, une division supérieure et des cours spéciaux.

Les matières enseignées sont : le dessin linéaire et géométrique, la perspective et des éléments d'archi-tecture ; le dessin, le modelage et l'anatomie compa-rée ; la composition d'ornements ; le dessin de pein-ture de fleurs et des cours spéciaux relatifs aux appli-cations du dessin à l'industrie (peinture céramique, gravure à l'eau-forte, chimie industrielle, la broJe-rie, etc.).

Les concours portent sur le dessin, la sculpture, la composition d'ornements et la peinture céramique.

Les récompenses consistent en médailles d'argent et de bronze. En outre, il est accordé des bourses aux élèves qui se sont distingués le plus dans le courant de leurs études.

ÉCOLE NATIONALE D'ART DÉCORATIF DE NICE

Le programme des études de cette école est assez semblable à celui de Paris.

Les élèves sont admises à l'âge de 10 ans et se répartissent en aspirantes et titulaires.

Les premières ne peuvent prendre place parmi les secondes qu'après avoir subi les épreuves réglementaires du premier degré.

Ce dernier comprend : le dessin linéaire, le dessin d'ornement et d'imitation ayant pour objet : les éléments de l'ornementation, la représentation des figures simples, l'imitation des parties de la figure humaine.

Peuvent être admises provisoirement à prendre place parmi les titulaires, les élèves ayant fait des études préparatoires dans d'autres écoles. Cet état dure jusqu'au premier examen.

Les titulaires peuvent suivre en même temps les cours de peinture, de sculpture, d'architecture, de dessin des plantes et d'ornements.

Toute élève n'ayant pas réussi dans les examens trimestriels qui comportent les cours particuliers, ne peut être dispensée de suivre ces cours.

Ceux-ci sont: le cours de mathématiques obligatoire pour les architectes, le cours d'anatomie pour les peintres et sculpteurs, les cours de perspective et d'histoire de l'art, pour tous.

En dehors de ces cours, l'École comprend des cours de composition décorative, de modelage, d'aquarelle.

Les candidates françaises ou étrangères ne peuvent être admises que si elles ont un parent ou un correspondant à Nice.

Les secondes, ayant obtenu l'autorisation du maire, peuvent concourir pour l'obtention des récompenses.

ÉCOLE DE DESSIN ET D'ART APPLIQUÉS A L'INDUSTRIE
24, rue Duperré, Paris.

Cette École encore appelée école Elisa Lemonier, destinée aux jeunes filles, se propose de former, non seulement d'habiles dessinateurs-industriels, mais encore des artisans d'art dans les spécialités qui peuvent être exécutées par la femme.

Elle comprend deux divisions, l'une élémentaire, l'autre supérieure, comportant chacune trois années d'études.

Dans ces deux divisions, l'enseignement est à la fois théorique et professionnel.

Dans la division élémentaire, l'enseignement théorique comprend :

Langue française : morale et droit usuel ; histoire et géographie générale ; arithmétique ; géométrie usuelle ; éléments de sciences physiques et naturelles (physique, chimie, botanique, zoologie, physiologie) ; éléments d'hygiène, d'économie domestique, de technologie, d'histoire de l'art, de composition ornementale, application du dessin géométrique.

L'enseignement professionnel comprend :

Dessin à vue et modelage ; Dessin géométrique dans ses applications à l'industrie ; Composition ornementale ; exécution des compositions données au cours théorique ; Eléments d'aquarelle et de lavis.

Travaux élémentaires d'application. Reproduction de modèles donnés au cours de composition ornementale.

Dans la division supérieure, l'enseignement théorique est constitué par des cours oraux ou des conférences portant sur la composition ornementale, l'architecture, l'histoire de l'art, l'anatomie comparée, l'hygiène appliquée : l'économie politique, la législation ouvrière.

Il comprend, en outre, des cours de technologie faits en vue de la composition et de l'exécution de la dentelle, la broderie, la tapisserie, la bijouterie, l'orfèvrerie, l'ébénisterie, l'ameublement, la ferronnerie d'art, la céramique, le vitrail, les émaux, les cuirs, l'ivoire, l'utilisation des procédés du pochoir, du batik, de la photographie, etc.

L'enseignement professionnel comprend :

Composition ornementale (réalisation des programmes posés par les diverses industries d'art) ; Dessin à vue et modelage d'après l'antique et la nature ; Dessin d'architecture ou géométrie dans ses applications à l'industrie (lambris, portes, fenêtres, plafonds, décoration d'intérieurs, adaptation des meubles à leur destination, etc.) ; Dessin pour dentelles et broderies diverses ; Dessin pour joaillerie, orfèvrerie, ferronnerie d'art ; Dessin pour papiers peints, tentures, soieries, étoffes imprimées, etc.

Travaux pratiques. Applications aux travaux d'art et à l'exécution de : la dentelle, les broderies diverses (costume, ameublement, lingerie, etc.) ; Peinture et aquarelle sur papier, toile, peau, velours, soie, draps, bois, verre, céramique, etc. ; Applications aux travaux d'art utilisant les procédés du modelage, du moulage, de l'estampage, etc., à la coréoplastie, au travail du métal, de la corne, de l'ivoire, de la nacre, des bois précieux, etc., à la teinture des étoffes par les procédés du batik, du pochoir ; Gravure, figurines de modes, etc. ; Photographie (agrandissement, projection et retouche des clichés).

Le régime de l'École est l'externat gratuit. Les élèves sont admises dans chacune des divisions de l'École à la suite d'un concours annuel ayant lieu dans le courant du mois de juin.

Les postulantes doivent être françaises, domiciliées dans la ville de Paris ou le département de la Seine. Toutefois, les jeunes filles dont la famille est domiciliée dans une commune de la banlieue ne peuvent être admises à l'École que si cette commune s'engage à rembourser à la Ville de Paris, pour chaque élève, une somme annuelle de 200 francs (Délibération du Conseil Municipal de Paris, en date du 27 mars 1893).

L'École pourra recevoir également des jeunes filles de nationalité française domiciliées hors du département de la Seine.

Celles-ci doivent prendre part au concours règle-

mentaire et, en cas d'admission, payer une rétribution annuelle variant de 100 à 300 francs, selon les
cours d'enseignement qu'elles suivront.

Elles doivent être âgées :

1º Pour la division élémentaire, de 13 ans au moins
et de 15 ans au plus au 1ᵉʳ octobre de l'année du concours. (Par exception, les jeunes filles pourvues du
certificat d'études primaires pourront se présenter au
Concours d'admission dès l'âge de 12 ans révolus au
1ᵉʳ juillet.)

2º Pour la division supérieure, de 15 ans au moins
et de 20 ans au plus au 1ᵉʳ octobre de l'année du concours.

ORPHELINAT DES ARTS

Cet orphelinat a été créé en 1880, par une société de
dames appartenant pour la plupart au théâtre, et qui
choisirent comme présidente une artiste aussi renommée par sa générosité que par son talent : Mme Marie
Laurent.

L'Orphelinat fut ouvert à Paris (rue de Vanves), il
est aujourd'hui installé dans un immeuble plus vaste,
14, rue de la Montagne, Courbevoie (Seine).

L'Orphelinat des Arts, qui recueille les orphelines
d'artistes peintres, sculpteurs, architectes, graveurs
et lithographes, hommes de lettres, artistes lyriques et
dramatiques, a été reconnu comme établissement
d'utilité publique en 1882.

L'œuvre pour se soutenir fait appel au dévouement
de membres honoraires qui payent une cotisation
annuelle de 10 francs.

Une cinquantaine d'orphelines reçoivent dans cet établissement une éducation pratique. Outre les matières de l'enseignement primaire, elles apprennent la couture, la tapisserie, le dessin, la musique, la peinture sur porcelaine, etc. Elles peuvent ainsi arriver à devenir des professeurs, des artistes, même des artistes dramatiques, si on leur reconnaît les dispositions nécessaires.

Les ressources de l'institution consistent dans des dons particuliers, des subventions des ministères, mais surtout dans les produits des fêtes, représentations et concerts auxquels les artistes les plus célèbres ne manquent jamais de prêter leur concours.

GRAVURE SUR BOIS

La gravure sur bois était, il y a quelques années encore, un art dont on pouvait conseiller la pratique aux jeunes filles sachant bien dessiner et capables de s'attacher aux travaux intelligents et délicats. Malheureusement les procédés de photogravure ont fait de tels progrès depuis lors, que la gravure sur bois n'offre plus que très peu de ressources. Disons-en, cependant, quelques mots pour les jeunes personnes qui se croiraient assurées d'obtenir des commandes en ce genre.

La gravure sur bois s'exécute aujourd'hui sur des rondelles de buis, en bois debout, ayant environ comme épaisseur la hauteur des caractères d'imprimerie, et pouvant par conséquent être intercalées dans le texte.

Après avoir parfaitement dressé et poncé une des surfaces du bois, on y étend une légère couche de blanc gommé : la planche est ainsi prête à recevoir le dessin. Ce dessin exécuté généralement par un dessinateur spécial, le graveur enlève, au moyen du burin et d'échoppes, les blancs du dessin, en épargnant les lignes. Quant aux tons, ils sont rendus par les hachures ou tailles, plus ou moins larges et plus ou moins serrées. C'est surtout dans cette dernière partie de l'interprétation que se révèle le talent du graveur.

L'apprentissage est d'environ trois ou quatre ans, tout à fait improductifs.

Les ouvrières faites peuvent ensuite gagner de 5 à 6 francs par jour.

L'outillage est peu coûteux et permet de travailler chez soi. Il ne revient guère qu'à une trentaine de francs.

GRAVURE DE LA MUSIQUE

Un certain nombre de femmes s'occupent avec succès, à Paris et dans quelques grandes villes de province, de la gravure de la musique.

On se servait autrefois, pour ce genre de gravure, de planches de cuivre ; mais on remplace aujourd'hui ce métal par l'étain, lorsque le tirage ne doit pas être très important. Les poinçons seuls et les burins sont alors en acier, afin d'offrir la résistance nécessaire pour frapper sur l'étain.

Chacun de ces poinçons porte à son extrémité, et

gravé en relief, un des signes de musique. Le nombre des poinçons est donc égal à celui des divers caractères de la musique, des chiffres et des lettres de l'alphabet.

Pour graver, l'ouvrière prend une planche d'étain, et, à l'aide d'une griffe spéciale, marque d'un coup les cinq lignes.

Elle trace ensuite le nombre de parties qui doivent entrer dans la page, en observant de laisser entre chacune d'elles l'espace nécessaire.

Puis elle dessine légèrement, à la pointe du burin, les diverses phrases musicales, marque la division des mesures, et se borne, à l'égard des notes, à indiquer avec les *o* les places que leurs têtes doivent occuper.

Cette première partie du travail terminée, l'ouvrière s'empare des poinçons, prend tour à tour chacun d'eux, le pose sur la ligne ou l'espace, à l'endroit précis où le premier tracé a été fait, et lui fait marquer son empreinte en frappant dessus avec un petit marteau.

Elle ne quitte un poinçon que lorsqu'il a gravé tous les caractères de son espèce qui doivent se trouver sur la planche, et frappe donc successivement tous les *accidents*, les têtes blanches, les têtes noires, les pauses, demi-pauses, soupirs, etc.

La tâche du poinçon terminée il faut planer la plaque avant de se servir du burin; vient le tour de celui-ci avec lequel sont tracées les queues des notes, les barres des mesures, les crochets des croches, etc. Enfin, avec une onglette, l'ouvrière marque les barres qui réunissent les différents groupes de croches, les reprises, les barres d'abréviations, les barres finales, etc.

Les indications en lettres d'imprimerie et les paroles qui accompagnent les morceaux de chant sont gravées ensuite, en changeant bien entendu de poinçon à chaque nouvelle lettre.

La gravure terminée, l'ouvrière plane la planche au marteau, la polit à l'aide d'un brunissoir afin de faire disparaître les aspérités laissées par le poinçon et le burin, et tire une première épreuve sur laquelle l'auteur ou le correcteur indique les fautes. Elle reprend alors sa planche, repousse par derrière tous les signes défectueux, de façon à les effacer entièrement, puis elle grave sur la surface repolie les signes ou les notes réclamés par le manuscrit.

Trois années d'apprentissage sont nécessaires pour arriver à bien graver de la musique. L'ouvrière peut ensuite gagner 4 à 5 francs par jour, quelquefois davantage.

On est généralement obligé de se procurer l'outillage nécessaire à la gravure, ce qui occasionne une dépense de 2.000 francs.

PEINTURE SUR PORCELAINE

La peinture sur porcelaine a longtemps été réservée aux hommes.

Mais nombre de femmes, depuis quelques années, exécutent ce travail artistique, qui convient tout particulièrement à leur goût délicat.

Deux ou trois ans d'apprentissage sont nécessaires avant d'aborder ce genre de peinture, même à une jeune fille sachant déjà très bien dessiner.

Un grand nombre d'écoles professionnelles de jeunes filles, et en particulier toutes celles de la ville de Paris, possèdent une section de peinture céramique.

Nous ne pouvons indiquer ici de gain fixe. Le prix payé est excessivement variable, suivant la difficulté du travail ou la capacité de l'artiste.

A Paris et dans quelques villes de province, les dames qui s'occupent de la décoration de la porcelaine gagnent de 2 à 3 francs par jour. Mais quelques-unes, recherchées pour leur talent, atteignent des prix beaucoup plus élevés.

PETITS TRAVAUX ARTISTIQUES

AQUARELLES POUR ÉDITEURS

Les dames sachant faire de l'aquarelle et ayant de l'imagination, peuvent, à Paris surtout, et parfois dans certaines grandes villes, employer leur talent à l'illustration des couvertures de brochures, d'albums pour cartes postales, des manuscrits de pièces de théâtre, des sachets à mouchoirs et des sacs à bonbons.

Ces dessins et aquarelles sont généralement peu payés.

PHOTOGRAPHIE (RETOUCHE DE)

Des dames sont occupées dans les grands ateliers de photographie à la retouche des clichés et des portraits.

Il faut nécessairement savoir dessiner pour entreprendre ce travail.

Les apprenties ne gagnent rien. Quant aux ouvrières
elles peuvent gagner de 5 à 6 francs par jour. On peut
souvent travailler à domicile.

On emploie aussi les dames pour les reproductions
photographiques de gravures de modes et de cata-
logues illustrés (ici les connaissances en dessin ne
sont pas indispensables). Elles gagnent de 3 à 3 fr. 50 par
jour.

COLORIAGE DE GRAVURES DE MODES

Il n'est guère besoin de savoir dessiner et peindre
pour entreprendre ce genre de travail. Il se fait, en
effet, au moyen de patrons en zinc, en cuivre découpé
qui laissent à jour la partie de la gravure destinée à
recevoir telle ou telle couleur. Il n'y a donc qu'à
brosser, au moyen d'un pinceau spécial dénommé
« pompon », la partie découverte.

Un apprentissage de quelques mois est cependant
nécessaire pour arriver à colorier rapidement et sans
bavures ni balayages.

Les ouvrières habiles gagnent à ce métier de 2 fr. 50
à 2 fr. 75 par jour. Il y a un chômage d'environ trois
mois par an, de juin à août.

COLORIAGE DE LITHOGRAPHIES, DE GRAVURES ET DE PHOTOGRAPHIES

Ce genre de coloriage se fait au pinceau et exige du
goût et de l'habitude. Un apprentissage de 2 à 3 ans
est nécessaire à la jeune fille qui n'a pas appris la

peinture. Elle pourra ensuite gagner de 2 fr. 50 à 4 francs par jour.

COLORIAGE DES IMAGES RELIGIEUSES

Le coloriage des images religieuses exige à peu près les mêmes aptitudes et procure un gain à peu près égal à celui du coloriage des autres gravures. Les artistes qui créent des sujets gagnent naturellement beaucoup plus.

DESSIN POUR TAPISSERIE

Les dessins pour tapisseries, dessinés à l'encre sur canevas ou sur toile, peuvent rapporter de 3 à 3 fr. 50 par jour.

Un an ou deux d'apprentissage sont nécessaires, même lorsqu'on sait bien dessiner.

COMMERCE

Les femmes qui ont des aptitudes pour le commerce les possèdent souvent à un degré plus élevé que la plupart des hommes.

Nous entendons parler ici, bien entendu, du commerce de détail, de celui qui met le plus directement en rapport avec les clients.

Le soin que la plupart des femmes apportent aux moindres choses, leur assiduité au travail — dont le désir de distractions les détourne rarement, — leur économie bien ordonnée, sont les premiers éléments du succès dans la carrière commerciale. Ajoutons que l'accueil aimable, empressé qu'elles savent faire aux personnes, même les plus difficiles, l'intelligente persuasion qu'elles mettent dans leurs offres attire et retient souvent la clientèle.

Toutefois, pour qu'une jeune fille puisse s'adonner utilement au commerce, il faut qu'elle y ait été préparée, soit dans sa famille, soit par un stage assez long dans une maison bien tenue.

Quelques genres de commerce conviennent plus spécialement aux femmes. Nous en parlons dans le cours de ce livre.

Nous nous occuperons plus particulièrement ici des jeunes filles qui débutent comme employées.

EMPLOYÉES DE COMMERCE

C'est surtout dans les grandes maisons de nouveautés que ces jeunes personnes peuvent arriver à se créer une situation avantageuse.

Mais ces maisons ne prennent généralement pas de débutantes.

Aussi, faut-il commencer par s'initier aux détails du commerce dans un magasin de moindre importance.

Les jeunes filles peuvent débuter dans le commerce vers l'âge de seize ans. Une bonne instruction primaire est très utile pour arriver aux emplois supérieurs ; le certificat d'études est d'ailleurs presque partout exigé.

Les débutantes sont au pair la première année, c'est-à-dire qu'elles sont simplement nourries. Elles gagnent ensuite de 30 à 50 francs par mois, selon l'importance de la maison et selon leurs capacités.

Dans les grands magasins, quelques employées débutent comme *auxiliaires*, et ne sont occupées qu'à certaines époques de l'année, où les employées ordinaires ne suffisent pas au travail.

Ces auxiliaires sont nourries et reçoivent de 25 à 30 francs par mois.

Les *demoiselles de magasin*, déjà au courant de la vente, ont des appointements qui varient de 600 à 1.500 francs, selon leur ancienneté dans la maison. Elles augmentent leurs appointements au moyen de la « guelte », petit bénéfice qui leur est accordé sur la vente de certains articles défraîchis ou d'un placement peu facile.

Les chefs de rayon ou *premières* gagnent de 2 à 3.000 francs par an. Dans certaines grandes maisons, quelques-unes reçoivent même de 10 à 12.000 francs. Elles ont en outre le logement, la nourriture, et un intérêt dans le chiffre d'affaires fait par leur rayon. Mais ce sont là des postes difficiles à conquérir. On ne saurait y arriver sans être très heureusement douée pour le commerce et sans avoir fait preuve d'un zèle remarquable, et surtout si l'on a débuté comme apprentie et ouvrière soit dans la mode, soit dans la couture, car il faut joindre aux connaissances commerciales les connaissances techniques qui permettent de pouvoir discuter le prix du revient.

Notons que sans appartenir aux grands établissements de nouveautés, une jeune fille active et possédant les aptitudes nécessaires peut se faire une

situation avantageuse dans des maisons bien acha-
landées, mais qui ne s'occupent que de certaines
spécialités. Et ceci est vrai non seulement pour Paris,
mais encore pour les grandes villes de province, telles
que Lyon, Bordeaux, Rouen, Amiens, Lille, beaucoup trop délaissées dans l'esprit de celles qui cherchent un emploi. Nombre de maisons de commerce
ont d'ailleurs pris le parti d'accorder un intérêt dans
la vente à leurs meilleures employées. C'est une sage
mesure, qui n'amoindrit aucunement les bénéfices des
patrons, car elle a presque toujours le don de décupler
l'activité de leur personnel.

CAISSIÈRES

A Paris, les caissières sont surtout employées dans
les boucheries, les grands magasins d'épicerie, les
bazars, les cafés, les hôtels, les restaurants.

Pour remplir ces fonctions, une jeune fille doit avoir
au moins 18 ans.

Dans les boucheries, les caissières sont nourries;
une instruction supérieure est nécessaire. Elles sont
employées de huit heures du matin à sept heures du
soir, ont quelques heures de congé dans l'après-midi
du dimanche, et gagnent de 25 à 30 francs par semaine.

Dans les cafés, elles ont de 18 à 25 francs et sont
occupées de onze heures du matin à onze heures du
soir ou minuit. Elles sont également nourries et ne
sont pas logées.

Les conditions sont analogues dans les autres établissements.

Quant aux heures de travail, elles varient suivant le genre de commerce.

Une bonne instruction primaire, l'habitude de calculer, surtout oralement, et de compter rapidement, sont les qualités nécessaires pour occuper ces emplois.

CERTIFICAT D'ÉTUDES COMMERCIALES

Des certificats sont délivrés, après un examen public, aux élèves des cours d'enseignement commercial de la Ville de Paris.

A cet effet, une session d'examen a lieu, chaque année, vers la fin du mois de mai.

L'inscription des candidats est faite par les soins du directeur ou de la directrice de l'école communale où le cours est établi.

Il y a deux certificats distincts :

1° Un certificat d'études commerciales élémentaires ;

2° Un certificat d'études commerciales supérieures.

Aucune limite d'âge n'est imposée aux candidates pour le premier examen, mais elles doivent avoir 16 ans accomplis, avant le 1er juillet, pour être admises à subir les épreuves du degré supérieur.

I

CERTIFICAT D'ÉTUDES COMMERCIALES ÉLÉMENTAIRES

L'examen comprend des épreuves écrites et des épreuves orales, savoir :

ÉPREUVES ÉCRITES

1° Une épreuve d'écriture consistant en une dictée à reproduire à main levée, une demi-heure.

2° Une composition d'arithémique commerciale, une heure et demie.

3° Une composition de tenue des livres, une heure.

(Dans les notes attribuées à ces deux épreuves, il sera tenu compte de la façon plus ou moins judicieuse dont seront disposés et employés les différents genres d'écritures en usage dans le commerce.)

4° La rédaction d'une lettre simple de commerce, une heure.

(Dans la note attribuée à cette composition, il sera tenu compte de l'orthographe.)

5° Une épreuve portant sur une des langues vivantes enseignées et consistant en un thème et une version, deux heures.

(La version consistera dans la traduction d'une lettre de commerce. Le thème, en la traduction d'une lettre de commerce facile, l'usage du dictionnaire étant interdit)

ÉPREUVES ORALES

1° Interrogations sur l'arithmétique commerciale ;

2° Interrogations sur la tenue des livres et les questions de droit qui se rapportent aux effets de commerce ;

3° Interrogations sur la sténographie.

4° Traduction à livre ouvert de quelques lignes faciles d'un auteur étranger. (La candidate désignera la langue qu'elle aura étudiée.)

L'examen oral ne s'étendra pas au delà d'une heure pour chaque candidate.

II

CERTIFICAT D'ÉTUDES COMMERCIALES SUPÉRIEURES

L'examen comprend des épreuves écrites et des épreuves orales, savoir :

ÉPREUVES ÉCRITES

1° Une composition d'arithmétique commerciale, une heure.

2° Une composition de tenue de livres et de comptabilité, une heure et demie.

3° Une composition de géographie, une heure.

4° Une composition d'économie et de législation, une heure et demie.

5° Une composition française ayant pour sujet une question d'affaires, une heure et demie.

6° La rédaction d'une lettre d'affaires dans la langue étrangère étudiée par la candidate, l'usage du dictionnaire étant interdit, une heure et demie.

ÉPREUVES ORALES

1° Interrogations sur l'arithmétique commerciale ;

2° Interrogations sur la tenue des livres et la comptabilité ;

3° Interrogations sur l'économie industrielle ;

4° Interrogations sur la législation usuelle, le droit industriel et commercial ;

5° Interrogations sur la géographie agricole, industrielle et commerciale des cinq parties du monde;

6° Conversation dans la langue étrangère étudiée par
la candidate;

La durée de l'examen oral pour chaque candidate
ne dépassera une heure et demie.

COURS D'ENSEIGNEMENT COMMERCIAL
DE LA VILLE DE PARIS

Ces cours ont été institués en 1881. Ils ont pour but
de préparer au commerce les jeunes gens et les jeunes
filles déjà pourvus d'une bonne instruction primaire.

Les cours destinés aux jeunes filles sont au nombre
de dix-huit. Ils ont lieu le soir, de sept heures et demie
à neuf heures et demie. Pour y être admises, les
élèves doivent produire un certificat d'études primaires
ou un certificat constatant qu'elles possèdent une
instruction au moins égale à celle des élèves pourvues
du certificat d'études primaires. Aucun âge n'est fixé
pour l'admission.

L'enseignement comporte trois années, dont deux
pour le degré élémentaire, et une pour le degré supérieur.

Des certificats d'études commerciales sont délivrés,
après examen, aux élèves âgées de plus de seize
ans qui ont suivi les cours au moins une année. La
liste des élèves diplômées est adressée à la Chambre
de Commerce, aux Chambres syndicales des différentes
industries et aux grandes maisons de banque ou de
commerce.

Les matières enseignées sont ainsi divisées :

Première année. — Ecriture, arithmétique pratique, tenue des livres, français, sténographie, langues vivantes (anglais, allemand, espagnol ou italien).

Deuxième année. — Suite des mêmes programmes, avec la législation usuelle (éléments de droit civil et notion de droit commercial en plus, correspondance commerciale.)

Troisième année. — Arithmétique, comptabilité, géographie agricole, industrielle et commerciale des cinq parties du monde, échanges internationaux, droit commercial, notions d'économie politique, langues vivantes, rédactions économiques.

Les organisateurs se sont préoccupés de disposer les programmes de cet enseignement de façon que les élèves puissent, lorsqu'ils possèdent les connaissances nécessaires, aborder immédiatement les cours du degré supérieur, afin de terminer plus rapidement leurs études.

Les diplômes délivrés aux jeunes personnes qui ont suivi ces cours avec succès sont fort appréciés par le commerce parisien.

Le diplôme supérieur permet aux jeunes filles qui se sont fait remarquer au cours de 3ᵉ année de devenir professeurs dans des cours commerciaux.

Un grand nombre de jeunes filles ont pu, grâce à cet enseignement, se procurer des emplois avantageux.

Les grandes sociétés financières, et notamment le Crédit Lyonnais, comptent dans leurs bureaux un certain nombre d'élèves diplômées des cours d'enseignement commercial de la Ville de Paris.

ENSEIGNEMENT INDUSTRIEL ET COMMERCIAL

(PROFESSORAT)

Il a été institué, en 1893, un certificat d'aptitude au professorat industriel et un certificat d'aptitude au professorat commercial.

Chaque année, le ministre du Commerce et de l'Industrie fixe, par voie d'arrêté, le nombre de certificats qui pourront être délivrés, soit pour le professorat industriel, soit pour le professorat commercial. Ces certificats sont obtenus par voie de concours. Le concours est ouvert aux jeunes gens des deux sexes.

Les candidates doivent être âgées de vingt et un ans au moins au moment de leur inscription, et justifier soit d'un stage dans une section normale organisée par arrêté ministériel, soit de deux ans d'enseignement au moins dans les écoles publiques ou dans les écoles privées.

Les candidates sont tenues d'adresser chaque année, avant le 1er juin, au ministère du Commerce et de l'Industrie (direction de l'Enseignement industriel et commercial) leur demande d'inscription écrite sur papier timbré. Cette demande, pour celles qui n'ont pas passé par une section normale, doit être accompagnée :

1º De leur acte de naissance ;

2º De l'indication des lieux où elles ont résidé et des situations qu'elles ont occupées ;

3º D'un certificat de l'autorité compétente attestant

qu'elles ont exercé pendant deux années au moins des fonctions d'enseignement.

Le concours a lieu à la fin de l'année scolaire, aux jours fixés par le ministre. Il comprend des épreuves écrites et des épreuves orales et pratiques qui ont lieu à Paris.

Les candidates admises aux épreuves, dans la limite du nombre de certificats mis au cours, sont pourvues, au fur et à mesure des vacances, d'emplois de maîtresses adjointes avec le titre de professeurs stagiaires dans les écoles pratiques de commerce ou d'industrie, suivant le certificat qu'elles ont obtenu.

Elles sont définitivement pourvues du titre et du traitement du professeur, au fur et à mesure des vacances dans les cadres, et sans que leur stage puisse jamais excéder trois années à compter de leur admission au concours. Les nominations au professorat sont effectuées dans l'ordre d'ancienneté et de rang des admissions.

PROFESSORAT INDUSTRIEL

Pour le professorat industriel des aspirantes, les épreuves écrites comprennent :

1° Une composition française portant sur un sujet de littérature ou d'histoire ;

2° Une composition de mathématiques ;

3° Une composition sur une question d'économie domestique ;

4° Une composition de dessin d'ornement appliqué aux travaux à l'aiguille.

Les épreuves orales et pratiques comprennent ;

1° Une leçon sur un sujet d'arithmétique et d'économie domestique ;

2° Une correction de devoir d'élève portant sur une question de littérature ou d'histoire ;

3° Une épreuve pratique de travail manuel.

Il est accordé deux heures de préparation pour la leçon, une demi-heure pour la correction du devoir. Ces préparations ont lieu à huis clos.

L'usage de tout secours, autre que celui des dictionnaires, atlas ou livres autorisés par la commission, est interdit.

Les sujets de compositions écrites sont choisis par le ministre et adressés sous plis cachetés au président du jury d'examen.

Le temps accordé aux candidates pour chaque composition est déterminé par le ministre, en même temps que le choix du sujet.

Les sujets de leçons orales sont tirés au sort sur une liste préparée par le jury.

L'épreuve du travail manuel est la même pour toutes les candidates.

PROFESSORAT COMMERCIAL

Pour le professorat commercial, les épreuves sont subies en deux sessions, à une année d'intervalle.

Les épreuves écrites de la première session comprennent pour les aspirantes :

1° Une composition française portant sur un sujet de littérature ou d'histoire ;

2° Un exercice de correspondance commerciale (lettre d'affaires comportant un tableau) ;

3° Une composition de comptabilité ;

4° Une composition d'arithmétique et d'algèbre.

5° Une composition de langue anglaise, espagnole ou allemande (thème et version sans dictionnaire).

Les épreuves orales et pratiques comprennent :

1° Des interrogations sur la géographie commerciale ;

2° Des interrogations sur la législation ;

3° Une leçon portant sur l'arithmétique ou l'algèbre.

4° Une leçon portant sur la géographie commerciale ou la législation :

5° La correction d'un devoir de comptabilité.

6° Des interrogations sur les langues anglaise, espagnole ou allemande (traduction à livre ouvert de passages pris dans des auteurs étrangers et des auteurs français) ;

7° Des interrogations sur les éléments de l'économie politique ;

8° Des interrogations sur l'histoire du Commerce.

La composition de correspondance commerciale sert en même temps de composition d'écriture.

Les aspirantes peuvent demander à subir une épreuve facultative de sténographie et de machine à écrire, à laquelle il est attribué une note unique de 0 à 10.

Les aspirantes reconnues admissibles par le jury à la suite de ces épreuves dans la limite du nombre annuellement fixé par le ministre, sont pourvues d'une bourse d'études en Angleterre, en Espagne ou en Allemagne, suivant la langue dont elles ont justifié la connaissance.

Elles doivent quitter la France dans les deux mois

qui suivent la clôture du concours, et résider dix mois pleins dans la ville qui leur est assignée.

Un comité de surveillance et de patronage, dont la composition est déterminée par arrêté ministériel, est spécialement chargé d'assigner aux boursières leur résidence, de diriger et de suivre leurs travaux, de prendre communication de leurs rapports bimensuels en langue étrangère, et de donner en fin de séjour un avis motivé sur les études et leurs progrès.

A leur retour de l'étranger, et à la date fixée par le ministre, les aspirantes subissent devant le jury les épreuves de la seconde session. Ces épreuves comprennent :

1° Un thème écrit consistant dans la traduction (sans dictionnaire ni lexique) d'un texte d'une difficulté moyenne et se rapportant à la vie pratique ;

2° Une lecture et une traduction à livre ouvert de passages choisis dans un ouvrage en langue étrangère. La lecture sera accompagnée d'un commentaire sur les difficultés grammaticales et le sens des mots ;

3° Une traduction, à livre ouvert, de passages choisis dans un ouvrage français.

Chacune de ces deux dernières épreuves comportera, en outre, une conversation en langue étrangère ;

4° Une leçon de géographie commerciale en langue étrangère.

ÉCOLES PRIMAIRES SUPÉRIEURES
DE LA VILLE DE PARIS

Sophie Germain, *9, rue de Jouy.*
Edgar Quinet, *63, rue des Martyrs.*

Ces écoles s'adressent aux jeunes filles qui, ayant terminé avec succès leurs études primaires, désirent étendre leurs connaissances générales et acquérir des notions pratiques.

Le cours des études générales est de 3 ans, avec le certificat d'études supérieures pour sanction ; la quatrième année est complémentaire et les élèves y sont spécialement préparées aux divers emplois, examens et concours intéressant leur destination.

Toutes les élèves ayant suivi le cycle complet des études bénéficient d'une éducation morale et intellectuelle saine, solide, étendue à toutes les notions utiles dans la famille et dans la vie pratique, et de nature à leur assurer au besoin une situation lucrative honorable autant qu'à former des femmes accomplies.

Les matières enseignées sont les suivantes :

Morale et entretiens d'éducation.

Langue française, avec exercices fréquents de rédaction, de correspondance et d'élocution.

Histoire de France et éléments d'histoire générale et d'instruction civique.

Géographie générale et explorations, voies de communication, lignes télégraphiques.

Mathématiques.

Sciences physiques et naturelles : Hygiène et applications aux usages de la vie.

Langues vivantes : Anglais ou allemand, avec traduction, correspondance et conversation usuelle et commerciale.

Calligraphie : Exercices méthodiques, écritures commerciales et administratives.

Comptabilité et tenue de livres avec calcul commercial.

Notions de législation usuelle et commerciale et d'économie politique.

Sténographie et Dactylographie.

Dessin usuel, perspective, plâtre, composition décorative appliquée aux travaux féminins.

Chant : Solfège et Chœurs à plusieurs parties ; théorie, dictée musicale.

Travaux manuels : Coupe et Confection, Modes, travaux applicables aux petites industries artistiques parisiennes.

Économie domestique : Exercices pratiques, tenue du ménage, cuisine, etc.

Gymnastique et Jeux.

En outre de l'éducation morale, intellectuelle et pratique qu'elles reçoivent, les élèves se trouvent par l'ensemble de leurs études préparées à diverses carrières : grands établissements d'enseignement public et privé, administrations de l'État et sociétés financières. Commerce, dessin industriel et travaux artistiques d'industrie parisienne.

Ces écoles trouvent en outre des emplois à leurs

élèves en faisant office d'intermédiaires entre elles et les commerçants.

Les admissions ont lieu au concours. Ce concours a lieu en juillet ; des affiches officielles en fixent la date, ainsi que celles des inscriptions qui s'ouvrent en juin au siège de l'école.

Les candidates doivent avoir, pour être admises au concours : le 1er octobre de l'année courante :

De 1re année : 12 ans au moins, 15 ans au plus.
De 2me année : 13   —   16   —
De 3me année : 14   —   17   —

Les élèves des écoles publiques et les élèves libres y sont indistinctement admises.

Les aspirantes doivent produire :

1° Un acte ou bulletin de naissance ;

2° Un certificat de vaccination ;

3° Leur certificat d'études primaires ou l'attestation de l'inspecteur primaire de leur arrondissement constatant qu'elles ont obtenu ce certificat ;

4° Une pièce attestant que leurs parents sont de nationalité française et domiciliés à Paris ou dans le département de la Seine.

(Toutefois les jeunes filles dont les parents sont domiciliés dans la banlieue ne peuvent être admises à l'École d'après le rang qu'elles ont obtenu au concours, que si la commune d'origine s'engage à payer à la Ville de Paris, pour chacune d'elles, une rétribution annuelle de 200 francs. (Délibération du Conseil Municipal de Paris, en date du 27 mars 1383).

Le concours se compose d'épreuves écrites, et porte pour l'entrée :

En 1re année : sur Orthographe et épreuves d'analyse grammaticale et logique. Écriture. Arithmétique et Système métrique. Composition française. Dessin de plâtre.

En 2me année : sur Orthographe. Analyse grammaticale et logique. Composition française. Histoire de France (des origines à la Révolution). Géographie (les parties du monde moins l'Europe). Langues. Sciences physiques et naturelles. Mathématiques. Dessin de plâtre.

En 3me année : sur Orthographe. Analyse grammaticale et logique. Composition française. Histoire de France (des temps modernes à nos jours). Géographie (géographie générale moins l'Algérie, la Tunisie, la France). Langues. Sciences physiques et naturelles. Mathématiques. Dessin de plâtre.

Le niveau des questions de sciences, gradué de la 2me à la 3me année, se rapproche sensiblement du niveau du Brevet élémentaire.

CHAMBRE DE COMMERCE DE PARIS
ÉCOLE COMMERCIALE

Les cours gratuits d'enseignement commercial pour les femmes et les jeunes filles, fondés par la Chambre de Commerce de Paris, remontent à 1874.

Ils ont lieu le soir, à l'École commerciale de l'avenue Trudaine, durant deux heures, de 7 heures et demie à 9 heures et demie.

Les élèves sont reçues à treize ans. Elles doivent être munies du certificat d'études primaires ou d'un certificat équivalent.

Les études durent trois années. L'enseignement est divisé en cours élémentaire, cours moyen et cours supérieur.

Le programme d'enseignement est ainsi composé : calligraphie, arithmétique commerciale, tenue des livres, législation commerciale, économie politique, anglais et allemand avec application spéciale au commerce.

Des cours de couture et de confection sont ajoutés à cet enseignement.

Le cours élémentaire et le cours moyen préparent à la pratique du commerce.

Le cours supérieur est surtout destiné à former le personnel enseignant des cours commerciaux de la ville de Paris.

Les élèves ayant suivi ces cours sont généralement placées par la Direction et peuvent gagner de 1.000 à 1.800 francs par an.

Celles qui possèdent le certificat peuvent arriver à des traitements variant de 1.200 à 3.000 francs.

ÉCOLE PRIMAIRE SUPÉRIEURE ET COMMERCIALE DE JEUNES FILLES DE LYON

La ville de Lyon a eu l'honneur de fonder la première l'enseignement commercial des femmes. En 1856, la Chambre de Commerce de cette ville établit des cours de comptabilité et de droit commercial, à côté des cours d'écriture et de grammaire.

Depuis le 1er octobre 1907 l'École de Commerce de jeunes filles de Lyon a été fusionnée avec une école primaire supérieure et constitue dans cette école une section commerciale.

Les élèves de la section commerciale suivent le programme de l'Ecole primaire supérieure, mais les heures des cours de comptabilité et de sténographie auxquels elles assistent sont plus nombreuses.

Nombre de maisons de commerce importantes, de banques et de grandes administrations, accueillent avec empressement dans leurs bureaux les jeunes filles sortant de cette école.

AGRICULTURE

L'agriculture n'offre pas, à proprement parler, de carrière aux femmes ; un certain nombre occupent cependant une place importante dans les exploitations agricoles, mais elles y ont été appelées par les circonstances.

Élevées au sein d'une famille d'agriculteurs, elles se sont initiées de bonne heure aux travaux qui occupaient leurs parents ; arrivées à un certain âge, elles ont pu remplacer leur père ou leur mère dans la direction de la maison, et elles se sont ainsi préparées graduellement à devenir des fermières habiles, expérimentées et capables, de précieux auxiliaires pour leurs maris.

Il est évident que pour arriver à un tel résultat, il faut d'abord que la femme aime la vie du village, les travaux des champs, les soins de la ferme. Ce qu'elle peut apprendre, elle l'apprendra en travaillant, par l'expérience, mais non dans les écoles ou dans les livres où elle sera mise en rapport avec la théorie mais où l'on ne lui enseignera rien de la pratique.

Il est, d'autre part, incontestable que l'intelligence, le zèle et les soins d'une femme sont indispensables dans les exploitations agricoles.

Si travailleur, si bien doué qu'il soit, l'homme ne saurait suffire seul à la surveillance des travaux multiples d'une ferme.

Sa place est surtout aux champs, dans les marchés ; celle de la femme est à la maison où les soins du bétail, la surveillance du matériel, les produits de la vacherie réclament des soins incessants, une surveillance continue.

Si la fermière est instruite, son instruction doublera souvent l'importance de ses services. Elle pourra tenir sa comptabilité d'une façon nette et complète, se rendre compte à tout moment des ressources de la maison ; elle aura voix au conseil pour les améliorations plus ou moins scientifiques de la culture.

Bien que tout le personnel de la ferme doive respecter son autorité — ce qu'il est aisé d'obtenir lorsqu'on a prouvé sa valeur — la fermière aura plus particulièrement la direction des ouvrières, souvent plus nombreuses dans les exploitations agricoles que les ouvriers.

Sur dix-huit millions de personnes employées en France à l'agriculture, on compte, en effet, environ onze millions de femmes, de vieillards et d'enfants. Voilà le personnel que les fermières sont plus particulièrement appelées à diriger.

En général, rendons-leur cette justice, elles sont non seulement les directrices, mais encore les protectrices, les mères, pour ainsi dire, de ces êtres qui les entourent et qui contribuent à la prospérité de leur domaine.

Que les jeunes filles appelées par leur situation à collaborer à la direction des travaux agricoles ne rougissent donc pas de leur rôle ; qu'elles en soient fières, au contraire, il n'en est guère de plus honorable dans la société ; il est un titre que les dames qui trônent dans les salons ne sauraient leur disputer : celui de femmes utiles.

Et leurs travaux, quoique rustiques, ne les rendent pas moins gracieuses, moins séduisantes, moins femmes en un mot. Leur bonté, leur charité, qui sont presque générales, inspirent pour elles une sympathie irrésistible. C'est ce que faisait si bien sentir le président d'une de nos sociétés agricoles, lors de concours organisés par cette société, et dans lesquels les organisateurs avaient tenu à placer les directrices des fermes parmi leurs lauréats.

Après avoir résumé les services que rendaient ces modestes collaboratrices à la cause de l'agriculture, il rappelait avec beaucoup d'à-propos les jolis vers qu'Hégésippe Moreau consacrait jadis à la fermière :

6

Amour à la fermière, elle est
    Si gentille et si douce !
C'est l'oiseau des bois qui se plait
    Loin du bruit, dans la mousse.
Vieux vagabond qui tends la main,
    Enfant pauvre et sans mère,
Puissiez-vous trouver en chemin
    La ferme et la fermière !

Nous n'avons voulu nous occuper ici que des femmes chargées de collaborer à la direction des exploitations agricoles ; nous consacrons plus loin un article spécial aux ouvrières des fermes et des champs.

ENSEIGNEMENT

L'Enseignement est certainement, pour la femme comme pour l'homme, la carrière la plus honorable que l'on puisse embrasser. Répandre l'instruction, former des intelligences, quel plus beau rôle en effet ! Mais cette profession devient de plus en plus difficile à aborder. L'instruction s'est répandue depuis trente à trente-cinq ans environ chez les femmes d'une façon..., certains disent « inquiétante », nous dirons, nous, presque merveilleuse.

Le mal n'est certes pas dans la science acquise ; il serait, tout au plus, dans les ambitions — souvent modestes, pourtant — qu'elle peut susciter.

Les ennemis de l'instruction des femmes ont aujourd'hui beau jeu. Ils vous prouveront, chiffres en main, qu'il y a dix fois plus d'institutrices qu'il n'en faut, et que toute personne brevetée est fatalement condamnée à mourir de faim auprès de ses diplômes.

Nous ne disconvenons pas que trop de jeunes filles recherchent aujourd'hui l'emploi d'institutrice, mais nous sommes loin de déplorer que le niveau de l'instruction soit élevé chez la femme. Nous sommes, au contraire, persuadé qu'elle fera bon usage des connaissances acquises, et que, de même que tous les jeunes gens pourvus du baccalauréat ne se font pas professeurs, bientôt les jeunes personnes instruites utiliseront leur savoir dans d'autres carrières. Quant à celles qui restent dans leur famille quels services ne leur rendra pas aussi l'instruction qu'elles auront acquise !

Lesquelles d'entre elles n'ont ni jeune frère, ni jeune sœur, dont elles puissent surveiller les études?

Combien, plus tard, seront heureuses de pouvoir servir de répétitrices à leurs enfants !

Nous voudrions donc, pour notre part, non pas qu'on décourageât les jeunes filles de s'instruire, mais qu'on fît comprendre à celles qui doivent embrasser une profession, qu'à côté des emplois de l'Enseignement, aujourd'hui fort disputés, elles pourront trouver dans certaines administrations, dans le commerce ou même dans l'industrie, des situations honorables et lucratives.

Pour être assurée d'obtenir un emploi d'institutrice primaire, il faut aujourd'hui passer par les écoles normales, ce que ne peuvent faire toutes les élèves, même les meilleures.

L'enseignement secondaire offre quelques places enviées, mais il exige des études qui ne peuvent être

pratiquées que par celles qui se trouvent à portée des
collèges et des lycées de jeunes filles ; les études y sont
difficiles et coûteuses, les emplois, d'ailleurs en
nombre assez restreint, ne sauraient être conquis que
par des élèves fort bien douées et sérieusement
appuyées.

Nous n'en dirons pas davantage ici ; les articles qui
suivent feront comprendre les difficultés que peuvent
avoir à surmonter les jeunes filles qui se destinent à
l'enseignement, et les moyens qu'elles peuvent employer pour les vaincre.

ENSEIGNEMENT PRIMAIRE

L'article 11 de la loi du 30 octobre 1886 impose aux communes l'obligation, si elles ont moins de 500 âmes, d'entretenir une école primaire mixte, et si elles comptent un nombre supérieur d'habitants, d'avoir une école primaire élémentaire pour les garçons et une pour les filles.

Les écoles mixtes ne peuvent être ouvertes que sur une décision spéciale du conseil départemental, toujours révocable. En principe, elles doivent être dirigées par une institutrice, à moins d'une autorisation spéciale du Conseil départemental en faveur d'un instituteur. .

L'enseignement primaire comprend 3 degrés; les écoles maternelles ou enfantines pour les enfants de 2 à 7 ans, les écoles primaires élémentaires pour les enfants de 7 à 14 ans, les écoles primaires supérieures qui préparent au commerce, à l'industrie. Beaucoup de ces écoles admettent des boursières.

L'enseignement primaire élémentaire et supérieur est donné par des institutrices dans les écoles de filles, maternelles, enfantines et mixtes.

Les institutrices sont divisées en stagiaires et titulaires.

Institutrices stagiaires. — Pour être admise à enseigner dans une école de filles en qualité d'*institutrice stagiaire*, il faut être âgée d'au moins dix-sept ans et être pourvue du brevet de capacité. Les institutrices stagiaires enseignent en vertu d'une délégation de l'inspecteur d'Académie, et cette délégation peut être retirée par lui sur l'avis motivé de l'inspecteur primaire.

C'est aussi l'inspecteur d'Académie qui prononce le changement de résidence.

Institutrices titulaires. — Pour être nommée institutrice titulaire, la stagiaire doit avoir fait un stage d'au moins deux ans dans une école publique ou privée, et être pourvue du certificat d'aptitude pédagogique.

Elle doit, en outre, avoir été portée sur la liste d'admissibilité aux fonctions d'institutrice que dresse le Conseil départemental.

Les titulaires sont nommées par le préfet, sur la proposition de l'inspecteur d'Académie. Elles ne peuvent être déplacées ou révoquées, que sur la proposition de l'inspecteur d'Académie. Pour la révocation, le Conseil départemental doit, en outre, avoir donné son avis motivé.

Les institutrices titulaires chargées de la direction d'une école comprenant deux classes au moins, prennent le titre de directrices d'école primaire élémentaire.

ECOLES SUPÉRIEURES

Institutrices adjointes. — Pour pouvoir être nommée institutrice adjointe dans une école supérieure, l'aspirante doit être âgée d'au moins vingt-un ans, être pourvue du brevet supérieur et du certificat d'aptitude pédagogique.

Elle est déléguée dans ces fonctions par le préfet, à titre temporaire, sur la proposition de l'inspecteur d'Académie.

Les mêmes conditions d'âge et de titres sont requises des institutrices adjointes chargées des cours complémentaires.

Les maîtresses-adjointes des écoles primaires supérieures, pourvues du certificat d'aptitude au professorat des écoles normales, prennent le titre de *professeurs*.

Elles sont alors nommées par le ministre de l'Instruction publique, qui seul a le droit de les déplacer et de les révoquer.

Quant aux directrices d'écoles primaires supérieures, elles doivent toujours être pourvues du certificat d'aptitude au professorat des Écoles normales.

ÉCOLES NORMALES

Le certificat d'aptitude au professorat dans les écoles normales est obligatoire pour chaque professeur dans ces établissements.

Les *directrices d'écoles annexes aux Écoles normales*, comme les professeurs, sont nommées par le ministre de l'Instruction publique. Ces fonctions ne sont ordinairement confiées qu'aux dames munies du titre de professeur d'école normale et qui ont enseigné pendant trois ans au moins, soit dans une école normale, soit dans une école primaire publique élémentaire ou supérieure. Toutefois, des institutrices titulaires munies du brevet supérieur et comptant au moins dix années d'exercice, peuvent être déléguées par le ministre dans les fonctions de directrice d'école annexe. Des institutrices titulaires, munies du brevet supérieur, peuvent également être déléguées dans les fonctions d'institutrices adjointes à l'école annexe.

On sait qu'outre l'école annexe, les écoles normales d'institutrices sont pourvues d'une école maternelle annexe.

La directrice de cette école doit être âgée de vingt-cinq ans au moins, être pourvue du brevet supérieur et du certificat d'aptitude pédagogique. Elle doit, de plus, avoir exercé pendant deux ans au moins dans les écoles maternelles, publiques ou privées.

Lorsque l'effectif de l'école normale ne dépasse pas soixante élèves, ou lorsque l'école n'a que des élèves externes, les fonctions d'économe sont confiées à une des maîtresses de l'école.

Mais si l'effectif compte plus de soixante élèves, l'économe n'est chargée, outre ces fonctions, que de l'enseignement de la tenue des livres et de l'économie domestique.

Les économes doivent verser un cautionnement.

Les postulantes aux fonctions d'économe doivent être âgées de vingt-un ans au moins, avoir accompli une année de stage auprès d'un autre économat, et être pourvues du brevet supérieur et du certificat d'aptitude pédagogique.

Elles subissent en outre, à la fin de leur stage, un examen spécial.

Les directrices d'écoles normales primaires doivent être âgées de trente ans au moins et être pourvues du certificat d'aptitude à l'inspection des écoles primaires et à la direction des écoles normales. Elles doivent, en outre, avoir rempli pendant deux ans au moins les fonctions de directrice d'école annexe ou, à défaut, de directrice d'école primaire supérieure publique.

TRAITEMENTS DES INSTITUTRICES ET DES PROFESSEURS-DAMES DE L'ENSEIGNEMENT PRIMAIRE.

Les institutrices stagiaires ont un traitement fixe de 1.100 francs. Elles reçoivent en plus une indemnité de résidence variant de 75 à 400 francs, selon l'importance des localités.

Cette indemnité est de 600 ou 700 francs dans la ville de Paris.

Quant aux institutrices titulaires, elles sont, comme les instituteurs, réparties en cinq classes avec des traitements variant de 1.200 à 2.200 francs.

Leur indemnité de résidence varie de 100 à 800 fr., selon le chiffre de la population agglomérée de la localité.

Cette indemnité est de 2.000 francs à Paris.

Les institutrices stagiaires et titulaires ont en outre de leurs appointements droit au logement ou à une indemnité représentative.

Les titulaires chargées de la direction d'une école qui compte plus de deux classes, reçoivent le même traitement que les institutrices titulaires, et une indemnité de résidence double.

Elles ont, en outre, droit à un supplément de traitement de 200 francs si l'école ne compte pas plus de quatre classes, et de 400 francs si elle en comporte davantage.

Les maîtresses chargées d'un cours complémentaire reçoivent, outre le traitement et l'indemnité de résidence des directrices d'écoles, un supplément de traitement de 200 francs.

Le traitement des institutrices adjointes des écoles primaires supérieures varie pour les cinq classes entre 1.400 et 2.400 francs. Elles reçoivent, en outre, une indemnité de résidence égale à celle des directrices d'écoles élémentaires, et ont droit au logement ou à une indemnité représentative.

Les institutrices adjointes des écoles primaires supérieures pourvues du certificat d'aptitude au professorat des écoles normales reçoivent, outre, le traitement que nous venons d'indiquer, une indemnité spéciale de 500 francs.

Les directrices d'écoles primaires supérieures sont réparties en cinq classes, avec des traitements variant de 2.000 à 2.800 francs. Elles reçoivent de plus la même indemnité de résidence que les directrices d'écoles élémentaires et ont également droit au logement ou à l'indemnité représentative. Le certificat d'aptitude dans les écoles normales leur vaut aussi une indemnité de 500 francs.

Le ministre de l'Instruction publique en 1908 a arrêté le taux, des indemnités de résidence. Elles ont été ainsi fixées :

Pour les directeurs et directrices d'écoles, et les instituteurs adjoints et institutrices adjointes d'écoles primaires supérieures : 100 francs pour une ville de 1.000 à 3.000 habitants ; 200 francs jusqu'à 9.000 habitants ; 300 francs de 9 à 12.000 habitants ; 400 francs de 12.000 à 18.000 habitants ; 500 francs de 18.000 à 35.000 habitants ; 600 francs de 35.000 à 60.000 habitants ; 800 francs au-dessus de 100.000.

Pour les instituteurs et institutrices dirigeant une école de moins de trois classes ou pour les adjoints chargés de classe, l'indemnité est de 50 francs jusqu'à 3.000 habitants et augmente de 50 francs dans les mêmes proportions que pour les directeurs et directrices, pour atteindre 400 francs dans les villes de 100.000 habitants.

Les maîtresses adjointes des écoles normales non pourvues du certificat d'aptitude au professorat reçoivent un traitement de 1.800 francs, sans autre allocation.

Les professeurs-dames des écoles normales sont réparties en cinq classes, avec des traitements variant de 2.200 à 3.000 francs.

Les directrices des écoles annexes et les institutrices adjointes de ces écoles reçoivent, outre le logement ou l'indemnité représentative, une allocation de 300 francs et une indemnité, non soumise à retenue, égale à l'indemnité de résidence des directrices du chef-lieu de département.

Les directrices d'écoles maternelles annexes sont réparties en cinq classes, avec des traitements variant de 1.800 à 2.600 francs.

Elles ont en outre droit au logement et à l'indemnité représentative.

Les institutrices remplissant les fonctions d'économe dans les écoles normales dont l'effectif ne dépasse pas 60 élèves, ou dans celles qui n'ont que des élèves externes, reçoivent, outre leur traitement, une allocation spéciale de 500 francs.   •

Dans les autres écoles normales, les économes spéciales sont réparties en cinq classes, avec des traitements variant de 1.800 à 2.800 francs.

Elles ont en outre de ces appointements, droit au logement.

Les directrices d'écoles normales forment aussi cinq classes; leur traitement varie, il peut aller de 3.000 à 5.000 francs.

Dans les Écoles normales de la Seine les traitements sont ainsi établis : directrice, 6.000 à 9.000 francs; économe, 3.500 à 5.500 francs ; professeurs, 4.000 à 6.000 francs ; maîtresses internes, 2.400 à 3.600 francs.

INSPECTRICES PRIMAIRES

Les inspectrices primaires inspectent les écoles primaires publiques et privées de leur circonscription et adressent à la suite de chaque inspection un rapport à l'inspecteur d'académie dans le délai de quinze jours au plus.

Ce rapport contient deux parties : 1° une notice sur

l'école et sur chaque classe, notice résumant les observations de l'inspectrice sur l'état matériel de l'école la marche de l'enseignement, les résultats obtenus dans chaque classe ainsi que l'indication des principales améliorations à introduire;

2° Des notices individuelles sur le personnel comprenant une appréciation sur chacune des maîtresses attachées à l'école.

Elles doivent adresser un rapport spécial à l'inspecteur d'académie toutes les fois qu'il se présente des circonstances de nature à réclamer son intervention.

Les inspectrices primaires assistent avec voix délibérative aux réunions des délégués cantonaux.

Elles font partie de droit de toutes les commissions scolaires de leur circonscription et veillent à l'exécution de la loi de 1882.·

Elles instruisent toutes les affaires relatives à la création ou à la construction des écoles publiques, à l'ouverture des écoles privées des classes d'adultes ou d'apprenties, à l'établissement des caisses des écoles.

Les inspectrices de l'enseignement primaire reçoivent pour frais de tournée une indemnité de 10 francs par jour.

Elles sont nommées par le ministre et réparties en classes.

La classe est attachée à la personne, non à la résidence.

Une indemnité de résidence peut être accordée aux inspectrices primaires dans des conditions déterminées.

7

Pour être promue à une classe supérieure il faut avoir trois ans dans la classe inférieure et être portée sur le tableau d'avancement.

Nulle ne peut être nommée inspectrice primaire si elle n'est pourvue du certificat d'aptitude à l'inspection.

Ne peuvent être admises à l'examen que les candidates qui justifient :

1° De vingt-cinq ans révolus au moment de l'inscription.

2° De cinq ans d'exercice au moins dans les établissements publics d'enseignement, supérieur, secondaire ou primaire;

3° De la possession de l'un des titres suivants : certificat d'aptitude au professorat des écoles normales, licence en lettres ou en sciences, baccalauréat.

Les institutrices ayant six ans de service et pourvues du certificat d'aptitude pédagogique sont dispensées du certificat d'aptitude au professorat.

Une commission est nommée chaque année par le ministre pour examiner l'aptitude des candidates aux fonctions d'inspectrices.

Les candidates sont tenues de se faire inscrire à Paris, à la Sorbonne et en province au bureau de l'inspecteur académique, d'indiquer les lieux où elles ont résidé et les fonctions qu'elles ont remplies depuis dix ans.

L'ouverture de la session est fixée par le ministre de l'Instruction publique.

L'examen comprend des épreuves écrites éliminatoires, des épreuves orales et pratiques.

Les épreuves écrites comprennent deux compositions :

L'une sur un sujet de pédagogie ;

L'autre sur un sujet d'administration scolaire.

La commission prononce l'admission aux épreuves orales et pratiques.

Les épreuves orales comprennent :

1° L'explication d'un passage pris dans un des auteurs désignés par le ministre sur la proposition de la commission.

2° L'exposé de vive voix d'une question relative à un des points du programme.

L'épreuve pratique consiste dans l'inspection d'une classe d'école normale, d'une école primaire supérieure, d'une école élémentaire ou d'une école maternelle inspection suivie d'un compte rendu verbal.

La commission dresse la liste des candidates qu'elle juge dignes d'obtenir le certificat d'aptitude.

Cette liste est soumise à l'approbation du ministre qui délivre les certificats.

Les inspectrices primaires sont répartie en 5 classes et reçoivent un traitement variant de 3.000 à 5.000 francs.

Dans le département de la Seine ces traitements s'élèvent à 6.000, 6.500, 7.000, 8.000.

Les inspectrices primaires ont droit à une indemnité départementale qui ne peut être inférieure à 200 francs.

Elles reçoivent en outre des frais de tournée de 10 francs par jour d'absence.

INSPECTRICES DES ÉCOLES MATERNELLES

Nulle ne peut être nommée inspectrice départementale des écoles maternelles sans avoir trente ans d'âge et trois ans de service dans l'enseignement et sans être pourvue du certificat d'aptitude à l'inspection des écoles maternelles.

Les inspectrices départementales donnent leur avis sur la nomination et la révocation des directrices et sous-directrices d'écoles maternelles publiques ainsi que sur les récompenses qui peuvent leur être accordées.

Elles sont placées sous l'autorité de l'inspecteur d'académie.

Une commission est nommée chaque année par le ministre pour examiner les aspirantes à l'inspection des écoles maternelles, des écoles et classes enfantines.

Elles doivent se faire inscrire à Paris à la Sorbonne et en province au bureau de l'inspecteur d'académie dans un délai de quinze jours au moins avant l'ouverture de la session.

Elles sont tenues d'indiquer les lieux où elles ont résidé et les fonctions qu'elles ont remplies depuis dix ans, de justifier qu'elles sont âgées de vingt-cinq ans au moins au moment de leur inscription, qu'elles sont pourvues soit du brevet supérieur ou du certificat d'étude pédagogique, soit du certificat d'aptitude à l'enseignement secondaire des jeunes filles et qu'elles comptent cinq années d'exercice dans les établissements publics d'enseignement secondaire ou primaire.

L'examen se compose des épreuves écrites, d'une épreuve orale et d'épreuves pratiques.

Les épreuves écrites sont au nombre de deux :

1° Une composition sur un sujet de pédagogie appliqué aux écoles maternelles ;

2° Une composition sur l'hygiène des écoles maternelles (soins à donner aux enfants, installation et ameublement des locaux).

L'épreuve orale comprend des interrogations :

1° Sur la pédagogie appliquée aux écoles maternelles et sur l'hygiène.

2° Sur des questions de législation et d'administration concernant les écoles.

L'épreuve pratique consiste en une inspection d'école maternelle avec rapport oral après cette inspection.

Les compositions écrites se font le même jour au chef-lieu du département sous la surveillance de l'inspecteur d'académie ou d'un délégué agréé par le recteur.

La commission décide de l'admissibilité aux épreuves orales et pratiques.

Ces épreuves ont lieu à Paris.

Les appointements des inspectrices des écoles maternelles sont les suivants :

Inspectrices générales. . . .	3.000 à 5.000
Inspectrices départementales .	2.600 à 4.800

Les unes et les autres reçoivent une indemnité de 1.000 francs pour frais de tournée.

Les inspectrices générales ne peuvent être nommées avant 35 ans et sans avoir 5 ans de service dans l'enseignement.

DIRECTRICES ET SOUS-DIRECTRICES D'ÉCOLES MATERNELLES

Les directrices et sous-directrices d'écoles maternelles publiques sont assimilées aux institutrices primaires publiques.

Nulle ne peut être nommée directrice d'école maternelle si elle n'est, outre le brevet élémentaire, pourvue du certificat d'aptitude pédagogique.

Nulle ne peut être nommée sous-directrice d'école maternelle si elle n'est pourvue du brevet élémentaire.

Nulle ne peut diriger une école maternelle annexée à une école normale si elle n'a vingt-cinq ans, et si elle n'a exercé pendant deux ans dans les écoles normales publiques ou privées.

Avancement et retraites des fonctionnaires de l'enseignement primaire.

L'avancement pour les institutrices stagiaires et titulaires des écoles primaires et primaires supérieures, a lieu par classe et dans chaque département.

Il a lieu sur l'ensemble des fonctionnaires et au choix pour tous les emplois supérieurs.

Tous les fonctionnaires de l'enseignement primaire ont droit à une retraite à cinquante-cinq ans d'âge et après vingt-cinq ans de service.

Leurs traitements sont, à cet effet, soumis à une retenue de 5 pour 100.

Ils versent en outre de cette retenue faite sur leurs appointements à la caisse des pensions civiles le premier douzième de leur traitement lors de leur nomination, et le premier douzième d'augmentation chaque fois qu'ils passent dans une classe supérieure.

La pension de retraite est basée sur la moyenne des traitements et émoluments de toute nature soumis à la retenue dont le fonctionnaire a joui pendant les six années qui ont produit le chiffre le plus élevé.

Les fonctionnaires que des infirmités mettent dans l'impossibilité de continuer leurs fonctions peuvent obtenir une pension proportionnelle s'ils comptent quarante-cinq ans d'âge et quinze ans de service.

ÉCOLES NORMALES PRIMAIRES

Le décret du 18 janvier 1887 renferme la constitution de nos écoles normales, qui sont destinées à former des instituteurs et des institutrices pour les écoles publiques maternelles, primaires, élémentaires et supérieures.

Le régime de ces écoles est l'internat, mais le ministre peut les autoriser à accepter des demi-pensionnaires et des externes.

La directrice est nommée par le ministre ; elle doit être âgée de trente ans au moins et pourvue du certificat d'aptitude à l'inspection des écoles primaires et à la direction des écoles normales. Une économe est attachée à chaque école normale et chargée de l'enseignement de la tenue des livres, lorsqu'il y a moins de cent élèves.

En principe, l'enseignement doit être donné par des maîtresses pourvues du diplôme, mais le ministre peut déléguer des institutrices à titre provisoire, en qualité de maîtresses adjointes.

Des maîtresses spéciales nommées ou déléguées par le ministre, suivant qu'elles sont ou non pourvues du titre de capacité correspondant à leurs fonctions, peuvent être chargées, à défaut de professeurs possédant des titres réguliers, de l'enseignement des langues vivantes, du dessin, du chant, de la musique et des travaux manuels.

Tous les ans, le ministre fixe le nombre d'élèves à admettre en première année dans chacune des écoles normales.

Toute candidate doit :

1° Avoir seize ans au moins et dix-huit ans au plus au 1ᵉʳ octobre de l'année dans laquelle elle se présente.

2° Être pourvue du brevet élémentaire.

3° S'être engagée à servir pendant dix ans dans l'enseignement public.

4° N'être atteinte d'aucune infirmité ou maladie la rendant impropre au service de l'enseignement.

Des dispenses d'âge peuvent être accordées par le Recteur, mais en aucun cas elles ne doivent dépasser six mois.

Un mois au moins avant l'examen, l'inspecteur d'Académie communique au recteur les résultats d'une enquête faite par ses soins sur les antécédents et la conduite des candidates.

Au vu du dossier, et d'après les résultats de l'enquête, le recteur arrête la liste des candidates qui sont admises à concourir.

Les aspirantes sont examinées par une commission nommée par le recteur. L'inspecteur d'Académie en est le président. Le directeur, les professeurs ou maîtres de l'école normale et un inspecteur primaire en font nécessairement partie.

Le concours d'admission comprend deux séries d'épreuves ayant pour objet d'arrêter : la première, la liste d'admissibilité ; la seconde, la liste d'admission définitive.

Les épreuves de la première série comprennent :

1° Une dictée d'orthographe de vingt lignes environ.

Le texte, lu d'abord à haute voix, est ensuite dicté posément, puis relu.

La ponctuation n'est pas dictée.

La dictée est suivie de questions (cinq au maximum) relatives à l'intelligence du texte (explication du sens d'un mot, d'une expression ou d'une phrase, analyse d'un ou de plusieurs mots, etc.)

Il est accordé aux candidats une demi-heure au plus pour relire la dictée et répondre aux questions.

2° Une épreuve d'écriture comprenant une ligne en grosse bâtarde, une ligne en grosse ronde et en cursive, deux lignes en gros, deux en moyen et quatre en fin.

Il est accordé trois quarts d'heure pour cette épreuve. Il sera tenu compte, en outre, pour le jugement de cette épreuve, de la valeur de l'écriture expédiée dans la composition d'orthographe.

3° Un exercice de composition française consistant en un récit ou une lettre d'un genre simple, l'explication d'un précepte de morale ou d'éducation, d'un proverbe, d'une maxime ou une question d'instruction morale et civique.

4° Une composition d'arithmétique comprenant, outre la solution d'un ou de deux problèmes, l'explication raisonnée d'une règle.

Deux heures sont accordées pour chacune des épreuves de composition française et d'arithmétique.

5° Une composition de dessin consistant en un exercice de dessin à vue d'un genre facile.

Il est accordé une heure et demie pour cette épreuve.

La liste des candidates déclarées admissibles aux épreuves de la deuxième série est dressée par ordre alphabétique.

Les épreuves de la deuxième série comprennent :

I. — Des interrogations : 1° sur la langue française ; 2° l'arithmétique et le système métrique ; 3° l'histoire de France ; 4° la géographie de la France et des notions de géographie générale ; 5° des notions élémentaires de sciences physiques et naturelles. Chacune de ces épreuves durera, pour chaque candidate, une demi-heure au moins.

II. — Les résumés de deux leçons : 1° l'une sur un sujet d'ordre littéraire ; 2° l'autre sur un sujet d'ordre scientifique, faites par des professeurs de l'École Normale.

Ces résumés devront être rédigés chacun en une demi-heure, immédiatement après la leçon.

III. — Un examen sur le chant et la musique comprenant une interrogation sur les matières du cours supérieur des écoles primaires, la lecture d'un morceau de solfège facile, et une dictée orale très simple. Il sera tenu compte à la candidate de l'exécution du chant avec paroles et de la connaissance d'un instrument.

IV. — Des exercices de gymnastique compris dans le programme du cours supérieur des écoles primaires et, pour les aspirants, des exercices militaires ; pour les aspirantes, des travaux de couture.

Chacune des épreuves, tant de la première que de la deuxième série, doit être appréciée par des chiffres de 0 à 20.

Quand les épreuves de la deuxième série sont terminées, la commission arrête le classement, par ordre de mérite, des candidates qu'elle juge devoir être admises d'après l'ensemble de l'examen. Cette liste est divisée en deux parties. Dans la première, sont inscrites les candidates classées les premières jusqu'à concurrence du nombre de places vacantes à l'École Normale. Dans la seconde, la Commission comprend toutes les candidates admissibles excédant ce nombre, quel que soit le rapport du chiffre ainsi obtenu avec celui des places vacantes.

Les candidates comprises dans cette seconde partie de la liste d'admission feront connaître, par une déclaration écrite, dans quelles Écoles Normales de province elles accepteraient une place d'élève-maîtresse.

Les candidates, qui obtiennent la faveur d'être admises dans une École Normale de province, contractent une obligation envers le département qui veut bien contribuer à leur instruction en les admettant dans son École Normale.

Toute candidate inscrite sur la liste d'admissibilité, qui demandera à être placée dans une École Normale de province, devra, avec l'autorisation de ses parents ou de son tuteur, signer, avant son admission définitive, un engagement d'exercer pendant dix ans, y compris les trois années de l'École Normale, les fonctions de l'enseignement dans le département où elle aura été élève-maîtresse. (Circulaire ministérielle du 7 février 1893.)

L'enseignement dans les écoles normales primaires d'institutrices comprend :

1° L'instruction morale et civique ;

2° La lecture ;

3° L'écriture ;

4° La langue et les éléments de la littérature française ;

5° L'histoire, et particulièrement l'histoire de France, jusqu'à nos jours ;

6° La géographie, et particulièrement celle de la France ;

7° Le calcul, le système métrique, l'arithmétique élémentaire avec applications aux opérations pratiques ; des notions de calcul algébrique ; des notions de tenue des livres ;

8° La géométrie élémentaire ;

9° Les éléments des sciences physiques et des sciences naturelles avec leurs principales applications ;

10° L'économie domestique ;

11° Le dessin ;

12° Le chant et la musique ;

13° La gymnastique ;

14° Les travaux à l'aiguille ;

15° La pédagogie ;

16° L'étude d'une langue étrangère.

Dans le cas de maladie prolongée, une élève-maîtresse peut, sur la proposition du directeur et du conseil d'administration, et après avis de l'inspecteur d'Académie, être autorisée par le recteur à redoubler une année.

Le recteur doit informer le ministre des autorisations qu'il a accordées.

Toute élève-maîtresse qui quitte volontairement l'École ou qui en est exclue, ou toute ancienne élève-maîtresse qui rompt l'engagement rappelé ci-dessus, est tenue de restituer le prix de la pension dont elle a joui.

La somme à restituer comprend exclusivement :

1° Les frais de nourriture ;

2° Les frais de blanchissage ;

3° Le prix des fournitures classiques.

Toutefois, le ministre peut accorder des sursis pour le payement des sommes dues, ainsi qu'une remise partielle ou totale de ces mêmes sommes.

Toute élève-maîtresse sortie de l'École après les trois années d'études reçoit, quand elle est appelée pour la première fois aux fonctions d'institutrice publique, titulaire ou stagiaire, une indemnité de 100 francs.

Les élèves-maîtresses qui sortent de l'École normale ont droit, selon leur âge et les titres dont elles sont pourvues, aux premiers emplois d'institutrice publique, titulaire ou stagiaire, qui se trouvent vacants dans le département.

L'engagement de servir pendant dix ans dans l'enseignement public peut être accompli dans tout département, toute possession française ou tout pays soumis au protectorat de la France. Toute élève-maîtresse qui quitte le département où se trouve l'École normale dans laquelle elle a fait ses études doit être pourvue d'un *exeat* délivré par l'inspecteur d'Académie.

La France possède 77 écoles normales d'institutrices, avec un personnel enseignant de 610 directrices et maîtresses ; 260 professeurs spéciaux et supplémentaires et 3.490 élèves-maîtresses. Quelques départements n'ont pas encore d'école normale d'institutrices.

A chaque école normale primaire d'instituteurs ou d'institutrices est annexée une école primaire où les élèves-maîtres et maîtresses font l'application des méthodes pédagogiques qu'on leur enseigne. Près des écoles normales d'institutrices, il y a des écoles maternelles, et même dans quelques-unes des classes enfantines annexes.

Pour être nommé professeur dans les écoles normales primaires d'institutrices il faut être déclaré apte, à remplir ces fonctions après un examen spécial.

Les candidates doivent :

1° Etre âgées de vingt et un ans révolus au moment de leur inscription ;

2° Etre pourvues du brevet supérieur ou du diplôme de fin d'études ;

3° Justifier de deux ans d'exercice au moins dans les écoles publiques ou dans les écoles privées.

Deux commissions, l'une pour l'ordre des lettres, l'autre pour l'ordre des sciences, sont nommées chaque année par le ministre.

L'examen a lieu à la fin de l'année scolaire.

Il comprend des épreuves écrites éliminatoires et des épreuves orales et pratiques.

Les épreuves écrites sont pour les lettres :

1° Une composition sur un sujet de littérature ou de grammaire ;

2° Une composition d'histoire et de géographie ;

3° Une composition de morale ou de psychologie appliquée à l'éducation ;

4° Une composition de langue vivante (anglais ou allemand), thème et version avec usage de dictionnaires ;

Pour les sciences :

1° Une composition de mathématiques ;

2° Une composition comprenant une composition de physique ou de chimie et une question de sciences naturelles ;

3° Une composition de dessin géométrique et de dessin d'ornement ;

4° Une composition sur un sujet de morale ou d'éducation.

Les épreuves orales et pratiques comprennent :

Pour les lettres :

1° Une leçon sur un sujet de littérature ou d'histoire tiré au sort dont la durée ne doit pas dépasser une demi-heure, et qui peut être suivie d'interrogations portant soit sur le sujet qui a fait l'objet de la leçon, soit sur toute autre partie du programme;

2° La lecture expliquée d'un passage pris dans un auteur classique français;

3° La correction d'un devoir d'élève-maîtresse ;

4° L'explication à livre ouvert d'un texte allemand ou anglais suivi d'interrogations sur la grammaire anglaise ou allemande.

Pour les sciences :

1° Une leçon sur un sujet tiré au sort dont la durée ne doit pas dépasser une demi-heure ;

2° Une interrogation d'une demi heure portant sur une autre partie du programme que la leçon et qui peut comprendre la correction d'un devoir d'élève-maîtresse ;

3° Une manipulation de physique ou de chimie et une démonstration pratique d'histoire naturelle.

Le sujet de la manipulation ou de la démonstration est tiré au sort.

ÉCOLE NORMALE PRIMAIRE SUPÉRIEURE

L'École normale supérieure d'institutrices a été créée par décret du 18 juillet 1880, en vue de préparer à l'enseignement les écoles normales de filles. La loi du 9 août 1879 ayant imposé à tous les départements l'obligation d'être pourvus, dans un délai de quatre ans, d'une école normale d'institutrices, il était nécessaire de former un personnel de professeurs possédant les connaissances spéciales exigées par le décret du 5 juin 1880.

L'École normale d'institutrices fut établie d'abord à Izeure (Allier). Elle eut à peine le temps de s'y installer ; le 15 octobre 1880, un décret la transféra à Fontenay-aux-Roses (Seine). C'est là qu'elle fonctionne depuis le 1er novembre 1880.

L'école normale supérieure d'institutrices prépare :

Au professorat des écoles normales.

L'école est gratuite. Elle recrute ses élèves au concours.

Elle peut recevoir des internes et des externes dont le nombre est fixé chaque année par le ministre.

Il est accordé à chaque élève externe une bourse, dont le montant est fixé par arrêté ministériel.

Toute élève qui quitte volontairement l'École pour tout autre motif qu'une maladie dûment constatée ou qui ne remplit pas l'engagement de servir pendant dix ans dans l'enseignement public est tenue de rembourser à l'État le prix de la pension.

Des remises totales ou partielles peuvent être accordées par le ministre de l'Instruction publique, sur l'avis du directeur de l'École, du conseil des professeurs et de la commission administrative.

Les élèves sont réparties en deux sections : la section des sciences et la section des lettres. Le nombre des élèves à admettre dans chaque section est fixé chaque année par décision ministérielle. Il peut être institué des cours communs aux deux sections.

Un concours d'admission à l'école normale primaire supérieure est ouvert chaque année, vers la fin de l'année scolaire, à la date fixée par le ministre.

Pour être admises à concourir, les candidates doivent :

1° Avoir dix-neuf ans au moins et vingt-cinq ans au plus au 1er octobre de l'année où elles se présentent. (Des dispenses d'âge peuvent être accordées par le ministre sur la proposition du recteur) ;

2° Etre pourvues du brevet supérieur, de l'un des baccalauréats ou du diplôme de fin d'études de l'enseignement secondaire des jeunes filles ;

3° Avoir contracté ou contracter, si elles ne l'ont encore fait, l'engagement de servir pendant dix ans dans l'enseignement public.

Les candidates sont tenues de se faire inscrire, à Paris, à la Sorbonne, et dans les départements au bureau de l'inspecteur d'Académie, un mois au moins avant la date d'ouverture du concours, et de faire connaître sur quelle langue vivante elles désirent être examinées.

Avec leur demande d'inscription, elles déposent :

1° Un extrait de leur acte de naissance ;

2° Leur brevet ou leur diplôme ;

3° Une notice faisant connaître l'école ou les écoles auxquelles elles ont appartenu, et, s'il y a lieu, les fonctions qu'elles y ont remplies ;

4° Un certificat de médecin constatant qu'elles sont aptes à remplir les fonctions de l'enseignement, et un certificat de récente revaccination,

5° Un engagement de servir pendant dix ans dans l'enseignement public, à dater de leur admission à l'École normale supérieure, ou de rembourser à l'État le prix de la pension dont elles ont joui.

La liste des aspirantes admises à prendre part au concours est arrêtée par le ministre.

Aucune candidate n'est admise à se présenter plus de trois fois.

L'examen d'admission comprend :

1° Des épreuves écrites (éliminatoires) ;

2° Des épreuves orales ;

3° Une épreuve pratique.

Les épreuves écrites, qui se font au chef-lieu du département où l'inscription a été reçue, ont lieu sous la surveillance de l'inspecteur d'Académie, ou, à son défaut, d'un délégué agréé par le recteur.

Elles comprennent :

Section des lettres : 1° Une composition sur un sujet de littérature ou de grammaire ;

2° Une composition sur un sujet de pédagogie ou de morale ;

3° Une composition sur un sujet d'histoire et sur un sujet de géographie ;

4° Une composition de langues vivantes (version et thème allemands ou anglais).

Section des sciences : 1° Une composition sur un sujet de mathématiques ;

2° Une composition sur un sujet de physique ou de chimie et un sujet d'histoire naturelle ;

3° Une composition de dessin géométrique et d'ornement ;

4° Une composition de langues vivantes (version et thèmes allemands ou anglais), petite composition narrative et descriptive.

5° Une composition sur un sujet de pédagogie ou de morale.

Les compositions de pédagogie ou de morale et de langues vivantes peuvent être communes aux deux sections.

Trois heures sont accordées pour la composition de langues vivantes. L'usage du dictionnaire est autorisé. Quatre heures sont accordées pour chacune des autres compositions.

Les sujets de composition sont choisis par le ministre, sur la proposition de la commission, et adressés aux inspecteurs d'Académie sous un pli cacheté qui est ouvert en présence des candidates.

A la fin de chaque journée de l'examen écrit, les compositions sont adressées au ministre par l'inspecteur d'Académie, qui y joint le procès-verbal de la séance.

Les compositions écrites sont corrigées à Paris par une commission nommée chaque année par le ministre.

Les aspirantes reconnues admissibles sont appelées à Paris pour y subir les épreuves orales et l'épreuve pratique.

Les épreuves orales comprennent :

Section des lettres : 1° Un exposé sur une question de grammaire, ou de littérature, ou d'histoire, ou de géographie;

2° Lecture expliquée d'un passage pris dans les auteurs du brevet supérieur;

3° Explication d'un texte anglais ou allemand.

Section des sciences : 1° Un exposé sur une question de mathématiques ;

2° Un exposé sur une question de physique ou de chimie ou d'histoire naturelle ;

3° Explication d'un texte anglais ou allemand.

Chacune des épreuves orales peut être suivie d'interrogations.

Une demi-heure est accordée aux aspirantes de chaque section pour la préparation de chacune des deux premières épreuves.

L'épreuve pratique consiste en une épreuve de travail à l'aiguille pour les deux sections.

La durée des études est de trois années. Les élèves sont tenues de se présenter à la fin du cours d'étude, à l'examen en vue duquel elles ont suivi les cours de l'École.

Des examens de passage ont lieu à la fin de chacune des deux années d'études.

Tout élève qui n'a pas satisfait à ces examens doit quitter l'École.

Son renvoi est prononcé par décision ministérielle sur le vu de ses notes et le rapport du conseil des professeurs.

PERSONNEL DE L'ÉCOLE NORMALE SUPÉRIEURE

Le personnel de cette École comprend :

Une directrice au traitement de 9.000 francs;

Une économe, au traitement de 3.000 à 4.000 francs.

Des maîtresses répétitrices, au traitement de 3.000 à 3.900 francs.

Les professeurs et maîtres de conférences sont payés par leçon et par conférence.

La directrice a droit au logement ; l'économe et les répétitrices ont droit au logement et aux prestations en nature.

MAISONS D'ÉDUCATION DE LA LÉGION D'HONNEUR

La création des maisons d'éducation de la Légion d'honneur est due à Napoléon Ier. Se souvenant sans doute que Louis XIV avait fondé à Saint-Cyr une école destinée aux jeunes filles de la noblesse sans fortune, Napoléon publia, en 1808, un décret établissant à Écouen une maison où devaient être élevées aux frais de l'État les filles ou sœurs des officiers, sous-officiers ou soldats et des civils membres de la Légion d'honneur.

La direction de cet établissement fut confiée à madame Campan, ancienne lectrice de Marie-Antoinette, une des femmes les plus instruites de l'époque, et celle qui peut-être jugeait le mieux quel genre d'éducation pouvait convenir aux filles de soldats brillants, mais dépourvus de fortune.

Madame Campan s'était engagée à former des femmes simples et utiles, des mères de famille, et son programme paraissait être le meilleur pour arriver à ce résultat. D'après le règlement de la maison d'Écouen, chaque grande élève devait prendre soin d'une élève

plus jeune, et, en quelque sorte, lui tenir lieu de
mère.

Toute élève était tenue de confectionner elle-même
ses robes et ses tabliers et de marquer son trousseau.

Toutes devaient balayer et nettoyer les classes et
les dortoirs.

Les conseils de l'excellente directrice étaient, en
outre, bien propres à former l'esprit et le cœur des
jeunes filles qui lui étaient confiées.

« On trouve, dit-elle dans un de ses ouvrages, de
vieilles personnes minutieuses, fatigantes, qui ont
joui dans leur jeunesse de la réputation de femmes
aimables, sans avoir eu d'autres avantages que ceux
d'une jolie figure et quelque gentillesse dans les manières.

« La femme pourvue d'une solide instruction perd
sa fraîcheur et le charme de ses traits ; mais elle
prend, à chaque époque de sa vie, le maintien qui lui
convient : une année de plus, une prétention de
moins, et elle conserve jusqu'à la vieillesse les grâces
de son âge et l'estime de tous. Elle a été jusqu'à dix-
huit ans jeune fille modeste ; tendre épouse et mère
sensible jusqu'à trente ; institutrice de sa fille jusqu'à
quarante ; conseil et amie de sa famille le reste de sa
vie ».

Saint-Denis fut créé en 1810, pour augmenter le
nombre des écoles.

En 1818 on ouvrit une troisième maison de la Légion d'honneur, celle des Loges, dans la forêt de Saint-
Germain.

Ces trois maisons ne suffirent même pas à abriter toutes les orphelines que firent les guerres du Premier Empire, et l'on dut souvent en placer dans d'autres établissements.

Les maisons d'Ecouen et des Loges furent supprimées sous la Restauration et rétablies par le Second Empire. Elles sont aujourd'hui ouvertes toutes les trois, mais elles sont inspectées par un inspecteur d'Académie désigné par le Ministre de l'Instruction publique.

Contrairement à ce qui a lieu pour les autres établissements d'instruction publique, les maisons de Saint-Denis, d'Écouen et des Loges ne relèvent pas de l'Université.

Elles sont placées sous l'autorité du grand chancelier de la Légion d'honneur.

La maison de Saint-Denis, qui est considérée comme la maison-mère, est dirigée par une surintendante, les maisons d'Écouen et des Loges sont dirigées par deux intendantes.

Ces trois établissements font gratuitement l'éducation de 800 filles de légionnaires sans fortune. (On en reçoit 400 à Saint-Denis, 200 à Écouen, et 200 aux Loges.) On y reçoit, en outre, 115 élèves payantes : 75 à Saint-Denis et 40 dans les établissements d'Écouen et des Loges (1).

Ne sont admises comme élèves-pensionnaires payantes que les filles, petites-filles ou nièces des membres de la Légion d'honneur.

(1) Une seule enfant peut être admise gratuitement par famille, à moins que les enfants ne soient orphelines de père et de mère.

Les élèves admises gratuitement aux maisons d'É-
couen et des Loges n'ont pas à payer de trousseau,
mais celles qui sont reçues à Saint-Denis doivent verser 300 francs au moment de leur entrée.

Les élèves pensionnaires payantes versent 1.000 francs
par an à Saint-Denis, et 700 francs aux maisons d'É-
couen et des Loges.

Elles versent, en outre, pour le trousseau :
300 francs à Saint-Denis, et 250 francs à Écouen et
aux Loges.

Enseignement. — Les trois maisons préparent au
brevet de capacité de l'enseignement primaire ; les
familles indiquent leur préférence. Les élèves des trois
maisons passent de l'une dans l'autre dans certaines
conditions.

Unification des trois Maisons. — Au cours de leurs
sept années d'études, les élèves peuvent passer de l'une
quelconque des trois maisons dans l'une des deux
autres pour suivre les cours spéciaux de chaque maison.

Cours supérieur classique et d'art, à Saint-Denis.

Cours de commerce, dactylographie, sténographie,
télégraphie et postes, à Écouen.

Cours professionnels aux Loges.

Ceci crée un mouvement important à la fin de
chaque année scolaire, déplaçant un grand nombre
d'élèves.

Saint-Denis possède en outre une classe supplé-
mentaire pour la préparation au brevet supérieur.

On enseigne aux élèves : la musique, le dessin, et
toutes les connaissances indispensables dans un ménage.

En outre, depuis quelques années, les maisons d'éducation de la Légion d'honneur préparent leurs élèves à différents métiers artistiques, et même au commerce.

Conditions d'admission. — Toute jeune fille doit, pour pouvoir concourir à une admission comme élève dans l'une des trois Maisons d'éducation de la Légion d'honneur (Saint-Denis, Écouen, les Loges) :

1° Être âgée de neuf ans au moins et n'avoir pas plus de douze ans au moment de la rentrée annuelle des classes, celle-ci se faisant dans les premiers jours d'octobre.

Toutefois, le nombre des places vacantes, toujours insuffisant chaque année, oblige le Grand Chancelier à rejeter la présentation des candidatures nouvelles jusqu'au moment le plus proche de la douzième année des enfants ; elles sont alors examinées dans l'ordre d'âge des candidats et des numéros de classement d'examen ;

2° Etre en état de subir un examen composé l'une dictée (écriture et orthographe), d'une rédaction d'un genre simple portant sur l'un des sujets suivants : récit, lettre ou leçon de choses, de questions sommaires sur l'histoire, la géographie et l'arithmétique, d'une épreuve de couture (marque et ourlet) et d'une épreuve *facultative* de langue vivante (anglais ou allemand).

Une seule enfant peut être admise gratuitement par famille, excepté dans le cas d'orpheline de père et de mère.

La sortie définitive et obligatoire des élèves a lieu après sept années de séjour et d'études.

Les demandes d'admission sur papier timbré doivent être adressées au grand chancelier de la Légion d'honneur, accompagnées des états de service du père ou du parent légionnaire, d'une copie du brevet de décoration, de l'acte de naissance également sur timbre de l'enfant et d'un certificat médical constatant qu'elle est vaccinée, exempte de vices de conformation, de maladie chronique ou contagieuse.

On doit joindre à ces pièces une notice indiquant le culte professé par l'enfant et la production de son acte de baptême, s'il y a lieu.

Une déclaration signée établissant que l'enfant, dont on demande l'admission gratuite, n'a pas eu de sœur déjà élevée à ce titre dans une des Maisons d'Education.

PERSONNEL D'ADMINISTRATION ET D'ENSEIGNEMENT

Le personnel d'administration et d'enseignement des maisons d'éducation de la Légion d'honneur est ainsi composé :

Une surintendante à Saint-Denis : traitement : 6.000 francs ;

Deux intendantes à Ecouen et aux Loges : 5.000 fr. ;

Directrices des études, surveillante générale, dames-économes, etc. : de 2.500 à 3.500 francs ; 9 personnes ;

Soixante institutrices et suppléantes : de 1.500 à 2.000 francs ;

Vingt maîtresses de lingerie, de musique, de dessin, etc. : de 1.200 à 2.000 francs ;

Vingt dames stagiaires.

Pendant longtemps, le personnel de la maison de Saint-Denis s'est recruté presque exclusivement parmi les anciennes élèves de cet établissement. D'un autre côté, le personnel administratif et enseignant des maisons d'Ecouen et des Loges était congréganiste.

Les religieuses d'Ecouen et des Loges ayant été remplacées par des dames laïques, l'ancien mode de recrutement est devenu insuffisant. On admet donc aujourd'hui, dans le personnel d'administration et d'enseignement, des personnes élevées hors des établissements de la Légion d honneur.

Les conditions requises pour obtenir ces fonctions sont les brevets de capacité élémentaire et supérieur. Pour les professeurs de musique, de dessin, etc., le brevet élémentaire est seul exigé.

Les jeunes stagiaires doivent suivre les *cours secondaires* qui préparent aux divers certificats d'aptitude : lettres, sciences, langues vivantes et même à l'agrégation.

Tous les cours supérieurs sont faits par des dames certifiées ou agrégées.

Les jeunes stagiaires, futures maîtresses de dessin ou de musique, doivent suivre aussi les cours spéciaux qui leur permettent d'obtenir les diplômes spéciaux.

C'est ce qui explique qu'elles ne soient assujetties qu'à l'examen élémentaire.

Les programmes d'études sont en concordance avec ceux des Lycées de jeunes filles.

Notons que la Grande Chancellerie accueille avec

une faveur particulière les demandes présentées par les veuves, filles ou sœurs de légionnaires ou de médaillés militaires.

Toutes les demandes d'emplois doivent être adressées à M. le Grand Chancelier de la Légion d'honneur. Les aspirantes joignent à leur demande un extrait de leur acte de naissance, leurs titres universitaires, une copie des états de service de leur père, frère ou mari décoré de la Légion d'honneur ou de la médaille militaire.

Il est bon de s'adresser préalablement à madame la Surintendante, qui peut seule renseigner sérieusement la postulante sur ses chances de succès.

CERTIFICAT D'ÉTUDES PRIMAIRES SUPÉRIEURES

A la fin de l'année scolaire, une session d'examen du certificat d'études primaires supérieures est ouverte dans chaque département. Au début de l'année scolaire suivante, une seconde session est réservée aux seules candidates qui ont échoué à la session précédente ou qui n'ont pu s'y présenter pour cause de force majeure. Les centres d'examen sont fixés par le recteur. Les dates des deux sessions, déterminées par le Ministre, sont annoncées un mois au moins à l'avance. Elles sont les mêmes pour tous les départements.

Les candidates doivent avoir quinze ans révolus au 31 décembre de l'année dans laquelle elles se présentent.

Il n'est accordé aucune dispense d'âge.

Le registre d'inscription est définitivement clos 15 jours avant le commencement de chaque session d'examen.

La date des sessions est fixée chaque année par arrêté ministériel et annoncée par voie d'affiches.

Les candidates auront à produire :

I. — Leur acte de naissance *sur papier timbré;*

II. — Une demande d'inscription, *sur papier timbré à 0 fr. 60 centimes* indiquant :

1° Leurs nom, prénoms, date et lieu de naissance et adresse ;

2° La section à laquelle elles appartiennent (enseignement général, section industrielle, section commerciale, section agricole);

La langue vivante et le genre de travail manuel que comporte leur section d'enseignement.

Les candidates sont autorisées à déposer un livret de scolarité, signé par le chef de l'établissement et visé par l'inspecteur primaire de la circonscription.

Les candidates ajournées à la première session et qui n'auront pas retiré leur acte de naissance n'auront à produire, à la seconde section, qu'une nouvelle demande d'inscription sur papier timbré.

L'examen se compose d'épreuves écrites, d'épreuves orales et d'épreuves pratiques.

Ces épreuves ne doivent dépasser, en aucun cas, le niveau du programme des écoles primaires supérieures.

I. — ÉPREUVES ÉCRITES

Les épreuves écrites sont éliminatoires. Elles ont lieu en deux jours consécutifs et comprennent :

A. — *Épreuves générales.*

1° Composition sur un sujet de morale (une heure et demie) ;

2° Composition française (lettre, narration, compte rendu, rapport, etc.), (une heure et demie) ;

3° Composition de sciences comprenant :

a. Une question ou un problème soit d'arithmétique, soit de géométrie ;

b. Une question de physique ou de chimie;

c. Une question d'histoire naturelle ou d'hygiène.

Ces trois questions seront empruntées à la partie commune des diverses sections (trois heures);

4° Composition simple de dessin à main levée : ornement simple appliqué aux travaux d'aiguille (deux heures).

B. — *Épreuves spéciales variant suivant les sections.*

Section d'enseignement général et section commerciale : un exercice facile pouvant porter, au choix de la candidate, sur l'allemand, l'anglais, l'italien, l'espagnol ou l'arabe (deux heures) ;

Cet exercice consistera en une série de questions écrites en langue étrangère ;

Les candidates devront y répondre dans la même langue.

L'usage du dictionnaire en langue étrangère est autorisé conformément aux dispositions adoptées pour les examens du baccalauréat.

Section industrielle : composition d'un sujet décoratif, appliqué à une industrie féminine, d'après les éléments fournis à l'aspirante (deux heures) ;

Section agricole : une composition sur deux questions empruntées, l'une au programme d'agriculture théorique, l'autre à celui des travaux pratiques d'intérieur ou d'extérieur (deux heures).

Chaque épreuve écrite est cotée de 0 à 20.

La note de chaque copie est abaissée d'un ou de deux points, si l'écriture est défectueuse. Nulle ne peut être déclarée admissible aux épreuves orales, si elle n'a obtenu un total minimum de 40 points pour l'ensemble des quatre épreuves communes, et un minimum de 10 points pour la composition spéciale.

II. — ÉPREUVES ORALES

L'ensemble des épreuves orales ne peut excéder la durée d'une heure pour chaque candidate. Ces épreuves comprennent :

Section d'enseignement général : 1° lecture expliquée d'un passage tiré d'un des auteurs français inscrits au programme, et questions sur la langue française ;

2° interrogation sur l'histoire et la géographie générale ;

3° interrogation sur les sciences mathématiques, physiques et naturelles ;

4° lecture et traduction rapide d'un passage d'une dizaine de lignes en langue étrangère et choisi dans un livre élémentaire. La lecture sera suivie de questions en langue étrangère permettant de s'assurer si la candidate a bien compris le texte et si elle sait s'exprimer convenablement dans la langue qu'elle a choisie.

Section commerciale : 1° interrogation sur l'histoire et sur la géographie générale ;

2° Interrogation sur la géographie économique des différentes parties du monde ;

3° Interrogation sur les notions de commerce, de droit usuel et d'économie politique ;

4° Lecture et traduction rapide d'un passage d'une dizaine de lignes en langue étrangère et chosi dans un livre élémentaire. La lecture sera suivie de questions en langue étrangère permettant de s'assurer si la candidate a bien compris le texte et si elle sait s'exprimer convenablement dans la langue qu'elle a choisie.

Section industrielle : 1° interrogation sur l'histoire et sur la géographie générale ;

2° Interrogation sur l'économie domestique ;

3° Interrogation sur les principales opérations arithmétiques, géométriques ou algébriques utilisées dans la pratique industrielle ;

4° Interrogation sur les notions de comptabilité, de droit usuel et d'économie politique ;

Section agricole : 1° interrogation sur l'histoire et sur la géographie générale ;

2° Interrogation sur l'agriculture et les questions de sciences physiques et naturelles qui s'y rattachent ;

3° Interrogation sur l'arithmétique et la géométrie appliquées aux opérations sur le terrain et aux travaux d'exploitation agricole ;

4° Interrogation sur les notions de comptabilité, de droit usuel et d'économie politique.

Chaque épreuve est cotée de 0 à 20. Toute candidate qui n'aura pas obtenu un minimum de 40 points ne sera pas admise à subir les épreuves pratiques.

III. — ÉPREUVES PRATIQUES

Les épreuves pratiques ne peuvent excéder une durée totale de quatre heures ; elles comprennent :

Section générale : exercice emprunté au programme des travaux manuels de deuxième année ;

Section commerciale : 1° un ou plusieurs exercices pratiques de calcul et de comptabilité ; 2° exercice de calligraphie portant sur les divers modes d'écritures usités dans le commerce ;

Section industrielle : exercice emprunté au programme des travaux manuels de troisième année.

Section agricole : un ou plusieurs des exercices spécifiés au programme des travaux pratiques d'intérieur ou d'extérieur.

Outre ces épreuves spéciales, les candidates auront à subir une épreuve de chant et de gymnastique.

L'épreuve de gymnastique se fera sans appareils ; en seront dispensées les aspirantes qui produiront le jour de l'examen un certificat de leur professeur et de leur directrice attestant qu'elles ont pris part régulièrement aux exercices réglementaires de gymnastique.

Chaque épreuve est cotée de 0 à 20, sauf les épreuves de chant et de gymnastique qui sont cotées de 0 à 10.

Pour être admise définitivement, toute candidate doit avoir obtenu la moyenne pour chacune des épreuves pratiques et pour l'ensemble des épreuves un chiffre de points au moins égal à la moyenne.

La note 0 pour l'une quelconque des épreuves est éliminatoire.

Les candidates qui échouent aux épreuves orales ou aux épreuves pratiques, conservent, à la session suivante, le bénéfice de l'admissibilité prononcée à la suite des épreuves écrites.

Après la clôture des examens, la Commission dresse, par ordre alphabétique, la liste des candidates qu'elle juge dignes d'obtenir le certificat d'études primaires supérieures. Le dossier complet de l'examen de chaque candidate est transmis au Recteur qui délivre les cerficats.

Le diplôme portera une des quatre mentions ci-après :

1° Certificat d'études primaires supérieures (section d'enseignement général) ;

2° Certificat d'études primaires surérieures (section industrielle) ;

3° Certificat d'études primaires supérieures (section agricole) ;

4° Certificat d'études primaires supérieures (section commerciale).

BOURSES DES ÉCOLES PRIMAIRES SUPÉRIEURES

L'État a fondé dans les établissement publics d'enseignement primaire supérieur de garçons et de filles des bourses nationales qui sont de trois sortes :

1° Bourses d'internat ;

2° Bourses d'entretien ;

3° Bourses familiales.

Les bourses d'internat sont attribuées à des élèves placés à demeure dans des établissements d'enseignement primaire supérieur pourvus d'un pensionnat ;

Les bourses d'entretien, à des élèves logés dans leur propre famille et fréquentant l'école supérieure ou le cours complémentaire de la localité ;

Les bourses familiales, à des élèves placés en pension dans des familles autres que la leur et agréés par le directeur ou la directrice de l'école ou du cours.

Chaque année, au mois de juillet, le ministre détermine, d'après l'état des crédits disponibles, la somme à allouer à chaque département pour être répartie en bourses nationales et dégrèvements de trousseau.

Cette répartition est faite entre les différents départements, proportionnellement au chiffre de leur population et en tenant compte du nombre d'écoles primaires supérieures qui s'y trouvent.

Les bourses de l'État sont conférées sous l'autorité du ministre de l'Instruction publique, par le préfet du département, sur la proposition de l'inspecteur d'académie, et après avis du Conseil départemental.

Tous les ans, dans les premiers jours de janvier, le préfet adresse au ministre la liste des boursiers nommés dans son département, au cours de l'année précédente, avec les motifs de la concession de la bourse.

Cette liste est publiée au *Journal Officiel* dans le courant du mois.

Examen d'aptitude. — Nul ne peut être appelé à jouir d'une bourse nationale, s'il n'a préalablement subi un examen ayant pour objet de constater son aptitude.

Cet examen a lieu tous les ans, du 15 au 30 mai, au chef-lieu de chaque département. La date en est fixée par le Ministre ; elle en est la même pour tous les départements. Elle est annoncée au moins trois mois à l'avance. Le registre d'inscription est clos le 31 mars.

Les parents ou tuteurs des candidats doivent les faire inscrire dans les bureaux de l'Inspection académique avant le 1er avril, et joindre à la demande d'inscription :

1° L'acte de naissance de l'enfant ;

2° Son certificat d'études primaires ;

3° Un certificat de vaccine et un certificat de revaccination :

4° Un certificat de bonne conduite, signé par le chef de l'établissement où il a fait ses études ;

5° Une demande, écrite ou signée par le père ou le tuteur, à laquelle devra être annexé un extrait du rôle des contributions payées par les parents du candidat ;

6° Un état nominatif des enfants, indiquant l'âge et le sexe de chacun d'eux, et s'il y a lieu sa profession ; cet état sera certifié exact par le maire de la commune.

Les candidats doivent être âgés de 12 ans au moins et de 15 au plus au 1er octobre de l'année durant laquelle a lieu l'examen. Aucune dispense d'âge ne peut être accordée.

Si le candidat n'est pas encore pourvu du certificat d'études primaires, il est admis à se présenter conditionnellement, à charge par lui d'obtenir ce certificat à la première session qui suit l'examen ; mais ses titres ne sont pris en considération qu'après qu'il a réussi aux examens du certificat d'études primaires.

Les candidats subissent des épreuves écrites (éliminatoires) et des épreuves orales.

Les *épreuves écrites* comprennent :

1° Dictée d'orthographe, qui sert en même temps de composition d'écriture ;

2° Arithmétique (une question de théorie et un problème) ;

3° Composition française (récit ou lettre d'un genre simple, développement d'une maxime, d'un proverbe, d'une pensée ou d'une question d'instruction morale et civique).

Ces épreuves ont lieu dans la même journée.

Les *épreuves orales* consistent en :

1° Lecture expliquée, avec interrogations sur la grammaire et analyse d'une phrase ;

2° Interrogations sur l'arithmétique et le système métrique ;

3° Interrogations sur l'histoire et la géographie de la France ;

4° Interrogations sur l'instruction morale et civique ;

5° Interrogations sur les éléments des sciences physiques et naturelles.

Les épreuves portent sur les matières du programme du cours supérieur des écoles primaires.

Toutes les compositions écrites et orales sont jugées d'après l'échelle de 0 à 20.

L'ajournement du candidat est prononcé dans les trois cas suivants :

1° Si l'une des épreuves est nulle ;

2° S'il n'a pas obtenu au moins 40 points pour les épreuves écrites ;

3° Si le total de ses notes pour les épreuves orales est inférieur à 50 points.

Concession des bourses. — La concession d'une bourse est subordonnée à l'appréciation de l'ensemble des titres produits par les postulants.

Il est tenu compte dans cette appréciation :

1° En premier lieu et avant tout du mérite de l'enfant et de ses notes d'examen ;

2° Des services rendus à l'État par les parents ;

3° De la situation de fortune, du nombre des enfants et des charges de famille des pétitionnaires.

Les bourses peuvent être accordées par fractions de moitié ou de trois quarts.

Une fraction de bourse nationale peut être cumulée avec une fraction de bourse départementale ou communale, mais seulement jusqu'à concurrence d'une bourse entière.

Les bourses nationales sont attribuées pour trois années scolaires.

Une prolongation de bourse d'une année peut être accordée.

Le montant annuel des bourses d'internat entretenues par l'État dans les établissements publics ou privés d'enseignement primaire supérieur est égal au prix de pension demandé par les chefs d'établissement aux parents des élèves payants, sans que toutefois la somme payée puisse jamais dépasser 500 francs, y compris les frais de literie et de blanchissage.

Les bourses d'entretien peuvent varier de 100 à 400 francs, par fraction de 100 francs.

Les bourses familiales sont de 500 francs.

Des dégrèvements de trousseau peuvent, sur la proposition de l'inspecteur d'Académie, être accordés par le préfet, sur les crédits mis à sa disposition, aux candidats dont les familles justifient ne pouvoir pas en supporter les frais.

La subvention que l'État accorde pour dégrèvements de trousseau ne peut dépasser 300 francs la première année et 100 francs les années suivantes.

Selon la situation de fortune des familles, le préfet peut accorder la totalité ou une partie seulement du dégrèvement.

Il peut être accordé aux boursiers, à titre de remise de fournitures classiques, une subvention dont le montant ne peut être supérieur à 25 francs par année.

Les titulaires d'une bourse d'entretien ne peuvent recevoir de dégrèvement de trousseau, mais il peut leur être accordé chaque année une remise de fournitures classiques.

Tous les ans, dans le courant du mois de juillet, les boursiers qui ne sont pas arrivés au terme de leur bourse subissent, devant un inspecteur primaire assisté du directeur et des professeurs de l'école, un

examen de passage portant sur l'ensemble des études
de l'année qui s'achève.

Tout boursier qui a suivi avec succès l'examen de
passage, obtient de droit la prolongation de sa bourse
pendant l'année scolaire suivante.

Tout boursier qui ne satisfait pas à cet examen est
déchu de sa bourse.

Toutes les élèves qui ont été titulaires d'une bourse
de l'État dans une école primaire supérieure, et qui
ont suivi le cours complet d'études primaires supérieures, sont tenues de se présenter, à la fin de leur
scolarité, à l'examen du certicat d'études primaires
supérieures.

Des bourses d'enseignement secondaire, dont le
nombre est fixé chaque année par arrêté ministériel,
peuvent être attribuées par le Ministre à des élèves de
l'enseignement primaire supérieur qui se seront fait remarquer, au cours de leurs études, par leur assiduité,
leur application et leurs progrès.

Les élèves boursiers de l'enseignement primaire supérieur, pour être transférés, avec jouissance d'une
bourse, dans l'enseignement secondaire, doivent être
âgés de moins de 16 ans au 1er janvier de l'année où
se fera la mutation.

BOURSES DE SÉJOUR A L'ÉTRANGER

A la suite d'un concours spécial, des bourses de
séjour à l'étranger sont accordées chaque année par
le ministre à des élèves de l'enseignement primaire
supérieur.

Les conditions à remplir pour pouvoir prendre part à ce concours sont les suivantes :

1° Avoir, au moment du concours, 16 ans accomplis et moins de 18 ans ;

2° Etre pourvu du certificat d'études primaires supérieures;

3° Adresser au ministre, par l'intermédiaire de l'inspecteur d'Académie, une demande sur papier timbré, écrite ou signée par le père ou le tuteur, tendant à obtenir une bourse de séjour. Cette demande doit indiquer exactement les nom, prénoms, date et lieu de naissance du candidat, la date à laquelle il a obtenu le certificat d'études primaires supérieures ; enfin la carrière commerciale ou industrielle à laquelle il se destine.

Les directeurs des écoles doivent joindre à chaque demande la date de l'entrée de l'élève à l'école et des notes détaillées sur sa tenue, sa santé, son caractère, son application et ses progrès.

Les épreuves du concours sont des épreuves écrites consistant en une composition française, un thème et une version, dont le texte est envoyé par le ministre. Elles ont lieu au chef-lieu du département, sous la présidence de l'inspecteur d'Académie. Il est accordé 3 heures pour la composition française et 3 heures pour le thème et la version réunis.

Les compositions adressées au ministre par l'inspecteur d'Académie sont corrigées à Paris, par une commission spéciale, qui appelle devant elle les candidats admissibles, pour leur faire subir un examen oral, à la suite duquel elle dresse, par ordre de mérite, la liste des candidats les plus aptes à profiter de la bourse de séjour. Cette liste est soumise à l'approbation du ministre, qui nomme les boursiers.

BREVET ÉLÉMENTAIRE

Pour se présenter à l'examen du brevet élémentaire, toute candidate doit avoir au moins *seize* ans le 1er octobre de l'année dans laquelle elle se présente.

Des dispenses d'âge peuvent être accordées, pourvu qu'elles ne dépassent pas la durée d'un an.

La dispense d'âge de moins de six mois est accordée par l'Inspecteur d'Académie; la dispense d'âge de six mois à un an est accordée par le Recteur après avis de l'Inspecteur d'Académie.

Toute demande de dispense d'âge doit être établie sur papier timbré à 0 fr. 60 et parvenir à l'Administration 15 jours au moins avant la date fixée pour la clôture du registre d'inscription.

La dispense est de droit pour toute candidate pourvue du certificat d'études primaires supérieures, quel que soit son âge.

Toute candidate au brevet élémentaire de capacité doit se faire inscrire quinze jours au moins avant la date fixée pour l'examen.

Elle dépose :

1° Une demande d'inscription, sur papier timbré, écrite et signée par elle;

2° Son acte de naissance sur papier timbré, l'acte de mariage si l'aspirante est mariée (l'acte de décès du mari si elle est veuve).

Les candidates qui rempliront les conditions d'âge exigées pour le brevet supérieur pourront subir les épreuves de l'examen de ce brevet dans la même session que celle du brevet élémentaire, si elles en font la demande au moment de leur inscription.

L'examen comprend trois séries d'épreuves :

I. *Épreuves de la 1re série.* Les épreuves de la 1re série pour l'examen des aspirantes au brevet élémentaire sont au nombre de trois, savoir :

1° Une dictée d'orthographe d'une page environ ; le texte, lu d'abord à haute voix, est ensuite dicté posément, puis relu. La ponctuation n'est pas dictée.

Des questions (cinq au maximum) relatives à l'intelligence du texte (définition du sens d'un mot, d'une expression ou d'une phrase, analyse d'un mot ou d'une proposition). Il est accordé une demi-heure aux candidates pour revoir la dictée et pour répondre par écrit aux questions posées. Chacune des deux parties de l'épreuve est cotée de 0 à 10 ;

2° Un exercice de composition française (lettre ou récit d'un genre très simple, explication d'un proverbe, d'une maxime, d'un précepte de morale ou d'éducation). Durée de l'épreuve : deux heures ;

3° Une question d'arithmétique et de système métrique et la solution raisonnée d'un problème comprenant l'application des quatre règles (nombres entiers, fractions, mesures des surfaces et des volumes simples). Durée de l'épreuve : deux heures;

II. *Épreuves de la 2e série.* Pour les épreuves de la 2e série, les aspirantes devront :

1° Faire une page d'écriture à main posée, comprenant une ligne en gros dans chacun des trois principaux genres (cursive, bâtarde et ronde), une ligne de cursive en moyen, quatre lignes de cursive en fin. Durée de l'épreuve : trois quarts d'heure ;

2º Exécuter un dessin au trait d'après un objet usuel. Durée de l'épreuve : une heure ;

3º Exécuter, sous la surveillance de dames désignées à cet effet par le Recteur, les travaux à l'aiguille prescrits par l'article 1er de la loi du 28 mars 1882. Durée de l'épreuve : une heure.

III. *Épreuves de la 3ᵉ série*. Les épreuves de la 3ᵉ série (épreuves orales) sont au nombre de cinq :

1º Lecture expliquée ; la lecture se fera dans un recueil de morceaux choisis en prose et en vers ; des questions seront adressées aux candidates sur le sens des mots, la liaison des idées la construction et la grammaire ;

2º Questions d'arithmétique et de système métrique ;

3º Questions sur les éléments de l'histoire nationale et de l'instruction civique ; sur la géographie de la France avec tracé au tableau noir ;

4º Questions et exercices très élémentaires de solfège ;

5º Questions sur les notions les plus élémentaires des sciences physiques et naturelles.

Dix minutes au maximum sont consacrées à chacune de ces épreuves.

Les épreuves écrites et orales de l'examen du brevet élémentaire porteront sur les programmes du cours supérieur des écoles primaires.

Les épreuves des trois séries sont notées de 0 à 20,

9.

excepté les exercices de gymnastique (2ᵉ série) et les exercices de solfège (3ᵉ série) qui sont notés de 0 à 10. La note 0 pour l'une quelconque des épreuves est éliminatoire.

Nulle n'est examinée sur la série subséquente si elle n'a préalablement obtenu la moitié du maximum des points que comporte la série précédente.

Le droit d'examen est de dix francs ; on verse cette somme au percepteur de la résidence des aspirantes, sur la production du certificat d'inscription délivré par l'inspecteur d'Académie.

La quittance à souche qui est délivrée par le percepteur doit être présentée au secrétaire de la commission d'examen.

Voici à titre de renseignements les formules relatives aux dispenses d'âge et aux demandes d'inscription.

Formule de la demande de dispense d'âge. (Papier timbré à 0 fr. 60) :

Paris, le

M

J'ai l'honneur de solliciter de votre bienveillance une dispense d'âge qui m'est nécessaire pour prendre part à la prochaine session d'examen du brevet élémentaire.

Je suis né le
    (*Motiver la demande.*)
Veuillez agréer, M

(*Signature et Adresse.*)

Formule de la demande d'inscription. (Papier timbré à 0 fr. 60.) :

Je soussigné
né le   déclare vouloir me présenter à Paris devant la commission chargée d'examiner les aspirants au brevet élémentaire de capacité pour la   session de 190 .

Je ne me suis présenté ni ne me présenterai dans aucun autre département pendant ladite session.

Paris, le
(Signature de l'aspirant.)
(Adresse.)

BREVET SUPÉRIEUR

Pour se présenter à l'examen du brevet supérieur, toute candidate doit justifier de la possession du brevet élémentaire et avoir 18 ans au moins le 1er octobre de l'année durant laquelle elle se présente.

Des dispenses d'âge peuvent être accordées, pourvu qu'elles ne dépassent pas une durée d'un an. La dispense d'âge de moins de six mois est accordée par l'Inspecteur d'Académie; la dispense d'âge de six mois à un an est accordée par le Recteur, après avis de l'Inspecteur d'Académie.

Toute demande de dispense d'âge doit être établie sur papier timbré à 0 fr. 60 et parvenir à l'Administration 15 jours au moins avant la date fixée pour la clôture du registre d'inscription.

Toute candidate au brevet supérieur de capacité doit se faire inscrire 15 jours au moins avant la date fixée pour l'examen.

Elle dépose :

1° Une demande d'inscription sur papier timbré, feuille à 0 fr. 60, écrite et signée par elle et dans laquelle elle devra déclarer qu'elle ne s'est présentée ou qu'elle ne se présentera dans aucun autre département pendant la même session ;

2° Le brevet élémentaire ;

3° Son acte de naissance, l'acte de mariage si l'aspirante est mariée, l'acte de décès de son mari si elle est veuve, toutes ces pièces sur papier timbré.

En outre la candidate est autorisée à déposer, avec ses pièces d'inscription, un livret de scolarité. Ce livret devra être signé par le chef de l'établissement où la candidate a fait ses études et visé par l'inspecteur primaire de la circonscription. Le droit d'examen est de 20 francs.

Toutes les épreuves du brevet supérieur, soit écrites, soit orales, doivent être subies dans une même session.

Les aspirantes qui échouent aux épreuves orales conservent, à la session suivante, le bénéfice de l'admissibilité. — Elles ne sont astreintes à faire de nouveau les compositions soit de dessin, soit de musique, que si elles ont obtenu pour l'une ou l'autre de ces épreuves une note inférieure à 10.

L'examen comprend deux séries d'épreuves :

1re série. — I. Une composition écrite sur un sujet de littérature ou de morale (durée, 3 heures) ;

II. Une composition écrite comprenant :

1º Un problème et une question théorique d'arithmétique ;

2º Une question sur les sciences physiques et
naturelles avec leurs applications les plus usuelles à
l'hygiène, à l'industrie, à l'agriculture ;

La durée de cette composition est de 4 heures.

III. Une épreuve consistant en réponses écrites,
dans la langue étrangère choisie par la candidate à
des questions écrites posées dans la même langue.
L'usage d'un dictionnaire en langue étrangère est seul
autorisé ;

La durée de cette épreuve est de 2 heures.

2ᵉ série. — Les épreuves de la 2ᵉ série comprennent :

1º Des interrogations sur :

a) La psychologie, la morale et leurs applications
à l'éducation ;

b) L'histoire de France et, à partir de 1492, ses
rapports avec l'histoire générale ; les interrogations
sont limitées aux faits essentiels ;

c) La géographie de la France avec tracé au tableau
noir et notions sommaires de géographie générale ;

d) L'arithmétique avec exercices de calcul mental
et, pour les aspirants seulement, l'algèbre et la géométrie ;

e) La physique, la chimie, l'histoire naturelle et
leurs applications.

2º Lecture expliquée, après 1/4 d'heure de préparation, d'un texte français pris sur une liste d'auteurs
qui sera dressée tous les trois ans par le ministre et
publiée une année à l'avance.

Il sera tenu compte de l'expression dans la lecture, et des connaissances littéraires propres à faciliter l'intelligence du texte.

La lecture sera suivie d'une interrogation de grammaire;

3° Lecture à haute voix et traduction rapide d'un texte facile en langue étrangère, après 1/4 d'heure de préparation; conversation d'un genre très simple en langue étrangère sur le texte lu.

4° Composition de dessin d'après le relief (durée, 3 heures);

5° Composition de musique : dictée musicale suivie de questions théoriques très simples sur le texte dicté (durée, 20 minutes au maximum);

« *Les épreuves écrites ou orales du brevet supérieur portent sur les matières d'enseignement de la 1re et de la 2e année d'école normale.*

Chacune des épreuves de la 1re série est cotée de 0 à 20.

Nulle candidate n'est déclarée admissible si elle n'a obtenu 30 points au minimum, dont 20 pour les épreuves de français et de sciences réunies.

Chaque épreuve de la 2e série est cotée de 0 à 20; l'épreuve de lecture expliquée est affectée du coefficient 2.

Il suffit que, pour l'ensemble des épreuves de la 2e série, chaque aspirante obtienne un total de 100 points.

La note 0 pour l'une quelconque des épreuves est éliminatoire.

Peuvent être éliminées à la première série, après

délibération spéciale du jury, les candidates qui ont obtenu, pour l'une des trois épreuves, une note inférieure à 5.

Il est tenu compte des notes obtenues par chaque candidate pendant ses deux dernières années d'études. Ces notes, attestées au moyen d'un livret de scolarité délivré par le Directeur de l'établissement ou le professeur de la candidate, sont remises au moment de l'inscription.

Voici à titre de renseignements les formules relatives aux dispenses d'âge et aux demandes d'inscription.

Formule de la demande de dispense d'âge :

Paris, le

M.

J'ai l'honneur de solliciter de votre bienveillance une dispense d'âge qui m'est nécessaire pour prendre part à la prochaine session d'examen du brevet supérieur.

Je suis né le

(Motiver la demande.)

Veuillez agréer, M

(Signature et adresse.)

Formule de la demande d'inscription :

Je soussigné

né le   déclare vouloir me présenter à Paris devant la commission chargée d'examiner les aspirantes au brevet supérieur de capacité pour la   session de 190 .

Je ne me suis présentée ni ne me présenterai dans aucun autre département pendant la dite session.

Je désire être interrogée sur la langue...

Paris, le

(Signature et adresse.)

ÉPREUVE DU DESSIN

L'épreuve du dessin étant très importante dans les examens du brevet supérieur, nous croyons devoir résumer ici la circulaire ministérielle concernant les dispositions à prendre à cet effet par les examinateurs :

L'examen aura lieu, autant que possible, dans une salle spéciale disposée pour le dessin d'après le relief.

1° La salle devra être assez grande pour grouper toutes les candidates.

On ne devra pas réunir plus de vingt élèves autour d'un même modèle. Dans les villes où le nombre des candidates dépassera ce chiffre, on s'efforcera de réunir tous les groupes dans une même salle. Si cette dernière condition est irréalisable, on fera autant d'épreuves successives qu'il sera nécessaire;

2° La salle sera autant que possible éclairée d'un seul côté ;

Dans le cas d'un éclairage bilatéral, on essayera d'aveugler les fenêtres du côté où le soleil pénètre dans la salle, aux heures fixées pour le concours ;

3° La salle devra, autant que possible, être éclairée par des fenêtres élevées ;

4° L'éclairage devra être aussi grand et aussi franc

que possible, afin que le modèle soit nettement éclairé et que toutes les concurrentes puissent dessiner sans difficulté ;

5° Enfin on réunira dans la salle choisie le matériel nécessaire.

Ce matériel consiste : 1° en une table, selle ou caisse, pour recevoir le modèle. La hauteur de ce porte-modèle devra être réglée suivant les besoins, de manière que le relief à dessiner soit vu dans toute sa hauteur par toutes les concurrentes ; 2° en tabourets, chaises, bancs ou pupitres, pour asseoir les candidates.

Une heure au moins avant l'ouverture de l'examen de dessin, le délégué spécial chargé d'organiser cet examen devra se rendre dans la salle choisie :

1° Il placera le modèle sur la table ou sur la selle, dans sa position naturelle, c'est-à-dire qu'il s'assurera que la partie horizontale du modèle repose sur un plan parfaitement de niveau. De plus, si le modèle choisi est un bas-relief, une stèle ou une rosace, le fond sur lequel se dessine l'ornement devra être placé bien ver-ticalement.

Le délégué devra poser le modèle de façon à éviter pour le plus grand nombre des candidates les effets compliqués, les ombres trop grandes.

Afin de pouvoir toujours rétablir exactement le modèle dans la position arrêtée, le délégué tracera à la craie la place du modèle sur la selle, et sur le plan-cher la position exacte de ladite selle ;

2° Il disposera les sièges, bancs ou autre matériel mis à sa disposition, de manière à affecter une place bien déterminée à chacune des concurrentes ;

3° Afin que ces places ne puissent être modifiées, il marquera, à la craie, sur le sol, la trace de chaque siège, et il les numérotera en commençant par le premier rang et la première place à gauche du modèle ;

4° Il reproduira sur une feuille de papier le plan de la salle avec la position du modèle et des places des concurrentes ;

5° Le délégué aura une liste par ordre alphabétique des concurrentes.

Toutes ces mesures doivent être prises avant l'heure de l'examen.

A l'heure fixée, le délégué tirera au sort, devant les concurrentes, la lettre alphabétique par laquelle devra commencer l'appel nominal.

Le délégué procédera à cet appel en commençant par les noms ayant la lettre initiale désignée par le sort.

Il poursuivra cette lecture jusqu'à épuisement de la liste, puis il continuera l'appel en se reportant à la tête de la liste.

Les candidates entreront dans la salle et prendront successivement possession des sièges numérotés, dans l'ordre d'appel : ainsi la candidate appelée la première, prendra la place numérotée 1 ; la seconde appelée aura la place numérotée 2 ; etc. L'échange des places entre les candidates ne pourra être autorisé par le délégué que dans le cas où une concurrente moins grande que les autres, ou myope, ne pourrait dessiner le modèle, de la place que le sort lui aurait désignée.

Lorsque tous les candidates seront assises, le délégué leur recommandera d'indiquer, dans l'angle droit de la feuille, les places exactes qu'elles occupent, de la manière suivante : *rang* n° 1, 2 *ou* 3; *place* n° 1, 2, *etc.*

Avant le départ des concurrentes et afin d'éviter les erreurs, le délégué devra s'assurer que toutes les feuilles portent bien ces indications.

Sous aucun prétexte, le jugement ne pourra avoir lieu dans un autre local que celui où les dessins auront été faits.

Il devra être tenu compte scrupuleusement de la place occupée par chacune des candidates.

A cet effet, durant tout le jugement, le modèle devra être exactement à la place qu'il occupait au moment du concours.

Si, pour quelque cause que ce soit, il avait été déplacé, les membres du jury devront veiller à ce qu'il soit remis dans sa position primitive avant de commencer l'examen des dessins.

Ces derniers devront aussi être mis dans la salle aux points occupés par les auteurs, et c'est en se plaçant au point de vue particulier de chaque dessin que MM. les membres du jury sont appelés à faire le classement.

Les études élémentaires du dessin ont surtout pour but de développer l'esprit d'observation, d'initier aux lois des effets perspectifs, d'apprendre à analyser les formes et à les dessiner telles qu'elles apparaissent.

Aussi, quel que soit le mode d'exécution adopté par les candidates, que le dessin soit fait au fusain, au crayon, à l'estompe, ou par tout autre procédé, ce qu'il importe avant tout c'est d'obtenir une mise en place de toutes les parties du modèle.

Pour faciliter les appréciations, MM. les membres du jury auront avantage à adopter les notations suivantes :

1° Ils donneront une première note pour la mise en place de toutes les parties du modèle.

2° Puis une seconde pour le degré d'habileté d'exécution et d'interprétation du caractère du modèle.

Pour le classement définitif, la première note recevra un coefficient égal à 2.

Enfin, si habilement que soit exécutée une partie du dessin, MM. les membres du jury ne pourront accorder une valeur supérieure à la note *Passable* à tout dessin qui ne reproduirait pas un ensemble bien arrêté des grandes lignes du modèle.

La même circulaire contenait la note suivante, relative à l'épreuve du dessin :

« Afin de donner aux aspirantes la possibilité de réussir dans l'épreuve du dessin d'après un relief, l'Administration croit utile d'indiquer aux intéressées les modèles d'après lesquels elles feront bien de travailler pendant la période de préparation.

Cette collection, composée de vingt-quatre pièces distinctes, a été envoyée dans toutes les écoles normales primaires.

Les candidates libres, qui habitent les villes de quelque importance, la trouveront dans presque toutes les écoles municipales de dessin, qui en ont été gratifiées par l'administration des Beaux-Arts ; il suffira qu'elles aient travaillé dans ces écoles pour se préparer dans de bonnes conditions.

Voici la liste de ces modèles :

Solides géométriques : *cube, prisme, cylindre, pyramide, cône.*

Denticules (Temple de Castor et Pollux).

Perles (Temple de Castor et Pollux).

Canaux de larmier (Temple de Castor et Pollux).

Oves du caisson du Temple de Mars vengeur.

Rais de cœur du caisson du Temple de Mars vengeur.

Partie d'ante.

Filet grec du Temple de Mars vengeur.

Frise grecque (restaurée).

Frise du Capitole (3 fragments).

Vase cratère, Vase amphore (style grec, d'après les terres cuites du Musée du Louvre).

La *corniche*, la *frise et l'architrave* ou le *chapiteau* du Théâtre de Marcellus, à Rome (ordre dorique).

Feuille d'acanthe du Temple de Mars vengeur.

Rosaces Renaissance de l'ancien Hôtel de Ville de Paris (dans leurs caissons). »

CERTIFICAT D'APTITUDE PÉDAGOGIQUE

Au moment de leur inscription, les candidats à l'examen du certificat d'aptitude pédagogique doivent :
1° avoir vingt ans révolus au 31 décembre de l'année de l'examen ;

2° posséder au moins le brevet élémentaire ;

3° justifier de deux années d'exercice au moins dans les écoles publiques ou privées.

Le temps passé à l'École normale est compté aux élèves-maîtresses à partir de leur dix-septième année

pour l'accomplissement de ce stage. Sur l'avis du
Conseil départemental, le Ministre peut accorder des
dispenses de stage.

Les commissions d'examen ne tiennent qu'une session par an.

L'inscription au certificat d'aptitude pédagogique
se fait au bureau de l'inspecteur d'Académie quinze
jours avant l'examen.

Toute candidate aura à produire :

1° Une demande d'inscription sur papier timbré
écrite et signée par elle, indiquant l'école à laquelle
elle appartient ou la fonction qu'elle exerce ;

2° Un extrait sur papier timbré de l'acte de naissance (pour les aspirantes mariées, l'acte de mariage ;
pour les aspirantes veuves, l'acte de décès du mari) ;

3° Le brevet élémentaire ou le brevet supérieur ;

4° Un certificat de l'Inspecteur d'Académie constatant qu'elle remplit les conditions de stage exigées.

Les candidates appartenant à l'Enseignement privé
devront indiquer sur leur demande si elles désirent
subir l'épreuve pratique de l'examen dans leur propre
classe ou dans une école publique.

Les candidates qui échouent à l'épreuve pratique ou
à l'épreuve orale conservent, à la session suivante, le
bénéfice de l'admissibilité prononcée à la suite de l'épreuve écrite.

Les candidates pourvues du Certificat de fin d'Études
normales sont dispensées des épreuves autres que l'épreuve pratique.

L'examen se divise en une épreuve écrite (éliminatoire), une épreuve pratique et une épreuve orale.

L'épreuve écrite comprend une composition française sur un sujet élémentaire d'éducation ou d'enseignement.

Elle se fait dans la dernière semaine des grandes vacances, au chef-lieu de chaque arrondissement, sous la surveillance de l'inspecteur primaire ; elle est corrigée ensuite par la commission réunie au chef-lieu du département.

L'épreuve pratique comprend une classe de trois heures faite par chaque candidate dans la classe ou dans l'école qu'elle dirige. Il est procédé à cette épreuve dans le cours de l'année scolaire par une sous-commission nommée par l'inspecteur d'Académie et composée de trois membres au moins. Un inspecteur primaire et une institutrice font, pour les aspirantes, nécessairement partie de chacune de ces sous-commissions.

Les aspirantes peuvent subir l'épreuve pratique dans une école maternelle ; mais, dans ce cas, le certificat qui leur est délivré porte une mention spéciale et ne leur donne droit à exercer comme titulaires que dans les écoles maternelles.

Ces institutrices privées peuvent, sur leur demande, subir l'épreuve pratique dans leur propre classe ou dans une école primaire publique.

L'épreuve orale vient après l'épreuve pratique, et se fait devant la commission réunie.

Elle comprend :

1° Appréciation de cahiers de devoirs mensuels ;

2° Interrogations en rapport avec les autres épreuves déjà subies par la candidate, et portant sur des sujets relatifs à la tenue et à la direction d'une école primaire élémentaire ou maternelle, ou sur des questions de pédagogie pratique.

Le certificat d'aptitude pédagogique est délivré par le Recteur, sur le vu du procès-verbal de la commission d'examen.

CERTIFICAT D'APTITUDE AU PROFESSORAT DES ÉCOLES PRIMAIRES SUPÉRIEURES ET AU PROFESSORAT DES ÉCOLES NORMALES PRIMAIRES.

Les conditions sont les mêmes pour l'examen du certificat d'aptitude au professorat des écoles primaires supérieures et à celui des écoles normales primaires.

Il y a deux sortes de certificats d'aptitude : l'un pour l'ordre des sciences, l'autre pour l'ordre des lettres.

Le Ministre nomme chaque année, pour l'examen des candidats au certificat d'aptitude, une commission pour l'ordre des sciences et une pour l'ordre des lettres.

Chaque commission se compose de cinq membres au moins, auxquels on adjoint, avec voix délibérative, deux directrices ou professeurs d'école normale d'institutrices. On peut adjoindre à ces commissions des examinateurs spéciaux pour l'ordre d'études qu'ils représentent, et qui ont voix délibérative.

L'inscription se fait à Paris, à la Sorbonne, et dans

les départements au bureau de l'inspecteur d'Académie, un mois avant l'examen.

Les candidates doivent, au moment de l'inscription :

1° Indiquer les lieux où elles ont résidé et les fonctions qu'elles ont remplies depuis dix ans;

2° Justifier qu'elles ont vingt et un ans révolus;

3° Qu'elles sont pourvues soit du brevet supérieur, soit de l'un des baccalauréats, soit du diplôme de fin d'études secondaires;

4° Qu'elles ont exercé pendant deux ans au moins dans les écoles publiques ou privées.

Le Ministre fixe les jours de l'examen, qui a lieu vers la fin de l'année scolaire. Il se divise en épreuves écrites (éliminatoires), en épreuves orales et pratiques.

Les épreuves écrites ont lieu au chef-lieu du département, sous la surveillance de l'inspecteur d'Académie ou d'un délégué agréé par le Recteur. Elles comprennent :

I. *Ordre des lettres.* — 1° Une composition sur un sujet de littérature ou de grammaire;

2° Une composition d'histoire ou de géographie;

3° Une composition de morale ou de psychologie appliquée à l'éducation.

4° Une composition de langues vivantes, thème et version (anglais, allemand, italien, espagnol ou arabe, avec emploi de dictionnaires).

II. *Ordre des sciences.* — 1° Une composition de mathématiques;

2° Une composition consistant en une question de

chimie, une question physique et une question de sciences naturelles.

3° Une composition de dessin géométrique et de dessin d'ornement;

4° Une composition sur un sujet de morale ou d'éducation.

Les sujets sont tirés des programmes de l'enseignement des écoles normales primaires.

Les épreuves de chaque ordre ont lieu en quatre jours consécutifs, les mêmes pour toute la France. La commission prononce l'admissibilité aux épreuves orales et pratiques.

Les épreuves orales et pratiques, qui ont lieu à Paris, comprennent :

I. *Ordre des lettres.* — 1° Une leçon sur un sujet tiré au sort et interrogations relatives à ce sujet ou à toute autre partie du programme;

2° Lecture expliquée d'un auteur classique français;

3° Correction d'un devoir d'élève-maîtresse;

4° Explication à livre ouvert d'un texte, anglais allemand, italien, espagnol ou arabe, suivie de questions sur la grammaire d'une de ces langues.

II. *Ordre des sciences.* — 1° Une leçon de mathématiques ou de sciences physiques et naturelles, sur un sujet tiré au sort;

2° Une interrogation sur une autre partie du programme et qui peut être la correction d'un devoir d'élève-maîtresse;

3° Une manipulation de physique ou de chimie et une démonstration d'histoire naturelle sur des sujets tirés au sort.

Chaque commission dresse une liste des candidates qui sont jugées aptes à recevoir le certificat d'aptitude.

Ces listes sont ensuite éprouvées par le ministre qui délivre les certificats.

CERTIFICAT D'APTITUDE A LA DIRECTION DES ÉCOLES NORMALES PRIMAIRES

Au moment de l'inscription, qui a lieu du 1er au 16 juillet, les candidates au certificat d'aptude à la direction des écoles normales primaires doivent justifier :

1° Qu'elles sont âgées de vingt-cinq ans révolus;

2° Qu'elles ont exercé pendant cinq ans au moins dans les établissements publics d'enseignement secondaire ou primaire, dont deux avec les fonctions de directrice d'école annexe ou d'école primaire supérieure;

3° Qu'elles sont pourvues, soit du certificat d'aptitude au professorat des écoles normales primaires, soit de la licence ès-lettres ou ès-sciences, soit du certificat d'aptitude à l'enseignement secondaire spécial ou de deux des baccalauréats.

Le ministre nomme chaque année pour l'examen du certificat d'aptitude une commission composée de cinq membres au moins, auxquels on adjoint deux directrices d'école normale qui ont voix délibérative.

Le ministre fixe l'ouverture de la session d'examen qui a lieu du 15 février au 15 mars.

L'examen comprend : des épreuves écrites (éliminatoires), des épreuves orales et une épreuve pratique.

Les épreuves écrites, subies au chef-lieu du département, ont lieu en deux jours, les mêmes pour toute la France.

Elles consistent en une composition sur un sujet de pédagogie et une composition sur un sujet d'administration scolaire.

La commission prononce l'admissibilité aux épreuves orales et pratiques qui ont lieu à Paris.

Le ministre arrête le programme des matières qui font l'objet des épreuves orales. Celles-ci comportent :

1º L'explication d'un passage d'un des auteurs désignés;

2º L'exposé verbal, après deux heures de préparation à huis-clos, d'une question tirée au sort, sur une des parties du programme.

Pour épreuve pratique, les candidates font un compte rendu oral de l'inspection d'une école normale, primaire supérieure, élémentaire ou maternelle.

La commission dresse, après la fin des examens, la liste des aspirantes qui ont été jugées aptes à recevoir le certificat d'aptitude à la direction des écoles normales primaires.

Cette liste est soumise au ministre, qui l'approuve et délivre les certificats.

CERTIFICAT D'APTITUDE AUX FONCTIONS D'INSPECTRICE DE L'INSTRUCTION PRIMAIRE.

Pour obtenir un certificat d'aptitude aux fonctions d'inspectrice de l'instruction primaire, il faut se présenter devant une commission d'examen, composée de cinq membres au moins.

La session d'examen a lieu, dans le courant du mois de mars, à la date fixée par arrêté ministériel.

Conditions requises :

1° Être âgée de vingt-cinq ans révolus au moment de l'inscription ;

2° Compter cinq ans d'exercice dans les établissements publics d'enseignement supérieur, secondaire ou primaire dont deux au moins passés dans les fonctions de directrive d'école annexe, ou, à défaut, de directrice d'école primaire supérieure publique ;

3° Justifier de la possession de l'un des titres suivants : certificat d'aptitude au professorat des écoles normales, licence ès-lettres ou ès-sciences, certificat d'aptitude à l'enseignement secondaire spécial, baccalauréat ès-lettres et ès-sciences, ou, à défaut de ce dernier, baccalauréat de l'enseignement secondaire spécial.

Les candidates sont tenues de se faire inscrire du 1er au 10 juillet, à Paris, à la Sorbonne, et, dans les départements, au bureau de l'inspecteur d'Académie.

L'examen se compose d'épreuves écrites, qui

sont éliminatoires, d'épreuves orales et d'épreuves pratiques.

Les épreuves écrites, subies au chef-lieu du département en deux jours consécutifs, comprennent deux compositions : l'une sur un sujet de pédagogie; l'autre sur un sujet d'administration scolaire.

La commission prononce l'admission aux épreuves orales et pratiques qui ont lieu à Paris.

Les *épreuves orales*, qui portent sur les matières (pédagogie, législation et administration) énumérées dans un programme spécial arrêté par le ministre, comprennent :

1° L'explication d'un passage pris dans un des auteurs qui ont été désignés pour l'examen de l'année;

2° L'exposé de vive voix d'une question relative à un des points du programme; cette question, tirée au sort, est traitée par la candidate après deux heures de préparation à huis-clos.

L'*épreuve pratique* consiste dans l'inspection d'une école normale, d'une école primaire supérieure, d'une école élémentaire ou d'une école maternelle, inspection suivie d'un compte rendu verbal.

La liste des candidates jugées digne du certificat d'aptitude aux fonctions d'inspectrice primaire est dressée par la commission et soumise à l'approbation du ministre qui délivre les certificats.

CERTIFICAT D'APTITUDE A L'INSPECTION DES ÉCOLES MATERNELLES ET DES CLASSES ENFANTINES

Le certificat d'aptitude à l'inspection des écoles maternelles et des classes enfantines est délivré à la suite d'un examen subi devant une commission nommée chaque année par le ministre.

Les aspirantes doivent se faire inscrire à Paris, à la Sorbonne, et, dans les départements, au bureau de l'inspecteur d'Académie, quinze jours au moins avant l'ouverture de la session ; indiquer les lieux où elles ont résidé et les fonctions qu'elles ont remplies depuis dix ans ; justifier qu'elles sont âgées de vingt-cinq ans au moins au moment de leur inscription ; qu'elles sont pourvues soit du brevet supérieur et du certificat d'aptitude pédagogique, soit du certificat d'aptitude à l'enseignement secondaire des jeunes filles, et qu'elles comptent cinq ans d'exercice dans les établissements publics d'enseignement secondaire ou primaire.

L'examen, qui a lieu dans le courant du mois de mars, se compose d'épreuves écrites, d'une épreuve orale et d'une épreuve pratique.

Les *épreuves écrites*, qui se font le même jour au chef-lieu du département, sont au nombre de deux :

1° une composition sur un sujet de pédagogie appliquée aux écoles maternelles;

2° Une composition sur l'hygiène des écoles mater-

nelles (soins à donner aux enfants, installation et
ameublement des locaux).

L'*épreuve orale* consiste en interrogations :

1° Sur la pédagogie appliquée aux écoles maternelles et sur l'hygiène ;

2° Sur les questions de législation et d'administration concernant ces écoles.

L'*épreuve pratique* consiste en une inspection d'une
école maternelle avec rapport oral à la suite de cette
inspection.

CERTIFICAT D'APTITUDE A L'ENSEIGNEMENT DES LANGUES VIVANTES.

Les candidates au certificat d'aptitude à l'enseignement des langues vivantes dans les établissements
d'enseignement primaire doivent :

1° Être âgées de vingt et un ans révolus au moment
de leur inscription ;

2° Justifier de deux ans d'exercice dans les établissements publics ou privés d'enseignement secondaire
ou primaire, ou d'un temps équivalent de séjour à
l'étranger ;

3° Être pourvues du brevet supérieur ou du diplôme
de fin d'études de l'enseignement secondaire des
jeunes filles.

Chaque année, le Ministre nomme la commission
d'examens, qui siège à Paris.

L'inscription des candidates se fait, à Paris, à la
Sorbonne, et dans les départements au bureau de
l'inspecteur d'Académie, quinze jours au moins avant

la date fixée pour l'examen. Elles doivent produire en même temps :

1° Une demande, dans laquelle elles indiquent la langue sur laquelle elles désirent subir l'examen : allemand, anglais, italien espagnol, arabe ;

2° L'indication des diplômes qu'elles possèdent, des lieux où elles ont résidé et des fonctions qu'elles ont remplies ;

3° Le brevet supérieur ou le diplôme de fin d'études de l'enseignement secondaire des jeunes filles.

L'examen se compose d'épreuves écrites et d'épreuves orales.

Les *épreuves écrites* (éliminatoires) ont lieu au chef-lieu du département et comprennent :

1° Une version ;

2° Un thème ;

3° Une composition d'un genre simple en langue étrangère (lettre ou récit, explication d'un proverbe, d'une maxime, d'un précept de morale ou d'éducation);

4° Une rédaction en français sur une question de méthode d'enseignement des langues vivantes.

On n'autorise pas l'usage de dictionnaires.

Les *épreuves orales*, qui ont lieu à Paris, comportent :

1° La lecture et la traduction d'une page choisie dans un auteur étranger d'une difficulté moyenne, avec explications sur le sens des mots, la construction des phrases et la grammaire ;

2° Un exercice de conversation en langue étrangère sur la page lue ;

3° La traduction à livre ouvert d'un passage d'un prosateur français ;

4° Des questions sur les méthodes d'enseignement des langues vivantes.

Après la clôture des examens, la commission dresse, par ordre de mérite, la liste des candidates qu'elle juge dignes d'obtenir le certificat.

CERTIFICAT D'APTITUDE A L'ENSEIGNEMENT DES LANGUES VIVANTES DANS LES LYCÉES ET COLLÈGES

La date de l'examen pour le certificat d'aptitude à l'enseignement des langues vivantes dans les lycées et collèges (allemand, anglais, italien, espagnol) est fixée chaque année, par le Ministre, au moins six mois d'avance.

La commission instituée pour examiner les aspirantes à ce certificat est composée de trois membres au moins désignés par le Ministre.

Les aspirantes se font inscrire au moins deux mois avant le jour de l'ouverture de l'examen, au secrétariat de l'académie dans laquelle elles résident.

En s'inscrivant, les aspirantes doivent produire leur acte de naissance et soit un diplôme de bachelière ou un titre étranger équivalent, soit le certificat d'aptitude à l'enseignement des classes élémentaires, soit le certificat d'aptitude au professorat des écoles normales primaires, soit le brevet de capacité supérieur de l'enseignement primaire, soit le diplôme d'études secondaires des jeunes filles.

Chaque aspirante doit, en outre, déposer, en s'inscrivant, un *curriculum vitæ*.

Dans ce curriculum, écrit en entier et signé par elle, elle fera connaître ses antécédents, l'établissement où les établissements auxquels elle a été attachée, soit comme élève, soit comme professeur, les fonctions diverses qu'elle a remplies, celles qu'elle exerce en ce moment et depuis quand elle les exerce.

Le recteur doit donner avis des inscriptions, dans les huit jours, au Ministre de l'Instruction publique, en y joignant ses observations.

La liste des aspirantes est définitivement arrêtée par le Ministre et les candidates admises à prendre part aux épreuves sont averties quinze jours au moins avant l'ouverture du concours.

Les épreuves du certificat d'aptitude à l'enseignement des langues vivantes sont de deux sortes : les épreuves préparatoires et les épreuves définitives.

Les épreuves préparatoires consistent en compositions qui se font soit à Paris sous la surveillance d'un des membres du jury, soit hors de Paris au chef-lieu académique sous l'autorité du recteur et sous la surveillance d'inspecteurs d'académie, de professeurs de facultés ou de lycées désignés par le recteur.

Avant de subir les épreuves préparatoires, chaque aspirante appose sa signature sur une feuille disposée à cet effet en y joignant l'indication de ses grades universitaires ou des titres qui y sont assimilés.

Cette signature est reproduite sur chacune des compositions. Les sujets des compositions sont donnés par le président du jury sous l'approbation du Ministre.

Le jury dresse d'après le résultat des épreuves préparatoires une liste par ordre alphabétique des aspirantes admises à prendre part aux épreuves définitives.

Cette liste est transmise au Ministre et rendue publique.

Les épreuves définitives sont subies à Paris.

Les aspirantes sont tenues à peine d'exclusion de subir toutes les épreuves aux jours et heures qui leur sont indiqués.

Aucune excuse n'est admise si elle n'est jugée valable par le jury.

Les épreuves préparatoires comprennent :

1° Un thème ;

2° Une version ;

3° Une composition française sur un sujet de grammaire ou sur un sujet se rapportant à la pédagogie spéciale des langues vivantes.

La durée de chacune de ces compositions est de trois heures.

Aucun dictionnaire ni lexique n'est autorisé.

Les épreuves définitives consistent :

1° En un thème oral ;

2° En une version orale ;

3° En une leçon grammaticale et une conversation dans la langue étrangère choisie par la candidate ;

4° En deux interrogations : l'une sur la littérature française, l'autre sur la littérature étrangère.

Les commentaires se font tour à tour en français et dans la langue étrangère.

La liste des auteurs à expliquer est publiée chaque année par le Ministre avant le 1er octobre.

La prononciation du français et de la langue étrangère est l'un des éléments essentiels de l'appréciation du jury.

Le jury apprécie la valeur des épreuves de chaque aspirante, la dernière épreuve terminée, et désigne par ordre de mérite celles qu'il estime dignes d'obtenir le certificat d'aptitude. La voix du président, en cas de partage, est prépondérante.

Le procès-verbal de toutes les opérations, séance par séance, est dressé par un des juges remplissant les fonctions de secrétaire et signé par tous. Chacun d'eux peut y joindre ses observations particulières.

Ce procès-verbal est transmis au Ministre avec un rapport du président du jury.

Un délai de dix jours est accordé pendant lequel toute concurrente ayant pris part à tous les actes de l'examen peut se pourvoir devant le Ministre contre les résultats du dit examen mais seulement pour violation des formes prescrites.

L'institution n'est donnée qu'après l'expiration de ce terme et le jugement des réclamations qui seraient intervenues.

CERTIFICAT D'APTITUDE A L'ENSEIGNEMENT DU TRAVAIL MANUEL

Les aspirantes au certificat d'aptitude à l'enseignement du travail manuel doivent :

1° Être âgées de vingt et un ans révolus au moment de leur inscription ;

2° Être pourvues du brevet supérieur ou du diplôme de fin d'études de l'enseignement secondaire des jeunes filles.

Une commission, siégeant à Paris, est nommée chaque année par le Ministre pour examiner les aspirantes.

L'inscription a lieu, à Paris, à la Sorbonne, et dans les départements à l'Inspection académique. Les aspirantes sont tenues, au moment de leur inscription, d'indiquer les lieux où elles ont résidé et les fonctions qu'elles ont remplies depuis dix ans, et de fournir les justifications requises ci-dessus.

Les aspirantes doivent se faire inscrire un mois au moins avant l'examen, qui a lieu à la fin de l'année scolaire aux jours fixés par le Ministre. La liste des candidates est arrêtée par le Ministre.

L'examen se compose :

1° D'une composition sur une question d'économie domestique ;

2° D'une composition de dessin d'ornement spécialement appliquée aux travaux d'aiguille ;

3° D'une épreuve pratique portant sur un ou plusieurs des exercices que comporte le programme du travail manuel pour les filles dans les écoles normales et les écoles primaires supérieures.

Les compositions se font à Paris, en deux jours consécutifs.

Après la clôture des examens, la commission dresse, par ordre de mérite, la liste des aspirantes qu'elle juge dignes d'obtenir le certificat d'aptitude au travail manuel, et la soumet au Ministre, qui délivre les certificats.

CERTIFICAT D'APTITUDE A L'ENSEIGNEMENT DU DESSIN

Les aspirantes au certificat d'aptitude à l'enseignement du dessin doivent justifier qu'elles ont dix-huit ans au moment de leur inscription.

Elles doivent se faire inscrire, à Paris, à la Sorbonne, et dans les départements à l'Inspection académique, un mois au moins avant l'examen, qui a lieu vers la fin de l'année scolaire aux jours fixés par le Ministre.

Une commission, siégeant à Paris, est nommée chaque année par le Ministre, pour examiner les aspirantes à l'enseignement du dessin d'imitation et du dessin géométrique.

Les examens sont de deux degrés.

PREMIER DEGRÉ

1° *Épreuves graphiques.*

I. — Mise en perspective d'un objet simple, tel que : solide géométrique, fragment d'architecture, vase simple, balustre, etc.

La candidate est tenue de donner sur la même feuille : 1° un dessin ombré de l'objet placé devant elle ; 2° un plan, une élévation et, s'il y a lieu, une coupe du même objet.

II. — Dessin d'un ornement en relief : rinceau, rosace ou chapiteau ;

III. — Dessin d'une figure d'après l'antique (plâtre).

Ces épreuves sont éliminatoires (arrêté ministériel du 3 janvier 1885).

2° Épreuves orales.

Explications orales sur la représentation géométrale et sur la mise en perspective d'un objet simple : tabouret, table, piédestal, moulure, vase, etc. Question sur les ombres. Dessiner au tableau un fragment d'architecture (explications orales).

Dessiner au tableau et expliquer sommairement la structure et les proportions de l'homme.

3° Épreuves pédagogiques.

Correction d'un dessin de perspective, d'un dessin de figure, explications orales sous forme de leçons.

DEGRÉ SUPÉRIEUR

1° Épreuves graphiques.

I. — Mise en perspective d'un objet tel que : objet usuel, fragment d'architecture, vase orné, chapiteau, etc.

II. — Dessin d'une figure d'après l'antique.

Ces deux épreuves sont éliminatoires.

III. — Dessin d'un ornement en relief.

IV. — Dessin d'une figure entière d'après nature.

V. — Dessin d'une tête d'après nature et de grandeur naturelle.

VI. — Épreuve d'anatomie.

2° Épreuves orales.

I. — Explications orales sur la représentation géométrale et sur la mise en perspective d'un objet simple : tabouret, table. piédestal, moulures, etc. Questions sur les ombres.

II. — Dessiner au tableau un fragment d'architecture (explication orale).

III. — Dessiner au tableau et expliquer sommairement la structure et les proportions de l'homme.

3° Épreuves pédagogiques.

I. — Correction d'un dessin de perspective.

II. — Correction d'un dessin d'ornement.

III. — Correction d'un dessin de figure.

Dans ces trois corrections qui devront affecter la forme de leçons, le candidat sera tenu de répondre aux diverses questions des membres du jury, sur la perspective, l'ornement et l'anatomie.

Après la clôture des examens le Jury dresse par ordre de mérite une liste des candidats jugés dignes d'obtenir le certificat et soumet à l'approbation du Ministre, qui délivre les certificats.

CERTIFICAT D'APTITUDE A L'ENSEIGNEMENT DE LA COMPOSITION DÉCORATIVE

Ce   tificat s'obtient à la suite d'un examen qui comprend deux sortes d'épreuves : les unes éliminatoires, les autres définitives.

Les premières sont les suivantes ;

1° Croquis d'après le modèle vivant ;

2° Esquisse d'une composition dans un style déterminé ;

3° Dessin ou aquarelle documentaire d'après la plante :

A — Étude d'après nature ;

B — Exercice de stylisation.

Quant aux secondes, les voici :

4° Esquisse et rendu d'une composition sur un sujet déterminé ;

5° Leçon orale, au tableau, sur une question de l'histoire de l'art et sur un sujet déterminé.

Toutes les aspirantes âgées de vingt ans peuvent prendre part à cet examen.

CERTIFICAT D'APTITUDE A L'ENSEIGNEMENT DE LA COMPTABILITÉ

Une commission est nommée chaque année par le Ministère de l'Instruction publique pour examiner les candidates au certificat d'aptitude à l'enseignement de la comptabilité.

Les candidates sont tenues de se faire inscrire à Paris, à la Sorbonne et dans les départements, au bureau de l'Inspecteur d'académie, un mois au moins avant l'ouverture de la session.

L'examen a lieu aux jours fixés par le Ministre.

Il se compose de trois séries d'épreuves, savoir :

1° Épreuves écrites qui ont lieu au chef-lieu du département et qui sont éliminatoires ;

2° Épreuves orales ;

3° Épreuves pratiques.

Ces deux dernières séries d'épreuves ont lieu à Paris.

Les épreuves écrites comprennent :

1° Une composition sur un sujet de commerce ;

2° Une composition sur un sujet de comptabilité. Ces deux compositions sont appréciées au point de vue professionnel et au point de vue de la rédaction.

3° Une composition sur un sujet emprunté au programme et appliquée au commerce.

Cinq heures sont accordées pour les deux compositions de commerce et de comptabilité, trois heures pour la composition d'arithmétique. Les épreuves ont lieu en deux jours consécutifs.

Les épreuves orales comprennent des interrogations :

1° Sur le commerce;

2° Sur la comptabilité;

3° Sur l'arithmétique appliquée au commerce;

4° Sur la législation commerciale.

Les épreuves pratiques comprennent :

1° Une leçon orale;

2° Une correction de devoir.

Après la clôture des examens la Commission dresse, par ordre de mérite, la liste des candidates qu'elle juge dignes d'obtenir le certificat.

Cette liste est soumise à l'approbation du Ministre qui délivre les certificats.

CERTIFICAT D'APTITUDE A L'ENSEIGNEMENT DU CHANT

Une commission siégeant à Paris et nommée chaque année par le Ministre de l'Instruction publique est chargée d'examiner les aspirantes au certificat d'aptitude à l'enseignement du chant.

Pièces à produire : demande d'inscription sur timbre,

acte de naissance sur timbre ; pour les femmes, acte de mariage, et pour les veuves, acte du décès du mari.

L'examen se fait entièrement à Paris et comprend deux séries d'épreuves :

Des *épreuves écrites éliminatoires*, qui comportent :

1° Une dictée d'orthographe ;

2° Une dictée musicale, phrase par phrase, sans accompagnement ;

3° La réalisation écrite, à quatre parties vocales, d'une basse chiffrée et d'un chant donné (accords parfaits et accords de septième de dominante, de septième de sensible, de septième diminuée, avec leurs renversements).

Des *épreuves orales définitives*, qui comprennent :

1° La lecture à première vue sans accompagnement d'une leçon de solfège sur la clef de *sol* et sur la clef de *fa* suivant la voix de la candidate ;

2° Le chant d'une mélodie avec paroles, choisie par l'aspirante ;

3° Lecture à haute voix ;

4° L'exécution à première vue d'une leçon de solfège avec changements de clef ;

5° Des interrogations sur la théorie musicale ;

6° Une leçon théorique et pratique professée au tableau par l'aspirante.

Aussitôt les examens terminés, la commission dresse, par ordre de mérite, la liste des aspirantes jugées dignes d'obtenir le certificat, et transmet cette liste à l'approbation du Ministre, qui délivre les certificats.

CERTIFICAT D'APTITUDE A L'ENSEIGNEMENT DE LA GYMNASTIQUE

Une commission est nommée chaque année par le recteur de chaque académie pour examiner les candidates. Elle siège au chef-lieu de chaque département.

Les candidates doivent se faire inscrire quinze jours avant l'examen, justifier qu'elles ont dix-huit ans révolus au moment de leur inscription et joindre à leur demande d'inscription l'indication des lieux où elles ont résidé et des fonctions qu'elles ont remplies.

L'examen comprend des épreuves orales et pratiques.

L'examen oral se compose d'interrogations sur les sciences qui trouvent leur application dans l'étude de la gymnastique (mécanique, anatomie, hygiène).

L'examen pratique consiste en l'exécution de cinq exercices gymnastiques et en la direction d'exercices gymnastiques faits par un groupe d'élèves.

Après la clôture des examens la commission dresse par ordre de mérite la liste des candidates jugées dignes et la soumet à l'approbation du ministre.

CERTIFICAT D'APTITUDE A L'ENSEIGNEMENT ÉLÉMENTAIRE DES TRAVAUX DE COUTURE

Une commission, siégeant au chef-lieu du département, est chargée d'examiner les aspirantes au certificat d'aptitude à l'enseignement élémentaire des travaux de couture.

L'inscription se fait huit jours au moins avant l'examen, qui a lieu aux époques fixées par l'inspecteur d'Académie.

La date de la session d'examen est annoncée par la voie du Bulletin départemental, au moins un mois à l'avance.

Sont admises les institutrices communales et libres possédant le brevet élémentaire. Elles doivent déposer, avec une demande écrite et signée de leur main, leur acte de naissance et leur brevet de capacité.

L'examen comprend cinq épreuves :

1° Tracé d'un patron de corsage de femme ou d'enfant et d'un patron d'objet de lingerie d'après une méthode scolaire de coupe (3 heures).

Pour ces deux épreuves de dessin, les aspirantes sont autorisées à consulter leur méthode;

2° Exécution d'un objet de lingerie d'après le patron dessiné (3 heures) ;

3° Coupe et assemblage du corsage. Essayage : indication par l'aspirante des rectifications à faire ;

4° Rectifications, couture d'une partie du corsage ;

5° Leçon au tableau.

Deux questions sont tirées au sort par l'aspirante, qui doit faire preuve de son aptitude à l'enseignement du travail manuel dans chacun des cours des écoles primaires (élémentaire, moyen, supérieur, complémentaire).

L'appréciation de chaque épreuve donne droit à une note de 0 à 20.

Pour être admise, l'aspirante doit avoir obtenu :

1° Au moins 55 points au total ;

2° La note 11 au minimum pour les troisième et cinquième épreuves.

La commission dresse, aussitôt la clôture des examens, la liste des aspirantes, par ordre de mérite, jugées dignes du certificat d'aptitude.

L'inspecteur d'Académie approuve la liste et délivre les certificats.

CERTIFICAT D'APTITUDE A L'ENSEIGNEMENT DE LA COMPTABILITÉ

Ce certificat est délivré dans les mêmes conditions que les précédents, à la suite d'un examen auquel les candidates ne peuvent se présenter qu'à l'âge de 21 ans et si elles possèdent le brevet supérieur ou le diplôme d'une école supérieure de commerce.

Sont également admises à se présenter celles qui justifient de l'exercice de la profession de comptable pendant trois ans dans une maison de commerce ou dans une banque.

Les épreuves comprennent trois séries :

1° Épreuves écrites : compositions sur un sujet de commerce, sur un sujet de comptabilité et sur l'arithmétique appliquée ;

2° Épreuves orales ; interrogations sur les matières de l'écrit, plus une question de législation commerciale ;

3° Épreuves pratiques ; leçon orale et correction d'un devoir.

ENSEIGNEMENT SECONDAIRE

La loi du 21 décembre 1880 a organisé en France cet enseignement et a créé des lycées de jeunes filles, des collèges et des cours d'enseignement secondaire.

Aux termes de cette loi, les lycées et collèges de filles sont créés par l'État avec le concours des départements et des communes. Ces établissements sont des externats. Des internats peuvent y être annexés sur la demande des conseils municipaux et après entente entre eux et l'État. Dans ce cas, les établissements sont soumis au même régime que les collèges communaux. Des bourses sont créées par l'État, les départements et les communes. Le nombre en est fixé dans le traité passé entre l'État et le département ou la commune. L'enseignement comprend : l'instruction morale, la langue française, la lecture à haute voix et au moins une langue vivante; les littératures anciennes et modernes; la géographie et la cosmographie; l'histoire nationale et un aperçu de l'histoire générale; l'arithmétique, les éléments de la géométrie, de la chimie, de la physique, de l'histoire naturelle; l'hygiène; l'économie domestique; les travaux à l'ai-

guille; des notions de droit usuel; le dessin; la musique; la gymnastique. L'enseignement religieux est
donné, sur la demande des parents, par les ministres
des différents cultes, dans l'intérieur des établissements, en dehors des heures de classes. Les ministres
des différents cultes doivent être agréés par le Ministre,
et, dans aucun cas, ils ne résident dans l'établissement. Chaque lycée ou collège est placé sous l'autorité
d'une directrice. L'enseignement est donné par des
professeurs munis de diplômes réguliers. Un diplôme
dit *de fin d'études secondaires* est délivré aux élèves
qui subissent avec succès un examen après la cinquième année.

Afin de pourvoir les lycées et collèges de jeunes filles
d'un personnel de professeurs-femmes capable de
donner le nouvel enseignement, la loi du 26 juillet 1881
a créé, à Sèvres, une école normale supérieure d'enseignement secondaire des filles.

PLAN D'ÉTUDES
POUR L'ENSEIGNEMENT SECONDAIRE
DES JEUNES FILLES

Afin de bien faire comprendre l'esprit qui a présidé
à l'organisation des lycées et collèges de jeunes filles,
nous croyons devoir reproduire ci-après quelques
extraits du rapport présenté à ce sujet, en 1881, au
Conseil supérieur de l'Instruction publique, par
M. Marion, membre du Conseil, et rapporteur.

« Le premier point à fixer était la durée de l'enseignement que nous avons à organiser.

« D'un commun accord, on a pensé qu'il devait commencer vers douze ans et se prolonger jusqu'à dix-sept, mais que cette durée normale de cinq années serait utilement divisée en deux périodes. Dans une première période de trois années seraient donnés les enseignements strictement obligatoires, afin que les jeunes filles, nombreuses, on peut le craindre, que leurs familles reprendront vers l'âge de quinze ans, ne quittent pas le collège sans avoir reçu le bénéfice réel de l'instruction secondaire. Elles emporteraient un ensemble bien lié de connaissances bien digérées et de bonnes habitudes d'esprit; un examen permettrait de s'en assurer et un certificat en ferait foi.

« La deuxième période serait de deux années, dans lesquelles les jeunes filles qui auraient du temps et du zèle recevraient une culture plus relevée.

« Seul, l'enseignement de la première période sera donné dans des classes proprement dites ; celui de la deuxième consistera en *cours*, dont une partie seulement sera obligatoire et commune; le reste sera facultatif, pour permettre à chaque élève de chercher sa voie, de choisir selon ses aptitudes et ses besoins.

« Votre Commission a dû toutefois se demander s'il n'y aurait pas lieu d'introduire un certain ordre jusque dans ces cours facultatifs, en indiquant par exemple à l'élève deux directions dominantes : l'une littéraire, l'autre scientifique.

« Cette division a paru désirable pour la bonne discipline de l'esprit, pour l'unité et le sérieux des études, à condition d'éviter avec soin tout ce qui pourrait la faire ressembler à la bifurcation, si justement décriée.

Tous les cours principaux, tant scientifiques que littéraires, demeurent obligatoires jusqu'au bout; les cours facultatifs eux-mêmes seront disposés de telle sorte qu'une jeune fille puisse à la rigueur les suivre tous; les élèves enfin seront conseillées, guidées dans leur choix, jamais contraintes.

En un mot, tout en subordonnant la liberté des familles aux nécessités d'une éducation méthodique, la Commission s'est prononcée hautement pour cet essai de liberté, depuis longtemps réclamé.

Elle estime que c'était le cas ou jamais, dans la constitution d'un enseignement nouveau, de faire cette heureuse innovation.

« A la fin de la cinquième année, un diplôme sera délivré (c'est la loi même qui le veut); nous ajoutons : sera délivré à la suite d'un examen portant sur les matières obligatoires, avec interrogations sur les matière des cours facultatifs suivis par les élèves.

Le vœu unanime de la Commission est qu'on ne laisse pas dégénérer cet examen en une sorte de baccalauréat, exigeant au dernier moment un effort de mémoire, et comportant, par suite, une préparation plus ou moins hâtive; ce qu'elle conçoit, c'est un diplôme de fin d'études donné dans l'intérieur de la maison, sous le contrôle d'un représentant de l'État. On le méritera presque sûrement par le seul fait d'avoir suivi tout le cours d'études, si dès le commencement ont lieu, comme nous le demandons, de sérieux examens de passage. Ces examens de passage devront porter sur toutes les matières étudiées par l'élève, y compris les matières facultatives, dans la période qui en comporte. »

On compte aujourd'hui 23 lycées de jeunes filles établis dans les villes suivantes : Amiens, Besançon, Bordeaux, Bourg, Charleville, Guéret, Le Havre, Lyon, Mâcon, Mantes, Montauban, Montpellier, Moulins, Nice, Paris (lycée Fénelon, Lycée Lamartine, lycée Racine, lycée Victor-Hugo et lycée Molière), Reims, Roanne, Rouen, Saint-Étienne, Toulouse et Tournon.

Et 20 collèges établis à Abbeville, Agen, Alais, Albi, Armentières, Auxerre, Avignon, Béziers, Cahors, Cambrai, Carpentras, Chalon-sur-Saône, Chartres, La Fère, Grenoble, Lille, Lons-le-Saunier, Louhans, Marseille, Saumur, Saint-Quentin, Tarbes, Valenciennes, Vic-Bigorre, Vitry-le-François et Oran.

PERSONNEL

L'administration des collèges et des lycées de jeunes filles se compose généralement d'une directrice, d'une économe et de maîtresses répétitrices. Les établissements comptant plus de cent élèves ont aussi une surveillante générale.

Les directrices sont choisies parmi les personnes pourvues de l'un des titres suivants : agrégation ou certificat d'aptitude à l'enseignement secondaire des jeunes filles, licence ès-lettres ou ès-sciences, certificat d'aptitude à la direction des écoles normales, diplôme de fin d'études secondaires des jeunes filles, brevet primaire supérieur.

Les personnes pourvues seulement du diplôme de fin d'études ou du brevet supérieur ne peuvent être nommées que si elles comptent au moins dix ans de service dans l'enseignement.

Les traitements des directrices des lycées sont ainsi fixés :

Agrégées (4 classes) : 5.000 à 6.500 francs ;

Licenciées ou pourvues du certificat d'aptitude, soit à l'enseignement secondaire, soit à l'enseignement des langues vivantes (4 classes) : 4.500 à 6.000 francs ;

Directrices pourvues du brevet primaire supérieur : 4.000 à 5.500 francs ;

Le traitement des directrices de collège est de 2.600, 3.000, 3.500, 4.000 francs, suivant la classe.

Les directrices des lycées et collèges sont en outre logées dans l'établissement.

Les économes des lycées de jeunes filles doivent, comme ceux des lycées de garçons, fournir un cautionnement. Leur traitement, qui est au début de 2.400 francs, peut être augmenté de 400 francs tous les cinq ans, jusqu'au chiffre maximum de 3.600 francs, qui est celui de la première classe.

Les surveillantes générales n'existent que dans les lycées comptant plus de cent élèves demi-pensionnaires ou externes surveillées.

Il y a dans chaque lycée une maîtresse répétitrice par groupe de trente élèves surveillées ou demi-pensionnaires.

Ces maîtresses doivent être pourvues du diplôme de fin d'études ou, à défaut, du brevet supérieur de l'enseignement primaire.

Les traitements des maîtresses répétitrices des

lycées sont ainsi fixés : 1re classe, 2.400 francs; 2ᵉ classe, 2.100; 3ᵉ classe, 1.800; 4ᵉ classe, 1.500. Les maîtresses répétitrices ont droit au logement.

Le personnel enseignant des lycées et collèges de jeunes filles se compose de professeurs-femmes titulaires, de maîtresses chargées de cours, et d'instituteurs primaires chargées des classes préparatoires.

Chaque établissement possède en outre, une maîtresse de travaux à l'aiguille, une maîtresse de dessin, une maîtresse de musique vocale et une maîtresse de gymnastique.

Les professeurs titulaires sont choisies parmi les agrégées de l'enseignement secondaire des jeunes filles et les agrégées des langues vivantes.

Toutefois, des personnes pourvues seulement soit du certificat d'aptitude à l'enseignement secondaire des jeunes filles, soit de la licence ès-lettres ou ès-sciences, ou du certificat d'aptitude à l'enseignement des langues vivantes, peuvent être nommées *chargées de cours* dans les lycées.

Ces derniers titres sont les seuls exigibles pour être professeur titulaire dans un collège de jeunes filles. Les maîtresses chargées de cours dans ces derniers établissements doivent seulement être pourvues d'un baccalauréat, du diplôme de fin d'études secondaires, ou du brevet supérieur de l'enseignement primaire.

TRAITEMENTS. — Les traitements de professeurs des lycées et collèges de jeunes filles sont ainsi fixés :

Lycées : Professeurs titulaires agrégées, 3.000 fr., 3.500, 3.800 et 4.200, suivant la classe.

Institutrices primaires, 1.800 francs, 2.100, 2.400 et 2.700.

Collèges : Professeurs titulaires, 2 500 francs, 2.800, 3.000 et 3.400.

Maîtresses chargées de cours, 1.800 francs, 2 000, 2.400, 2.700.

Institutrices primaires, 1.600 francs, 1.800, 2.000, 2.400 suivant la classe.

Une allocation de 500 francs par an est accordée aux professeurs pourvues d'une agrégation de l'ordre des lycées de garçons.

Les maîtresses de dessin, de musique, de gymnastique, de travaux à l'aiguille, doivent être pourvues du certificat d'aptitude exigé pour chacun de ces enseignements.

Elles sont nommées sur la proposition de la directrice, après approbation du Recteur.

Leurs traitements sont ainsi fixés :

Maîtresses de travaux à l'aiguille 12 heures par semaine). Lycées de Paris : 1re classe, 3.200 francs ; 2e classe, 2.900 ; 3e classe, 2.600 ; 4e classe, 2.300.

Lycées des départements : 1re classe, 2.700 francs ; 2e classe, 2.400 ; 3e classe, 2.100 ; 4e classe, 1.800.

Collèges communaux : 1re classe, 2.400 francs ; 2e classe 2.000 ; 3e classe, 1.800 ; 4e classe, 1.600.

Maîtresses de dessin (16 heures par semaine). Lycées de Paris 1re classe, 3.000 francs ; 2e classe, 2.700 ; 3e classe, 2.400.

Lycées des départements et collèges communaux : 1re classe, 2.400 fr. ; 2e classe, 2.100 ; 3e classe, 1.800.

Maîtresses de gymnastique (16 heures par semaine). Lycées de Paris : 1re classe, 2.000 francs ; 2e classe, 1.800 ; 3e classe, 1.600.

Lycées des départements et collèges communaux : 1re classe, 1.600 fr. ; 2e classe, 1.400 ; 3e classe, 1.200.

Maîtresses de chant (12 heures par semaine). Lycées de Paris : 1re classe, 2 200 fr. ; 2e classe, 2.000 ; 3e clases, 1.800 ; 4e classe, 1 600.

Lycées des départements : 1re classe, 1.800 fr. ; 2e classe, 1.600 fr. ; 3e classe, 1.400 ; 4e classe, 1.200.

Collèges communaux : 1re classe, 1.600 fr. ; 2e classe, 1.400 ; 3e classe, 1,200 fr. ; 4e classe, 1,000

Les heures supplémentaires d'enseignement demandées à ces maîtresses sont rétribuées au moyen d'indemnités calculées à raison de 100 à 150 fr. par heure et par an.

AGRÉGATION POUR L'ENSEIGNEMENT SECONDAIRE DES JEUNES FILLES

Un concours a lieu chaque année pour l'agrégation de l'enseignement secondaire des jeunes filles dans l'ordre des lettres et dans l'ordre des sciences.

Pour prendre part aux épreuves du concours, les aspirantes doivent être pourvues, depuis un an au moins, soit du certificat d'aptitude à l'enseignement secondaire des jeunes filles, soit d'une des licences ès lettres ou ès sciences.

La date du concours est fixée chaque année par arrêté ministériel.

Les inscriptions sont reçues au secrétariat des académies.

Les aspirantes doivent produire en s'inscrivant :
1° leur acte de naissance ; 2° l'un des diplômes ci-
dessus spécifiés ; 3° une notice individuelle.

Elles font connaître en même temps si elles se présentent dans l'ordre des lettres ou dans l'ordre des
sciences.

La liste des aspirantes est arrêtée définitivement
par le Ministre.

L'examen comprend des épreuves écrites et des
épreuves orales.

Les épreuves écrites sont éliminatoires. Elles se
font au chef-lieu de chaque académie.

Deux compositions ne peuvent avoir lieu le même
jour.

Les épreuves orales sont subies à Paris.

Toutes les épreuves écrites et orales concourent
au classement définitif.

La nature et la durée des épreuves dans *l'ordre des
lettres* sont déterminées ainsi qu'il suit :

Épreuves écrites : 1° une composition sur un sujet
de morale ou d'éducation (pour les deux sections).

2° Une version de langue vivante (pour les deux
sections).

3° Une composition sur un sujet d'histoire (pour la
section d'histoire) et une composition littéraire (pour
la notion des lettres).

Épreuves orales (section des lettres) : 1° Lecture et
explication d'un texte français (avec commentaire
grammatical, littéraire et historique) ;

2° Leçon sur une question de morale ;

3° Explication d'un texte de langue vivante ;

4° Exposé sur un sujet de langue française ou de grammaire ;

Épreuves orales (section d'histoire) : 1° Leçon sur un sujet d'histoire ;

2° Leçon sur un sujet de géographie avec croquis au tableau s'il y a lieu ;

3° Explication d'un texte de langue vivante.

Les textes à expliquer sont choisis dans les ouvrages portés au programme de l'enseignement secondaire des jeunes filles.

Les leçons sont tirées au sort parmi les questions énumérées au même programme.

Les interrogations de langues vivantes portent sur les auteurs désignés audit programme (4° et 5° années).

Le jury doit tenir compte aux aspirantes de leur aptitude pour la diction.

La nature et la durée des épreuves dans *l'ordre des sciences* sont déterminées ainsi qu'il suit :

Épreuves écrites (section de mathématiques) : 1° Une composition d'arithmétique et d'algèbre ;

2° Une composition de géométrie et de cosmographie ;

3° Une composition sur un sujet de morale ou d'éducation ;

Épreuves écrites (section des sciences physiques et naturelles) :

1° Une composition de physique ;

2° Une composition d'histoire naturelle ;

3° Une composition sur un sujet de morale ou d'éducation.

Épreuves orales (section des mathématiques) :
1° Une leçon de mathématiques ;

Épreuves orales (sciences physiques et naturelles) :
1° Une leçon de physique et de chimie ;

2° Une leçon d'histoire naturelle.

Les épreuves écrites et les leçons portent sur les sujets énoncés au programme de l'enseignement secondaire des jeunes filles.

CERTIFICAT D'APTITUDE A L'ENSEIGNEMENT SECONDAIRE DES JEUNES FILLES

Une session d'examens a lieu chaque année pour la délivrance du certificat d'aptitude à l'enseignement secondaire des jeunes filles dans l'ordre des lettres et dans l'ordre des sciences.

Pour se présenter à ces examens, les aspirantes doivent produire soit le diplôme de fin d'études secondaire des jeunes filles, soit un diplôme de bachelier, soit le brevet supérieur de l'enseignement primaire.

Les examens ont lieu à la fin de l'année scolaire ; la date en est fixée par le ministre.

Les inscriptions sont reçues au secrétariat des académies.

Les aspirantes produisent en s'inscrivant :

1° Leur acte de naissance constatant qu'elles ont vingt ans accomplis au 1er juillet de l'année où elles se présentent ;

2° L'un des diplômes ci-dessus spécifiés ;

3° Une notice individuelle.

Elles font connaître en même temps si elles se présentent pour les lettres ou pour les sciences.

L'examen comprend des épreuves écrites et orales qui concourent au classement définitif.

Les épreuves écrites se font au chef-lieu de chaque académie.

Deux compositions ne peuvent avoir lieu le même jour.

Les épreuves orales sont subies à Paris.

La nature et la durée des épreuves dans *l'ordre des lettres* sont déterminées ainsi qu'il suit :

Épreuves écrites : 1° Une composition sur un sujet de langue ou de littérature française ;

2° Une composition sur un sujet de morale ou de psychologie ;

3° Une composition sur un sujet d'histoire ;

4° Une composition sur les langues vivantes (allemand ou anglais, thème et version).

Épreuves orales : 1° Lecture d'un texte français (avec commentaire historique, grammatical et littéraire).

Le jury tiendra compte aux aspirantes de leur aptitude pour la diction ;

2° Leçon ou interrogation sur l'histoire ;

3° Leçon ou interrogation sur la géographie (avec croquis au tableau s'il y a lieu) ;

4° Interrogation sur la morale ;

5° Interrogation sur les langues vivantes (allemand ou anglais).

La liste des ouvrages dans lesquels doivent être choisis les textes à expliquer et ceux sur lesquels doivent porter les interrogations relatives à la diction est arrêtée chaque année par le Ministre.

La composition écrite et la leçon d'histoire portent sur un sujet tiré de l'histoire de France et des principaux États de l'Europe pendant la période de 1815 à 1815 ; les interrogations sur l'ensemble du programme de l'enseignement secondaire des jeunes filles.

Le sujet de la leçon est tiré au sort.

Les interrogations de géographie portent sur la géographie générale des cinq parties du monde.

Les interrogations de morale portent sur les questions énoncées au programme de l'enseignement secondaire des jeunes filles ; les interrogations de langues vivantes, sur les auteurs désignés par arrêté ministériel.

La nature et la durée des épreuves dans l'*ordre des sciences* sont déterminées ainsi qu'il suit :

Épreuves écrites : 1° Une composition de mathématiques ;

2° Une composition de physique et de chimie ;

3° Une composition d'histoire naturelle ;

4° Une composition sur un sujet de littérature ou de morale.

Épreuves orales : 1° Interrogation sur les mathématiques.

2° Interrogation sur la physique et la chimie ;

3° Interrogation sur l'histoire naturelle ;

4° Lecture d'un texte français.

Dans cette dernière épreuve le jury tient compte aux aspirantes de leur aptitude pour la diction ;

5° Interrogation sur les langues vivantes (allemand ou anglais), avec thème au tableau.

Les épreuves écrites scientifiques et les interrogations portent sur les sujets énoncés au programme de l'enseignement secondaire des jeunes filles.

Les interrogations de langues vivantes portent sur les auteurs désignés audit programme (4ᵉ et 5ᵉ années).

CERTIFICAT D'APTITUDE A L'ENSEIGNEMENT DES LANGUES VIVANTES

La date de l'examen pour le certificat d'aptitude à l'enseignement des langues vivantes dans les lycées et collèges de jeunes filles (allemand, anglais, italien, espagnol), est fixée, chaque année, par le Ministre, au moins six mois d'avance.

La commission instituée pour examiner les aspirantes à ce certificat est composée de trois membres au moins désignés par le Ministre.

Les aspirantes se font inscrire, au moins deux mois avant le jour de l'ouverture de l'examen, au secrétariat de l'académie dans laquelle elles résident.

En s'inscrivant, les aspirantes au certificat d'aptitude doivent produire :

1º Leur acte de naissance ;

2º Soit un diplôme de bachelier ou un titre étranger reconnu équivalent, soit le certificat d'aptitude à l'enseignement spécial (lettres), soit le certificat d'aptitude à l'enseignement des classes élémentaires, soit le certificat d'aptitude au professorat des écoles normales primaires, soit le brevet de capacité supérieur de l'enseignement primaire, soit le diplôme d'études secondaires de jeunes filles.

Chaque aspirante, outre ses diplômes, est tenue de déposer, en s'inscrivant, son *curriculum vitæ*.

Dans ce *curriculum*, écrit en entier et signé par elle, elle fera connaître ses antécédents, l'établissement ou les établissements auxquels elle a été attachée, soit comme élève, soit comme professeur, les fonctions diverses qu'elle a remplies, celles qu'elle exerce en ce moment, et depuis quand elle les exerce.

Le Recteur doit donner avis des inspections, dans les huit jours, au Ministre de l'Instruction publique, en y joignant ses observations.

La liste des aspirantes est définitivement arrêtée par le Ministre.

Celles qui sont admises à prendre part aux épreuves sont averties quinze jours au moins avant l'ouverture du concours.

Les épreuves du certificat d'aptitude à l'enseignement des langues vivantes sont de deux sortes : les épreuves préparatoires et les épreuves définitives.

Les épreuves préparatoires consistent en compositions qui se font à Paris, sous la surveillance d'un des membres du jury, soit hors de Paris au chef lieu académique, sous l'autorité du Recteur et sous la surveillance d'inspecteurs d'Académie, de professeurs de facultés ou de lycées désignés par le Recteur.

Avant de subir les épreuves préparatoires chaque aspirante appose sa signature sur une feuille disposée à cet effet, en y joignant l'indication de ses grades universitaires ou des titres qui y sont assimilés. Cette

signature est reproduite sur chacune des compositions.

Les sujets de composition sont donnés par le président du jury, sous l'approbation du Ministre.

Le jury dresse, d'après le résultat des épreuves
préparatoires, une liste, par ordre alphabétique, des
aspirantes admises à prendre part aux épreuves définitives;

Cette liste est immédiatement transmise au Ministre et rendue publique.

Les épreuves définitives sont subies à Paris.

Les aspirantes sont tenues, à peine d'exclusion, de
subir toutes les épreuves aux jours et heures qui leur
sont indiqués.

Aucune excuse n'est admise si elle n'est jugée valable par le jury.

Les épreuves préparatoires comprennent :

1° Un thème ;

2° Une version ;

3° Une composition française sur un sujet de grammaire ou sur un sujet se rapportant à la pédagogie
spéciale des langues vivantes.

La durée de chacune de ces compositions est de trois
heures.

Les aspirantes ne peuvent faire usage de dictionnaires ni de lexiques.

Les épreuves définitives consistent :

1° En un thème oral ;

2° En une version orale ;

3° En une leçon grammaticale et en une conversation dans la langue étrangère choisie par l'aspirante ;

4° En deux interrogations, l'une sur la littérature étrangère, l'autre sur la littérature française.

Les commentaires se font tour à tour en français et dans la langue étrangère.

La liste des auteurs à expliquer est publiée chaque année par Ministre, avant le 1er octobre.

La durée de la préparation de la leçon est d'une heure.

La prononciation du français et de la langue étrangère est l'un des éléments essentiels de l'appréciation du jury.

Après la dernière épreuve, le jury apprécie la valeur des épreuves de chaque aspirante et désigne, par ordre de mérite, celles qu'il estime dignes d'obtenir le certificat d'aptitude. En cas de partage, la voix du président est prépondérante.

Le procès-verbal de toutes les opérations, séance par séance, est dressé par un des juges remplissant les fonctions de secrétaire, et signé par tous.

Chacun d'eux peut y joindre ses observations particulières.

Ce procès-verbal est transmis au Ministre, avec un rapport du président du jury.

Un délai de dix jours est accordé, pendant lequel toute aspirante ayant pris part à tous les actes de l'examen, peut se pourvoir devant le Ministre contre les résultats dudit examen, mais seulement pour violation des formes prescrites.

L'institution n'est donnée qu'après l'expiration de ce terme et le jugement des réclamations qui seraient intervenues.

12.

BOURSES DES LYCÉES
ET COLLÈGES DE JEUNES FILLES

Les bourses d'enseignement secondaire entretenues par l'État, les départements et les communes dans les lycées et collèges de jeunes filles, sont partagées en trois catégories :

1° Bourses d'internat ;

2° Bourses de demi-pensionnat ;

3° Bourses d'externat.

Les bourses d'internes et de demi-pensionnaires peuvent être fondées soit dans les pensionnats annexés par les villes aux lycées ou aux collèges, soit, à défaut de ces internats municipaux, dans des institutions libres ou dans les familles agréées par le Ministre.

Les bourses de l'État ne sont accordées qu'après enquête constatant l'insuffisance de fortune de la famille.

Elles sont conférées aux enfants qui se sont fait remarquer par leur aptitude, et particulièrement à celles dont la famille a rendu des services au pays.

Les bourses des départements et des communes sont concédées dans les mêmes conditions.

Suivant les titres et la situation de fortune des postulantes, les bourses de l'État, des départements et des communes sont entières ou fractionnées ainsi qu'il suit :

Les bourses d'internat et de demi-pensionnat, en demi-bourses ou en trois quarts de bourse ;

Les bourses d'externat en demi-bourses.

Les boursières de l'État sont nommées, sur la proposition du Ministre de l'Instruction publique, par le Président de la République.

Les boursières des départements sont nommées par les conseils généraux; les boursières communales par les conseils municipaux, avec approbation du préfet.

Le Recteur de l'Académie intervient, comme délégué du Ministre de l'Instruction publique, afin de constater l'exécution des règlements scolaires.

Le Ministre, pour les boursières de l'État ; les conseils généraux pour celles des départements, et les conseils municipaux pour les boursières communales, peuvent accorder des promotions de bourses aux élèves inscrites au tableau d'honneur spécial dressé à la fin de chaque année scolaire par les directrices des lycées et collèges, après avis des professeurs.

Les boursières de l'État, des départements et des communes restent en possession de leur bourse jusqu'à l'âge de dix-huit ans accomplis. Si elles atteignent cet âge avant l'expiration de l'année classique, leur bourse est prorogée de droit jusqu'à la fin de la dite année.

Une prolongation d'études peut être accordée aux boursières inscrites au tableau d'honneur. Une seconde prolongation peut être accordée à celles qui ont été déclarées admissibles à l'école normale secondaire de Sèvres

Des bourses peuvent être concédées sans examen à des élèves ayant plus de dix-sept ans et moins de

vingt ans, si elles sont pourvues du grade de bachelier ou du diplôme de fin d'études secondaires.

En cas de faute grave, les directrices de lycées et
collèges ont le droit de rendre provisoirement une
boursière à sa famille, sauf à en référer immédiatement au Recteur de l'Académie.

En cas d'insubordination habituelle et d'incapacité
notoire, l'élève boursière peut, après deux avertisse-
ments notifiés à la famille, être privée de sa bourse.

La déchéance de la bourse, quelle qu'en soit l'origine, est prononcée par le Ministre.

Examen d'aptitude. — Les aspirantes aux bourses
d'enseignement secondaire doivent justifier, par un
examen préalable, qu'elles sont en état de suivre la
classe correspondant à leur âge.

Cet examen est subi devant une commission spéciale de cinq membres, nommée par le Recteur de
l'Académie et siégeant au chef-lieu du département.
Deux dames au moins font partie de cette commission.

Les examens pour la délivrance du certificat d'aptitude aux bourses ont lieu chaque année dans le courant du mois d'avril, au chef-lieu de chaque département.

Les aspirantes doivent être inscrites du 1er au
25 mars, au secrétariat de la préfecture de leur résidence ou de la résidence de leur famille.

La demande d'inscription doit être accompagnée
des pièces suivantes :

1° L'acte de naissance de l'aspirante ;

2° Un certificat de la directrice de l'établissement

où elle a commencé ses études : ce certificat donne le relevé sommaire des notes obtenues par l'élève pour la conduite et le travail depuis la rentrée des classes et pendant l'année scolaire précédente, la liste des places de composition, avec indication de la classe et du nombre des élèves de sa division; la liste de ses prix et accessits.

Le certificat n'est pas exigé des aspirantes qui ont été élevées dans leur famille ;

Si l'élève sort d'une école primaire, les mêmes pièces sont fournies par l'institutrice, qui y joint, s'il y a lieu, le certificat d'études primaires ;

3° Une déclaration du père de famille faisant connaître sa profession, les prénoms, âge, sexe et profession de chacun de ses enfants vivants, le montant de ses ressources annuelles et celui de ses contributions;

La dite déclaration qui doit être signée du postulant et certifiée exacte par le maire de la commune, indiquera, en outre, si des bourses, remises ou dégrèvements ont déjà été accordés précédemment à l'aspirante ou à ses frères ou sœurs.

Après avoir vérifié la régularité des pièces fournies et procédé à une enquête sur les titres et la position de la famille, le préfet transmet le dossier au Recteur, qui le fait parvenir au Ministre de l'instruction publique.

Les aspirantes sont distribuées en autant de séries qu'il y a d'années de cours dans l'enseignement secondaire.

Le résultat de l'examen est valable aussi longtemps

que l'aspirante appartient, par son âge, à la série dans laquelle elle a été examinée.

Les séries d'examen sont ainsi réparties :

1re *série.* — Pour la première année de cours, les aspirantes doivent avoir moins de treize ans accomplis au 1er octobre de l'année du concours;

2e *série.* — Deuxième année de cours, moins de quatorze ans accomplis au 1er octobre de l'année du concours;

3e *série.* — Troisième année de cours, moins de quinze ans accomplis au 1er octobre de l'année du concours;

4e *série.* — Quatrième année de cours, moins de seize ans accomplis au 1er octobre de l'année du concours;

5e *série.* — Cinquième année de cours, moins de dix-sept ans accomplis au 1er octobre de l'année du concours.

Programme des examens. — Les aspirantes sont interrogées, savoir :

Pour la 1re série, sur les matières du cours moyen de l'enseignement primaire obligatoire;

Pour la 2e série, sur les matières du programme du cours de première année secondaire, et ainsi de suite jusqu'à la cinquième série.

L'examen se divise en une épreuve écrite et une épreuve orale.

L'*épreuve écrite* (éliminatoire) comprend :

Pour la 1re série, une dictée française suivie de questions sur certaines parties du texte permettant de constater chez les aspirantes la connaissance de la langue et de l'intelligence du texte, et une composition sur une des matières du cours moyen de l'enseignement primaire obligatoire;

Pour la 2ᵉ et la 3ᵉ séries, deux compositions, l'une littéraire, l'autre scientifique, sur les matières des cours de première et deuxième années;

Pour la 4ᵉ et la 5ᵉ séries, deux compositions, l'une littéraire ou historique; l'autre scientifique, sur les matières des cours de troisième et de quatrième années, et une version de langue vivante.

Le nombre maximum de points à compter pour chaque épreuve écrite est de vingt.

Pour être admise à l'épreuve orale, l'aspirante doit obtenir au moins la moyenne des points dans l'ensemble des épreuves écrites, soit vingt points dans les trois premières séries et trente points dans les deux autres.

Les épreuves orales portent sur les matières suivantes :

Pour la 1ʳᵉ série : grammaire, calcul, histoire, géographie;

Pour les 2ᵉ et 3ᵉ séries : langue française, histoire et géographie, mathématiques, histoire naturelle;

Pour la 4ᵉ série : littérature, histoire et géographie, sciences, langues vivantes;

Pour la 5ᵉ série : morale et littérature, histoire, sciences, langues vivantes.

Les élèves de la 5ᵉ série peuvent demander à être interrogées en outre sur les matières facultatives du cours de quatrième année, mais il n'en sera tenu compte que si le chiffre des notes obtenues dépasse

5 points, et l'excédent pourra servir à parfaire au besoin le minimum obligatoire.

Chaque épreuve orale est notée à l'échelle de 0 à 10.

Nulle ne peut être admise définitivement au certificat d'aptitude qu'avec la moitié du maximum des points attribués à l'ensemble des épreuves écrites et orales.

L'épreuve de langues vivantes, à l'examen écrit et à l'examen oral, porte sur l'anglais ou l'allemand.

L'obtention du certificat d'aptitude ne confère aucun droit absolu. Toutes les demandes de bourses de l'État sont soumises à une commission centrale siégeant au ministère, qui les classe par ordre de mérite d'après l'ensemble des titres produits à l'appui.

Cette commission tient compte aux aspirantes des deux premières séries de la production du certificat d'études primaires.

ÉCOLE NORMALE SECONDAIRE
DES JEUNES FILLES

Cette école a été créée par une loi du 26 juillet 1881, dans le but de préparer des professeurs femmes pour les établissements d'enseignement secondaire des jeunes filles, collèges et lycées, institués par la loi du 21 décembre 1880.

L'École comprend deux sections : celle des lettres et celle des sciences. Elle est installée dans les bâtiments de l'ancienne manufacture de Sèvres (Seine-et-Oise).

La durée des cours est de trois ans.

Un concours pour l'admission à l'École normale secondaire de Sèvres est ouvert chaque année à la date fixée par un arrêté ministériel qui indique l'époque des inscriptions. Ces inscriptions sont reçues au secrétariat de chaque académie du 1er février au 1er avril.

Les aspirantes doivent être âgées de vingt-quatre ans au plus et de dix-huit ans au moins. Elles doivent fournir les pièces suivantes :

1º Une demande d'inscription sur papier timbré, indiquant si elle se présente pour la *section des lettres* ou pour *celle des sciences* et dans quel chef-lieu de département elle demande à subir les épreuves écrites ;

2º Son acte de naissance ;

3º Une note, signée d'elle, indiquant, avec la profession et la demeure des parents, les établissements où elle a fait ses études; ses fonctions actuelles; ses services antérieurs dans l'enseignement public ou libre; les épreuves qu'elle a subies antérieurement;

4º L'adresse où devront lui parvenir toutes les communications relatives au concours ;

5º Le diplôme de fin d'études secondaires des jeunes filles, ou le diplôme de bachelier, ou le brevet supérieur de capacité de l'enseignement primaire.

Les dossiers des aspirantes sont transmis au Ministre, en un seul envoi, dans les quinze jours qui suivent la clôture du registre d'inscription.

Le recteur joint à chaque dossier :

1º Un certificat délivré par une commission composée de trois médecins désignés par lui. Ce certificat porte sur l'aptitude physique de l'aspirante aux fonctions de l'enseignement;

2° Son rapport sur le travail et la moralité de l'aspirante.

Le Ministre arrête la liste des aspirantes admises à prendre part au concours.

Il notifie sa décision aux recteurs qui en informent les intéressées.

Aucune dispense d'âge n'est accordée. Aucune aspirante ne peut se présenter plus de trois fois.

L'examen se compose d'épreuves écrites et d'épreuves orales.

Les épreuves écrites, qui se font au chef-lieu de chaque département, comprennent :

1° Pour la *section des lettres*, une composition;

Sur la littérature française (4 heures).

Sur la langue française (2 heures).

Sur l'histoire et la géographie (4 heures et demie).

Sur les éléments de la morale (4 heures).

Sur les langues vivantes (allemand ou anglais, 4 heures);

2° Pour la *section des sciences*, une composition :

Sur l'arithmétique et la géométrie (4 heures).

Sur la physique et la chimie (4 heures).

Sur l'histoire naturelle (4 heures).

Sur un sujet de littérature ou de morale (3 heures).

Sur les langues vivantes (allemand ou anglais, 4 heures).

L'admissibilité est prononcée, d'après l'ensemble des compositions écrites par les jurys d'examens, soit des lettres, soit des sciences, composés des professeurs de l'Ecole.

La valeur de chaque épreuve est exprimée par une note qui varie de 0 à 20.

L'examen oral porte sur les mêmes matières que les épreuves écrites et sur la diction. Il a lieu, à Sèvres, devant les commissions qui ont corrigé les épreuves écrites.

Les programmes des épreuves écrites et orales sont arrêtés, chaque année, par le Ministre et publiés avant le 1er octobre.

L'admission est prononcée par arrêté ministériel, sur la proposition des jurys d'examens, d'après l'ensemble des épreuves écrites et des examens oraux.

Les élèves définitivement admises doivent, dans les huit jours de leur entrée à l'École, produire l'engagement, ratifié par leurs familles, si elles sont mineures, de se vouer pendant dix ans à l'enseignement public. En cas de rupture de l'engagement décennal, les élèves ou leurs familles sont tenues de rembourser une somme de 1.000 francs pour chaque année passée à l'École.

Les aspirantes déclarées admissibles aux épreuves orales, et appelées des départements pour subir l'examen définitif, reçoivent une indemnité de 6 francs par jour pendant la durée des épreuves; leurs frais de voyage, en deuxième classe, leur sont en outre remboursés. Les frais de séjour et de route ne sont payés qu'aux aspirantes qui ont subi toutes les épreuves orales.

Le régime de l'établissement est l'internat. Toutes

les dépenses (instruction, nourriture, etc.), sont supportées par l'État, à l'exception de la fourniture et de l'entretien du trousseau, qui sont laissés à la charge des familles.

Aucun costume spécial n'est imposé aux élèves de l'École normale de Sèvres, mais les objets du trousseau apportés par elles doivent être en nombre suffisant pour assurer le service conformément au règlement de la maison.

*Programme pour l'admission à l'École normale
secondaire de jeunes filles de Sèvres.*

Voici le programme établi pour l'admission à l'École de Sèvres en 1908.

SECTION DES LETTRES

LANGUE FRANÇAISE

Examen écrit et examen oral.

1° Étudier dans la langue actuelle les formes grammaticales des mots variables.

2° Syntaxe du nom, de l'adjectif et du verbe dans la proposition simple et dans la phrase composée de plusieurs propositions.

[Pour cette partie théorique (§ 1 et 2), les professeurs ne doivent point s'interdire les explications historiques qui, seules, en certains cas, peuvent faire comprendre l'état actuel de la langue; mais c'est, avant tout, cet état qui doit être étudié et connu, tel que les règles et l'usage l'ont fait au XIX⁰ siècle, et tel qu'il existe au XX⁰.]

3° Explication grammaticale d'un passage des textes de Molière et de Chateaubriand portés au programme de littérature.

LITTÉRATURE

Examen écrit.

Composition française sous forme de récit, lettre, discours, dissertation, analyse littéraire, etc.

Examen oral.

Lecture et explication d'un texte pris dans un des auteurs ou des ouvrages suivants :

I. *XVI⁰ siècle.*

Montaigne. — *Principaux chapitres et extraits des Essais*, éd. Jeanroy (Hachette), p. 171-215 (Extraits de l'*Apologie de Raymond Sebond*).

II. *XVII siècle.*

Pascal. — *Provinciales*, de la XIV⁰ à la XVIII⁰.
Molière. — *Le Misanthrope.*

III. *XVIII⁰ siècle.*

Choix de Lettres du XVIII⁰ siècle, éd. Lanson (Hachette). — Lettres de Diderot et Lettres de Rousseau (p. 215-310).

André Chénier. — *Poésies choisies à l'usage des classes*, éd. Becq de Fouquières (Delagrave), *Bucoliques*, p. 1-36.

IV. *XIXe siècle.*

Chateaubriand. — Lectures choisies, éd. Nollet (Garnier) : *Mémoires d'outre-tombe* (p. 5-78; 131-162).

Claude Bernard. — *Introduction à la médecine expérimentale*, 1re partie, éd. cartonnée 1 fr. 50, chez Delagrave.

Sully-Prudhomme. — *Les épreuves.*

HISTOIRE

Examen écrit et examen oral.

PREMIÈRE PARTIE *(programme de 4e année).*

Civilisation grecque.

Grandes divisions de l'histoire de la Grèce. Le monde grec.

La civilisation grecque d'après les poèmes d'Homère. Éléments de la mythologie. Les oracles, les grands jeux, la cité grecque.

Les guerres médiques : Athènes et Sparte.

Le siècle de Périclès : les arts à Athènes, l'Acropole. Caractères de l'art grec. Le théâtre, grands historiens, orateurs, philosophes.

Alexandre. Diffusion de la civilisation grecque en Orient. Alexandrie. Conquête de la Grèce par les Romains. Diffusion de la civilisation grecque en Occident.

Ce que le monde moderne doit à la Grèce.

DEUXIÈME PARTIE *(programme de 5e année).*

La civilisation européenne moderne.

Le XVe siècle : progrès du pouvoir royal en Europe; commencement des nationalités modernes; déclin de l'empire et de la papauté.

Grandes inventions. Découvertes géographiques. Monde connu vers le milieu du XVIe siècle. Les mines d'or. L'esclavage.

Origines de la Renaissance aux XIVe et XVe siècles; rôle de l'Italie, de la France et des pays du Nord.

La Renaissance au XVIe siècle. L'art italien. Influence de d'Italie sur l'Europe.

La Renaissance en France. Caractères de l'art français.

La Réforme; ses origines. Réorganisation de l'Eglise catholique.

TROISIÈME PARTIE (programme de 3e année).

1° *La France contemporaine.*
Révolution de 1848. Le Deux décembre.

Le Second Empire. Grandes batailles des guerres de Crimée et d'Italie.

Guerre de 1870-1871 : les grandes batailles, la défense nationale; traité de Francfort.

La troisième République. Constitution de 1875.

2° *L'Allemagne et l'Italie, de 1848 à 1871.*

GÉOGRAPHIE

I. Les côtes de France.
II. L'Italie.
III. Les États-Unis.
IV. L'Empire britannique.

SECTION DES SCIENCES

ARITHMÉTIQUE ET ALGÈBRE

Examen écrit et examen oral.

Nombres entiers. Les quatre opérations.

Propriétés des facteurs d'un produit.

Divisibilité par 2, 5, 4, 25, 8, 3, 9, 11.

Plus grand commun diviseur de deux ou de plusieurs nombres. Tout nombre qui divise un produit de deux facteurs et qui est premier avec l'un d'eux divise l'autre.

Plus petit commun multiple de deux ou plusieurs nombres.

Décomposition des nombres en facteurs premiers. Formation du plus grand commun diviseur et du plus petit commun multiple de plusieurs nombres décomposés en facteurs premiers.

Fractions ordinaires. Simplification et réduction au même dénominateur. Opérations. Fractions de fractions.

Nombres décimaux rattachés aux fractions. Opérations. Conversion des fractions ordinaires en fractions décimales.

Système métrique.

Carré et racine carrée. Formation d'une table de carrés. Racine carrée des nombres entiers, des nombres fractionnaires, des nombres décimaux à une approximation donnée.

Rapports et proportions. Partage d'un nombre en parties proportionnelles à des nombres donnés.

Règles de trois, de société, de mélange, d'alliage.

Intérêt. Escompte. Rente française.

Les différentes expressions algébriques. Emploi des lettres. Monômes. Polynômes. Addition, soustraction, multiplication et division des monômes et des polynômes. Fractions algébriques.

Résolution d'une équation du premier degré à une inconnue.

Problèmes sur le mouvement uniforme.

Résolution d'un système de plusieurs équations du premier degré. Equation et trinôme du deuxième degré.

Progressions arithmétiques et géométriques.

GÉOMÉTRIE

Examen écrit et examen oral.

LIVRE PREMIER. — *De la ligne droite.*

Angles. Droites perpendiculaires.

Triangle. Triangle isocèle. Cas d'égalité.

Perpendiculaires et obliques. Cas d'égalité des triangles rectangles.

Définition d'un lieu géométrique : lieu géométrique des points équidistants de deux points ou de deux droites.

Droites parallèles ; somme des angles d'un triangle d'un polygone convexe.

Parallélogrammes.

Figures symétriques par rapport à un point ou à une droite.

Deux figures symétriques sont égales.

13.

Translation d'une figure plane de forme invariable. Composition des translations.

Droites concourantes dans un triangle.

Usage de la règle et de l'équerre.

SECOND LIVRE. — *Du Cercle.*

Intersection d'une droite et d'un cercle.

Axes de symétrie du cercle. Diamètre.

Tangente au cercle. Ses deux définitions.

Arcs et cordes.

Intersection et positions relatives de deux cercles. Axe de symétrie de la figure formée par deux cercles.

Mesure des angles.

Constructions. Usage du compas, de la règle et de l'équerre.

Segment capable d'un angle donné.

Déplacement des figures, rotation autour d'un point. Déplacement le plus général d'une figure dans son plan.

TROISIÈME LIVRE. — *De la Similitude.*

Lignes proportionnelles. Parallèle à la base d'un triangle. Propriété de la bissectrice.

Similitude des triangles.

Relations métriques relatives aux triangles. Théorème de Stewart.

Lignes proportionnelles dans le cercle. Axe radical. Centre radical.

Homothétie. Ce qu'est en géométrie une méthode de transformation ponctuelle. Centre de similitude de deux cercles.

Deux polygones semblables sont deux polygones qui peuvent être placés de manière à devenir homothétiques. Décomposition en triangles semblables.

Définition de l'inversion. Théorème de Ptolémée.

Constructions du troisième livre.

Polygones réguliers; il existe des polygones réguliers d'un nombre quelconque de côtés. Ceux que l'on peut construire avec la règle et le compas.

Inscription du carré, de l'hexagone, du triangle équilatéral, du décagone, du pentagone.

Axes de symétrie des polygones réguliers.

Deux polygones réguliers d'un même nombre de côtés sont semblables.

Longueur d'un arc de cercle. Rapport de la circonférence au diamètre. Calcul de ce rapport, seulement par la méthode des périmètres.

QUATRIÈME LIVRE. — *Aires.*

Rectangle, parallélogramme, triangle, trapèze, polygone convexe.

Rapport des aires de deux polygones semblables. Théorème de Pythagore.

Aire du cercle, du secteur, du segment de cercle. Constructions.

CINQUIÈME LIVRE. — *Le plan et la ligne droite.*

Intersections des droites et des plans.

Droites et plans parallèles.

Droite et plan perpendiculaires.

Angles dièdres, plans perpendiculaires.

Projections. Angle d'une droite et d'un plan.

Plus courte distance de deux droites.

Angles trièdres. Trièdres symétriques. Trièdres supplémentaires. Cas d'égalité des trièdres.

Trièdre isocèle.

Construction d'un trièdre avec trois faces données.

Enoncés relatifs à la définition, au volume et aux surfaces des polyèdres et des trois corps ronds.

TRIGONOMÉTRIE

Définition des lignes trigonométriques *d'un angle*.

Formules relatives aux triangles rectangles, aux triangles quelconques.

Résolution des triangles rectangles.

PHYSIQUE ET CHIMIE

Examen écrit et examen oral.

Physique.

Mécanique et pesanteur. — Mouvement uniforme, mouvement uniformément varié. Force. Travail. Composition des forces concourantes et des forces parallèles. Centre de gravité.

Balance. Constance du rapport des poids de deux corps.

Lois de la chute des corps. Plan incliné. Machines d'Atwood et de Morin. Proportionnalité de la force à l'accélération.

Masse. Densité absolue; densités relatives. (Définitions.)

Pression en un point d'un fluide. Différence des pressions en deux points. Principe d'Archimède; corps flottants. Pesanteur des gaz. Pression atmosphérique. Baromètre. Pompe. Siphon.

Chaleur. — Thermomètre à mercure. Dilatation linéaire des solides; dilatation absolue du mercure et dilatation des liquides (définitions et méthodes de mesure les plus simples). Maximum de densité de l'eau.

Loi de Mariotte. Machine pneumatique. Coefficient de dilatation des gaz à pression constante et coefficient de variation de pression à volume constant (principes des méthodes de mesure). Équation caractéristique des gaz. Loi du mélange des gaz.

Densité par rapport à l'air ou à l'hydrogène d'un corps quelconque pris dans l'état gazeux (principes des méthodes de mesure).

Pression de vapeur saturante. Ebullition et liquéfaction. Température critique. Distillation.

Fusion et solidification.

Principe de la mesure d'une quantité de chaleur par la méthode des mélanges. Définitions des chaleurs spécifiques, de la chaleur de fusion et de la chaleur de vaporisation.

Électricité. — Électrisation par frottement. Conducteurs. Isolants. Champ électrique. Quantité d'électricité. Loi de Coulomb.

Influence; écrans électriques; électroscope. Notions sur le potentiel et la capacité électrique. Machines à frottement et à influence (principe).

Courant électrique. Lois de Ohm et de Joule. Loi de Faraday. Piles usuelles.

Aimants. Champ magnétique; lignes de force. Magnétisme terrestre; déclinaison et inclinaison (définitions); boussole.

Champ magnétique d'un courant. Règle d'Ampère. Galvanomètre à aimant mobile. Aimantation par les courants.

Acoustique. — Le son est produit par des corps vibrants. Hauteur d'un son. Vitesse de propagation à l'air libre.

Optique. — Propagande de la lumière. Réflexion. Miroirs plans. Miroirs sphériques (cas des rayons centraux).

Réfractions. Réflexion totale. Prisme. Lentilles minces (cas des rayons centraux). Loupe, lunette astronomique (principe).

Dispersion. Production d'un spectre pur au moyen du spectroscope.

N.-B. — On définira à propos de chaque grandeur l'unité C. G. S. correspondante.

On ne demande pas les détails des dispositifs expérimentaux, mais seulement les principes des méthodes.

Chimie.

Corps simples. Corps composés.

Lois des combinaisons chimiques en poids et en volume.

Principes de la cryoscopie, de la tonométrie et de l'ébullioscopie.

Définition de l'équilibre. Énoncé de la règle des phases. Applications.

Hydrogène.

Chlore. Acide chloridrique. Iode. Acide fluorhydrique.

Oxygène. Eau. Sa composition.

Soufre. Acide sulfhydrique. Acide sulfurique. Acide sulfureux.

Azote. Air atmosphérique. Sa composition. Ammoniaque. Oxydes d'azote. Acide azotique.

Phosphore. Acide orthophosphorique.

Acide borique.

Acide silicique.

Carbone. Ses variétés.

Carbures d'hydrogène fondamentaux (acétylène, éthylène, formène).

Acide carbonique. Oxyde de carbone. Sulfure de carbone.

HISTOIRE NATURELLE

Examen écrit et examen oral.

Nota. — Les programmes d'histoire naturelle doivent être interprétés comme portant exclusivement sur les connaissances générales.

Les détails minutieux de structure histologique des organes, par exemple, ne sont pas demandés à l'examen ;

Ce qui est exigé avant tout des aspirantes, c'est l'intelligence de l'enseignement qui leur a été donné.

Zoologie.

Caractères des êtres vivants. Règne animal et règne végétal.

Fonctions de nutrition.

Notions sur la digestion chez l'homme.

Notions sur la respiration chez l'homme.

Disposition générale de l'appareil circulatoire chez l'homme. Définition de la grande et de la petite circulation. Veine-porte. Sang; lymphe.

Fonctions de relation.

Rôle du squelette et des muscles dans la locomotion.

Toucher, goût, odorat. Description générale de l'oreille. Parties principales de l'œil; formation des images dans l'œil.

Notions élémentaires sur le rôle des nerfs et des centres nerveux.

Idée générale des classifications; valeur des termes par lesquels leurs divisions sont désignées.

Caractères extérieurs qui distinguent les grands types du règne animal.

Division des vertébrés et des articulés en classes.

Botanique.

Caractères distinctifs des végétaux. Conformation et structure générale des plantes. Définition des quatre grands groupes.

Conformation de la plante phanérogame : tige, racine, feuille et fleur.

La tige : forme, structure et fonctions.

La racine : forme, structure et fonctions.

La feuille : forme, structure et fonctions. Chlorophylle et fonctions photochlorophylliennes.

Nutrition de la plante. Réserves et sécrétions.

La fleur : conformation générale ; forme, structure et fonctions de ces parties constitutives. Formation de l'œuf : Astigmatées et Stigmatées.

Développement simultané de l'œuf en embryon, de l'ovule en graine et du pistil en fruit. Etat définitif de la graine : Monocotyles et Dicotyles. Conformation du fruit mûr.

Germination de la graine et développement de la plante ei plante adulte.

PARTIES COMMUNES AUX DEUX SECTIONS

1ʳᵉ MORALE ET PSYCHOLOGIE

Examen écrit et examen oral.

I. La composition écrite portera sur une question élémentaire de morale ou de psychologie, empruntée au programme de l'enseignement secondaire des jeunes filles, mais à l'exclusion de toute question purement historique sur les systèmes ou les écoles.

II. L'interrogation orale portera sur le même programme et avec la même restriction.

III. A l'écrit comme à l'oral, il sera surtout demandé aux candidates de faire preuve des aptitudes intellectuelles nécessaires à l'enseignement et d'une préparation générale qui les rende capables :

1° De réfléchir sur les faits psychologiques et moraux qu'elles peuvent observer en elles et autour d'elles ;

2° De comprendre et d'expliquer le sens d'une question psychologique ou morale ;

3° De reconnaître et de marquer la suite et la dépendance des idées ;

4° De comprendre et d'expliquer un passage facile d'un auteur ancien, moderne ou contemporain, sans en avoir fait une préparation spéciale avant l'examen.

IV. Il ne leur sera pas demandé de connaissances techniques, si ce n'est la connaissance exacte du sens des expressions usuelles de morale et de psychologie, notamment de celles qui figurent dans les programmes de l'enseignement secondaire des jeunes filles.

V. A titre d'indication les ouvrages suivants sont désignés pour guider les candidates dans le choix des lectures qui peuvent servir à leur préparation :

Platon (les dialogues socratiques seulement).

Aristote. — *Morale à Nicomaque.*

Entretiens et Manuels d'Epictète.

Pensées de Marc Aurèle.

Bacon. — *Essais de morale.* — *Dignité et accroissement des sciences,* livres VII et VIII.

Descartes. — *Discours de la Méthode.*

Malebranche. — *Recherche de la vérité,* livres I et II.

Opuscules de Pascal. — *Logique* de Port-Royal.

Œuvres de Vauvenargues.

Locke. — *Lettre sur la tolérance.*

Stuart Mill. — *L'utilitarisme.* — *Logique,* livres V (Des sophismes) et VI (Méthodes des sciences morales).

Taine. — *De l'intelligence.*

W. James. — *Principles of Psychology.*

Tolstoï. — *De la vie.*

Ouvrages de psychologie et de morale de la *Bibliothèque* de *philosophie comtemporaine* (Alcan, éditeur); en particulier les œuvres MM. Ribot, Fouillée, Guyau, Paulhan.

Romans, poésies, pièces de théâtre ayant un caractère psychologique et moral.

N.-B. — Il est entendu :

1° Que cette liste n'est pas limitative ;

2° Que la connaissance de tous les ouvrages qui y sont contenus ne sera aucunement exigée des aspirantes.

2° LANGUES VIVANTES

Examen écrit.

Version.

Rédaction en langue étrangère.

Nota : Sont seuls autorisés les lexiques en langue étrangère.

Examen oral.

1° Explication improvisée d'un texte en langue étrangère ; 2° Conversation sur un ou deux ouvrages désignés par l'aspirante parmi ceux inscrits aux programmes des 4e et 5e années.

3° DICTION

Dans les diverses épreuves orales, le jury tient compte de la diction.

Engagement décennal que doivent souscrire les élèves admises à l'École normale de Sèvres.

Ainsi que nous l'avons dit plus haut, dans la

quinzaine qui suit la rentrée de l'École normale secondaire de Sèvres, les engagements décennaux des élèves nouvellement admises doivent être adressés au Ministre de l'instruction publique. Ces engagements doivent être conformes à l'un des modèles qui suivent, dans lesquels ont été prévues les différentes situations des élèves, savoir :

1° Élèves majeures qui n'ont encore contracté aucun engagement décennal ;

2° Élèves mineures qui n'ont encore contracté aucun engagement décennal ;

3° Élèves majeures ayant contracté antérieurement un engagement décennal pour l'enseignement primaire ;

4° Élèves mineures ayant contracté antérieurement un engagement décennal pour l'enseignement primaire.

On remarquera qu'il est tenu compte aux élèves du temps qu'elles ont déjà passé dans les écoles normales primaires ou dans les écoles communales ; elles doivent seulement s'engager à terminer dans l'enseignement secondaire la période de dix années qu'elles doivent au service de l'Instruction publique.

Toute élève admise à l'École normale de Sèvres étant encore mineure, est astreinte, lorsqu'elle devient majeure, à contracter personnellement l'obligation de rembourser à l'État les frais de séjour à l'École, dans le cas où elle viendrait à rompre son engagement décennal. Le modèle n° 5 est préparé pour cette catégorie d'élèves.

Modèle N° 1. — *Élèves majeures n'ayant encore contracté aucun engagement décennal.*

Je soussignée (nom et prénoms), née le   18, à   , département d , nommée élève de l'école normale secondaire de Sèvres par arrêté du 19 , m'engage, conformément à l'arrêté du 31 janvier 1883, article 12, à me vouer, pendant dix ans, au service de l'enseignement secondaire public. Je m'oblige en outre, dans le cas où, par mon fait, je ne remplirais pas en entier mon engagement décennal, à rembourser au Trésor public une somme de mille francs pour chacune des années que j'aurai passées à l'école normale de Sèvres.

  Fait à   , le   19
      (Signature de l'Élève.)

Vu pour légalisation de la signature de Mlle, apposée ci-dessus.

À   , le   19.
      (Signature du Maire.)

Vu pour la légalisation de la signature de M. maire d   , apposée ci-dessus.

À   , le   19,
    (Signature du Préfet ou du Sous-Préfet.)

Vu pour le Vice-Recteur de l'Académie de Paris :

Modèle N° 2. — *Élèves mineures n'ayant encore contracté aucun engagement décennal.*

Je soussignée (nom et prénoms), née le   18,

à   , département d   , nommée élève
du   19 , m'engage, conformément à l'arrêté
du 31 janvier 1883, article 12, à me vouer, pendant
dix ans, au service de l'enseignement secondaire
public.

Fait à   , le   19

(Signature de l'Élève.)

Vu pour la légalisation de la signature de Mlle,
apposée ci-dessus.

A   , le   19   .

(Signature du Maire.)

Vu pour légalisation de la signature de M.
maire d   apposée ci-dessus.

A   , le   19   .

(Signature du Préfet ou du Sous-Préfet.)

Je soussigné (nom, prénoms, qualité et domicile
du père de la mère ou du tuteur) consens à ce que ma
fille (ou pupille), Mlle   (nom et prénoms),
se voue pendant dix ans à l'enseignement secondaire
public, et je m'oblige, dans le cas où où elle romprait
son engagement décennal, à rembourser à l'État une
somme de mille francs pour chacune des années
qu'elle aura passées à l'École normale de Sèvres.

Fait à   , le   19   .

(Signature du père, de la mère ou du tuteur.)

Légalisation de la signature ci-dessus par le maire
de la commune.

Légalisation de la signature du Maire par le Préfet du département ou le sous-préfet de l'arrondissement où réside la famille.

Vu par le vice-recteur de l'Académie de Paris.

Modèle N° 3. — *Élèves majeures ayant contracté antérieurement un engagement décennal pour l'enseignement primaire.*

Je, soussignée (nom et prénoms), née le   18   , à   , département d   , nommée élève de l'École normale secondaire de Sèvres par arrêté du   19   , déclare affecter au service de l'enseignement secondaire public l'engagement que j'ai contracté le   19 ,   à   , de me vouer, pendant dix ans, au service de l'Instruction primaire. Je m'oblige, en outre, dans le cas où je ne remplirais pas en entier mon engagement décennal, à rembourser au Trésor public une somme de mille francs pour chacune des années que j'aurai passées à l'École normale de Sèvres.

         Fait à   , le   19   .

                    (*Signature de l'élève.*)

Légalisation de la signature ci-dessus par le maire de la commune.

Légalisation de la signature du Maire par le Préfet du département ou le sous-préfet de l'arrondissement où réside la famille.

Vu par le vice-recteur de l'Académie de Paris.

MODÈLE N° 4 — *Élèves mineures ayant contracté antérieurement un engagement décennal pour l'enseignement primaire.*

Je, soussignée (nom et prénoms), née le   18   ,
à   département d   ,
nommée élève de l'École normale secondaire de Sèvres
par arrêté du   19   , déclare affecter
au service de l'Enseignement secondaire public l'engagement que j'ai contracté le   19   , à   ,
de me vouer, pendant dix ans, au service de l'Instruction primaire.

            Fait à   , le   19   .

                (*Signature de l'élève.*)

Je soussigné (nom, prénoms, qualité et domicile
du père, de la mère ou du tuteur), consens à ce que
ma fille (ou pupille) Mlle (nom et prénoms), affecte au
service de l'enseignement secondaire public l'engagement décennal qu'elle a contracté pour le service de
l'instruction primaire, et je m'oblige, dans le cas où
elle romprait cet engagement, à rembourser à l'État
une somme de mille francs pour chacune des années
qu'elle aura passées à l'École normale de Sèvres.

Fait à   , le   19   .

    (*Signature du Père, de la Mère ou du Tuteur.*)

Légalisation de la signature ci-dessus par le Maire
de la commune.

Légalisation de la signature du Maire par le Préfet ou
le Sous-Préfet de l'arrondissement où réside la famille.

Vu par le Vice-Recteur de l'Académie de Paris:

MODÈLE N° 5 — *Engagement complémentaire que doivent contracter, lorsqu'elles deviennent majeures, les élèves admises à l'école normale de Sèvres en âge de minorité.*

Je soussignée (nom et prénoms), née le   18   , à   , département d   , nommée élève de l'École normale secondaire de Sèvres par arrêté du   19   , déclare m'obliger solidairement avec mon père (ou ma mère) à rembourser au Trésor public une somme de mille francs pour chaque année passée par moi à ladite école normale de Sèvres, dans le cas où, par mon fait, je ne remplirais pas en entier l'engagement que j'ai contracté de me vouer pendant dix ans au service de l'enseignement secondaire public.

Fait à   , le   19   .

(*Signature.*)

Vu pour légalisation de la signature de Mlle   , apposée ci-dessus.

A   , le   19   .

(*Signature du Maire.*)

Vu pour légalisation de la signature de M.   , maire d   apposée ci-dessus.

A   , le   19   .

(*Signature du Préfet ou du Sous-Préfet.*)

Vu par le Recteur de l'Académie d

Vu pour légalisation de la signature de Mlle   , apposée ci-dessus,

A   , le   19   .

(*Signature du Maire.*)

ENSEIGNEMENT SECONDAIRE

LYCÉES

A Paris, l'enseignement secondaire de jeunes filles se donne dans 5 lycées qui sont :

Fénelon, 2 rue de l'Éperon ;

Lamartine, 121 faubourg Poissonnière ;

Molière, 71 rue du Ranelagh ;

Racine, 25 rue de Rome ;

Victor Hugo, 27 rue de Sévigné.

Ces établissements reçoivent des externes simples, surveillées et des demi-pensionnaires.

Ils comprennent des cours secondaires et des cours primaires.

Les premiers portent sur les matières suivantes :

Morale; éléments de psychologie appliquée à l'éducation;

Langue et littérature française ;

Littératures anciennes;

Langues vivantes (anglais ou allemand); littératures étrangères;

Histoire générale et nationale; histoire de la civilisation;

Géographie ;

Mathémathiques ;

Physique et Chimie ;

Histoire naturelle ;

Économie domestique ;

Dessin ;

Musique vocale ;

Travaux à l'aiguille ;

Gymnastique.

— A la fin de chaque année scolaire, les élèves subissent un examen pour passer dans la classe supérieure.

En cas d'ajournement, l'examen peut être subi de nouveau dans les premiers jours d'octobre.

L'examen de passage en quatrième année a pour sanction un « Certificat d'études de troisième année ».

A l'expiration de la cinquième année, le « Diplôme de fin d'études secondaires » est délivré aux jeunes filles qui ont subi avec succès un examen portant sur les matières obligatoires des deux dernières années et sur les matières facultatives désignées par chaque élève.

La possession de ce Diplôme permet aux jeunes filles qui en sont munies de se présenter au concours d'admission à l'École normale de Sèvres, ou de se mettre en instance pour obtenir, dans les Lycées et Collèges de jeunes filles, un emploi d'institutrice primaire ou de maîtresse répétitrice.

Les classes primaires se composent :

D'une classe élémentaire pour les jeunes filles de six à neuf ans ;

D'une première année préparatoire pour les jeunes filles de huit à dix ans ;

D'une deuxième année préparatoire pour les jeunes filles de neuf à onze ans ;

D'une troisième année préparatoire pour les jeunes filles de onze à douze ans.

Les études y sont dirigées en vue de préparer les élèves aux cours secondaires.

L'enseignement, dont les détails sont réglés par M. le Vice-Recteur de l'Académie de Paris, se rapproche de celui des écoles primaires ;

Il comprend :

L'écriture, la lecture, les éléments de la langue française, de l'histoire, de la géographie, du calcul ; des leçons de choses, des cours de langues vivantes (anglais ou allemand), de dessin, de musique vocale, de travaux à l'aiguille, de gymnastique.

L'enseignement est donné, dans les classes primaires, par des dames pourvues du certificat d'aptitude au professorat des lycées de jeunes filles, ou par des institutrices munies du brevet supérieur ou du diplôme de fin d'études.

Les demandes d'admission sont adressées à la Directrice, à laquelle les jeunes filles doivent être présentées par leurs familles.

Les parents doivent produire, à l'entrée de chaque élève :

1° L'acte de naissance ;

2° Un certificat de vaccine ;

3° S'il y a lieu, un certificat de bonne conduite, délivré par la Directrice de l'établissement où la jeune fille aurait commencé ses études.

Chaque élève nouvelle subit, au moment de son

admission, un examen qui permet de constater l'état de son instruction et de déterminer la division dont elle doit faire partie.

Les tarifs des frais scolaires varient selon les cours et la qualité de l'élève.

Ils sont de 200 à 300 francs pour l'externat simple, de 300 à 450 pour l'externat surveillé, de 600 à 800 pour le demi-pensionnat.

ASSOCIATION POUR L'ENSEIGNEMENT DES JEUNES FILLES, FONDÉE A LA SORBONNE

Cette Association a pour but de compléter l'instruction des jeunes filles et de leur fournir les moyens de s'élever au-dessus des connaissances primaires, par un enseignement analogue à celui des établissements d'instruction secondaire spéciale pour les garçons.

Pour chaque année, la durée du cours est de six mois, du 15 novembre au 16 mai, divisés en deux trimestres.

Les leçons peuvent donner lieu à des devoirs écrits.

Ces devoirs sont facultatifs.

Tout devoir remis au professeur est rendu corrigé et annoté.

Dans le cours de l'année, il y a pour chacune des facultés de l'enseignement une composition écrite.

Les compositions sont facultatives comme les devoirs.

A la fin de l'année, il est décerné des prix ou médailles, d'après l'examen des compositions.

Les cours de l'Association sont payants.

14.

Le prix est fixé à soixante-quinze francs par inscription.

Une inscription donne le droit de suivre tous les cours pendant un trimestre.

Les inscriptions peuvent être prises dans le cours d'un trimestre, mais le prix du trimestre commencé est intégralement dû.

Toute élève peut être accompagnée au cours par sa mère ou par une dame de confiance.

Des bourses peuvent être accordées par le Conseil.

ENSEIGNEMENT PRIVÉ

PENSIONNATS

La création des collèges de filles a rendu difficile l'existence des pensionnats particuliers. Cependant, dans les villes où n'existent pas ces collèges, des personnes pourvues du brevet supérieur et ayant des relations dans la bonne société peuvent, avec chances de succès, diriger un de ces établissements.

Tous les bons pensionnats préparent aux examens du brevet simple et du brevet supérieur de l'instruction primaire.

Les personnes munies de leurs brevets qui ne peuvent, pour quelque cause, entrer dans les écoles de l'État, et qui n'ont pas les ressources nécessaires pour ouvrir un pensionnat, peuvent utiliser leurs connaissances dans les professions suivantes.

Sous-maîtresses dans les pensionnats ;

Institutrices à domicile ;

Répétitrices.

Bien que n'offrant pas la même sécurité que les fonctions de professeur de collège ou d'institutrice primaire, l'emploi de sous-maîtresse dans certains pensionnats importants peut être avantageux et même agréable. Mais si l'on s'adresse à des établissements vivant péniblement et acceptant des élèves à tout prix, on a souvent fort à souffrir de la gêne de la maison, et l'on est, pour le moins, l'esclave des parents que la directrice du pensionnat tient à ménager.

Les sous-maîtresses des pensionnats sont ordinairement logées et nourries dans l'établissement; elles reçoivent des appointements variant de 300 à 800 fr. par an.

C'est là souvent leur bâton de maréchal, car elles n'ont pas en perspective de l'avancement comme les institutrices publiques, et elles n'ont souvent pas non plus les mêmes facilités pour développer leur instruction.

En général, elles ont aussi moins de loisirs, car elles sont souvent chargées de cent détails qui se trouvent spécialisés dans les établissements d'enseignement public.

La pension de retraite leur échappe également.

A moins que l'on n'espère succéder à la directrice du pensionnat où l'on remplit les fonctions de sous-maîtresse, il est donc de beaucoup préférable d'appartenir à l'enseignement public.

LEÇONS PARTICULIÈRES

Les jeunes personnes pourvues d'un diplôme peuvent trouver dans les leçons particulières données à domicile une occupation avantageuse.

Mais, pour réussir dans cette voie, il faut être bien

appuyée et avoir une capacité suffisante pour se faire apprécier.

Les succès obtenus par les élèves dans les examens publics, dont on recherche généralement la sanction aujourd'hui, sont souvent la meilleure des recommandations.

COURS

Dans les grandes villes, les dames institutrices qui ont des relations bien établies organisent des cours chez elles, afin de ne pas perdre de temps dans les courses qui nécessitent les leçons particulières. Ces cours sont p'us ou moins rémunérateurs, suivant la clientèle et la renommée du professeur.

FORMALITÉS A REMPLIR POUR L'OUVERTURE D'UN PENSIONNAT

Aux termes de la loi du 30 octobre 1886, toute personne qui veut ouvrir une école privée doit préalablement déclarer son intention au maire de la commune où elle veut s'établir, et lui désigner le local.

Le maire remet immédiatement à la postulante un récépissé de sa déclaration, et fait afficher celle-ci à la porte de la mairie pendant un mois. Si le maire juge que le local n'est pas convenable, pour raisons tirées de l'intérêt des bonnes mœurs ou de l'hygiène, il forme dans les huit jours opposition à l'ouverture de l'école et en informe la postulante.

Les mêmes déclarations doivent être faites en cas de changement de local, ou en cas d'admission d'élèves internes.

La postulante adresse les mêmes déclarations au préfet, à l'inspecteur d'Académie et au procureur de la République; elle y joint, en outre, pour l'inspecteur d'Académie, son acte de naissance, son acte de mariage, si elle est mariée; ses diplômes, l'extrait de son casier judiciaire, l'indication des lieux où elle a résidé, et des professions qu'elle y a exercées pendant les dix années précédentes, le plan des locaux affectés à l'établissement, le programme de l'enseignement, le nombre maximum d'élèves qu'elle se propose de recevoir, les noms, prénoms, date de naissance et titres universitaires du personnel enseignant qu'elle doit s'adjoindre, et, si elle appartient à une association, une copie des statuts de cette association.

A défaut d'opposition, l'école est ouverte à l'expiration du mois, sans autre formalité.

Les oppositions à l'ouverture d'une école privée sont jugées contradictoirement par le Conseil départemental dans le délai d'un mois. Appel peut être interjeté de la décision du conseil départemental, dans les dix jours, à partir de la notification de cette décision.

En aucun cas, l'ouverture ne pourra avoir lieu avant la décision d'appel.

Les mêmes formalités doivent être remplies pour l'ouverture d'un établissement d'enseignement secondaire.

Les directrices des écoles primaires libres doivent

être âgées de vingt et un ans au moins ; celles des écoles primaires supérieures, de vingt-cinq ans.

Aucune école privée ne peut prendre le titre d'école primaire supérieure si la directrice n'est munie des brevets exigés pour les directrices des écoles primaires supérieures publiques.

Les écoles privées sont soumises aux mêmes inspections que les écoles publiques. L'inspection porte sur la moralité, l'hygiène et la salubrité ; elle ne peut porter sur l'enseignement que pour vérifier s'il n'est pas contraire aux lois.

Toutes les peines disciplinaires portées par la loi contre les institutrices publiques (réprimande, censure, interdiction, révocation), sont applicables aux institutrices des établissements libres.

ENSEIGNEMENT SUPÉRIEUR

Si la plupart des jeunes filles peuvent aborder les études secondaires et même y briller, il faut convenir que bien peu sont organisées pour suivre utilement les études de l'enseignement supérieur.

Un certain nombre, cependant, les ont abordées avec succès, mais c'étaient évidemment des natures exceptionnelles.

Quoi qu'il en soit, à une époque de progrès comme la nôtre, on ne s'est pas cru en droit de refuser à la femme l'accès des établissements d'enseignement supérieur.

Les Facultés françaises lui sont ouvertes depuis 1863. Et en cela, notre pays n'a fait qu'imiter la plupart des États étrangers.

Les femmes sont admises dans les Universités d'Angleterre et d'Irlande.

Il y a même à Londres une école de médecine pour les femmes.

En Écosse, l'Université de Saint-Andrews a accueilli les femmes de la façon la plus large. Vingt bourses d'études sont mises au concours par parts égales entre les étudiants et les étudiantes.

En Belgique, deux lois confèrent aux femmes l'entrée

des Facultés : celle du 20 mai 1876 et celle du 10 avril 1890.

Les Universités hollandaises : celles d'Amsterdam, de Groningue, de Leyde, d'Utrecht, sont ouvertes aux femmes, et sont très fréquentées par elles.

En Italie, depuis 1876, les femmes sont autorisées à se faire inscrire comme étudiantes.

La Suède, la Norvège, le Danemark accueillent également les femmes dans leurs Universités.

Aux États-Unis les femmes sont reçues dans toutes les Universités.

C'est dans les Universités suisses qu'on trouve le plus grand nombre d'étudiantes.

Les succès remportés par les femmes dans des études aussi ardues ont été une révélation pour notre époque, en même temps, il est vrai, qu'ils étaient un sujet de crainte pour nombre de philosophes pessimistes.

A ce propos, M. H. de Parville faisait remarquer que si, en ce qui concerne la production littéraire, le don créateur est moins accentué chez la jeune fille que chez le jeune homme, les facultés d'entendement, de jugement, de raisonnement, sont en revanche très puissantes chez la femme.

« Longtemps, disait-il, on a cru que le cerveau de la femme n'était pas fait pour les spéculations abstraites. Quelle erreur ! Quand une jeune fille le veut, elle acquiert rapidement les connaissances scientifiques les plus ardues.

L'expérience de ces dernières années est bien là pour le prouver.

La femme apprend le droit, la médecine, l'histoire

naturelle, les mathématiques aussi bien, sinon mieux
que l'homme, et elle se montre souvent supérieure à
l'homme dans ces travaux sévères. »

Certaines femmes semblent, en effet, prédestinées
pour l'étude des sciences.

Telle est mademoiselle Dorothée Klumpke, Améri-
caine, qui a obtenu à Paris le grade de docteur ès
sciences mathématiques. Notons qu'une de ses sœurs
s'était, quelque temps auparavant, fait recevoir docteur en médecine.

« Mademoiselle Klumpke est la première femme qui
aura conquis le grade de docteur ès sciences mathématiques, disait M. de Parville.

Attachée depuis plusieurs années à l'Observatoire
de Paris, elle y a poursuivi des études importantes ;
elle dirige en ce moment les travaux très délicats du
repérage des clichés de la grande carte photographique du ciel.

Sa thèse de docteur portait sur une question de mathématiques extrêmement difficile, problème abordé
par Maupertuis, par Laplace, par madame Sophie
Kowalevska, relatif aux anneaux de Saturne. Il fallait
voir avec quelle maestria elle faisait défiler les équations les plus complexes sur le tableau noir de la
Sorbonne.

Evidemment, la vieille conception que beaucoup de
personnes se faisaient de la femme devra se modifier
du tout au tout. Même dans les sciences, la femme de
génie existe et s'affirme par des travaux supérieurs.

M. Darboux, l'éminent géomètre, doyen de la Faculté
des sciences, qui présidait le jury, l'a fort bien dit en

s'adressant à mademoiselle Klumpke : « Les grands
noms de Galilée, de Huygens, de Cassini, de Laplace,
sans parler de ceux de mes illustres collègues et amis,
sont attachés à l'histoire de chacun des progrès
sérieux, dans cette théorie aussi attrayante que difficile des anneaux de Saturne. Votre travail vient encore
apporter une contribution qui n'est pas à dédaigner et
vous place dans un rang honorable à côté des femmes
qui se sont consacrées à l'étude des mathématiques. »

Après avoir rappelé les travaux scientifiques qui
illustrèrent Marie Agnesi au siècle dernier et Sophie
Germain au commencement de ce siècle, M. Darboux
ajoutait : « Votre thèse, mademoiselle, est la première
qu'une femme ait présentée et soutenue avec succès
devant notre Faculté pour obtenir le grade de docteur
ès sciences mathématiques. Vous ouvrez dignement
la voie, et la Faculté s'empresse de vous déclarer
digne d'obtenir le grade de docteur avec toutes boules
blanches. »

Ainsi que le faisait remarquer M. de Parville, les docteurs ès sciences reçus avec toutes boules blanches
se comptent. Que deviennent donc toutes les attaques
faites contre l'intelligence des femmes, contre les
demi-savantes, et qui peuvent se résumer dans ce
mot du philosophe allemand Schopenhauer : « Les
femmes sont des êtres qui ont les cheveux longs et les
idées courtes. »

Le mouvement qui emporte de nos jours certaines
femmes exceptionnellement douées jusqu'aux som-
mets de la science, est loin de nous effrayer autant
qu'il effraye certains écrivains.

Un d'entre eux, et des plus brillants, écrivait les lignes suivantes (1) :

« La femme autrefois n'avait pas de profession. La grande dame dirigeait sa maison, tenait son salon ; la bourgeoise l'imitait selon son pouvoir. Quand le mari était dans le petit commerce, elle était comptable ou vendeuse à côté de lui. L'ouvrière (je veux dire la femme de l'ouvrier) faisait quelque ouvrage à l'aiguille pour la pratique ; mais sa besogne principale, presque unique, était de tenir en ordre la pauvre chambre, d'élever et d'instruire tant bien que mal les enfants, de préparer les repas, de faire et d'entretenir les vêtements. La fille du peuple, qui ne trouvait pas de mari, et la veuve avaient grand'peine à vivre ; elles vivaient sordidement, mais honnêtement. Nous avons fait de grands progrès qu'il faut bénir, accompagnés de grands malheurs qu'il faut déplorer. La femme n'est plus, comme autrefois, un être nécessairement dépendant et relatif. On lui a d'abord ouvert les ateliers de la grande industrie, où elle gagne presque autant que son mari, puis elle a obtenu des places d'expéditionnaire, de comptable, de gérante ; elle est devenue employée de l'État dans les postes, les télégraphes ; employée de chemin de fer, de téléphones, etc. A présent, pour dernier progrès, elle aborde les professions libérales. Elle est institutrice, pharmacienne, médecin (ajoutons qu'elle est en instance pour obtenir son inscription au barreau et plaider comme avocat). En revanche elle n'est plus femme, ou ne l'est plus qu'à

(1) M. Jules Simon.

demi. Elle a son courant d'affaires, son carnet, son cabinet. Elle est tout au plus l'associée de son mari. »

Nous croyons ces craintes un peu exagérées, et nous pensons que, presque toujours, lorsque la femme sort ainsi « de sa sphère », c'est que les circonstances l'y forcent ou qu'une vocation irrésistible l'y pousse. Nous savons que les femmes doivent être femmes avant tout ; mais nous sommes persuadé qu'en général il en est bien peu, même parmi celles qui abordent les hautes études, qui perdent les grâces et la bonté de la femme et ses instincts d'ordre et d'économie.

Nous croyons que la femme est surtout appelée à diriger le ménage, à être la gardienne du foyer, et nous reviendrons plus loin sur cette partie de sa tâche ; mais nous pensons aussi que la femme avide d'instruction y a droit tout autant que l'homme, et que celle qui peut lutter contre les difficultés de la vie en développant et en utilisant son intelligence aurait grand tort de négliger une ressource aussi précieuse et aussi honorable.

Loin de les dénigrer, sachons donc les encourager et applaudir à leurs succès.

BACCALAURÉAT DE L'ENSEIGNEMENT SECONDAIRE

La loi du 31 mai 1902 a réorganisé l'enseignement secondaire.

Les cours des lycées et collèges sont divisés en deux cycles.

Le premier cycle comprend les divisions A et B composées des classes de sixième, de cinquième, de quatrième et de troisième.

Dans la division A, le latin est obligatoire à partir de la sixième, et le grec facultatif à partir de la quatrième.

Dans la division B, il est réservé une plus grande part à l'enseignement des sciences.

Les élèves qui le méritent reçoivent à l'issue de ce premier cycle un certificat d'études secondaires.

Le second cycle comprend les classes de deuxième, de première et philosophie ou mathématiques. Les classes de deuxième et de première sont divisées en quatre sections : latin-grec, latin-langues, latin-sciences, sciences-langues vivantes, aboutissant à la première partie du baccalauréat.

Les examens du baccalauréat se passent au chef-lieu des Universités devant un jury composé de professeurs de facultés et de professeurs de lycées.

Chacune des deux parties du baccalauréat comprend des épreuves écrites éliminatoires et des épreuves orales.

Les candidats qui subissent avec succès les épreuves écrites conservent le bénéfice de l'admissibilité pendant un an.

Les épreuves sont, pour la première partie, les suivantes :

Écrit : Pour les candidats des sections latin-grec, latin-langues vivantes et latin-sciences, les épreuves écrites se composent d'une version latine et d'une composition française, et, en outre, d'une version grecque pour la première section, d'une composition de langues vivantes pour la seconde, et d'une composition de sciences pour la troisième.

Pour les candidats de la section sciences-langues vivantes, les épreuves écrites se composent d'une composition française, d'une composition de langues vivantes et d'une composition de sciences.

Oral : Latin-grec : explication de textes français, latin et grec, épreuve de langue vivante, histoire ancienne, histoire moderne, géographie, mathématiques, physique.

Latin-langues vivantes : mêmes interrogations que pour la section précédente, l'explication d'un texte grec étant remplacée par une épreuve portant sur une seconde langue vivante.

Latin-sciences : explication de textes latin et français, épreuve de langue vivante, histoire, géographie, mathématiques, physique, chimie.

Sciences-langues vivantes : mêmes interrogations que pour la section précédente, l'explication d'un texte latin étant remplacée par une épreuve portant sur une seconde langue vivante.

Les candidats qui n'ont à subir qu'une épreuve de langue vivante peuvent choisir entre l'anglais, l'allemand, l'espagnol, l'italien, le russe et l'arabe.

Les candidats qui passent deux épreuves de langues vivantes doivent présenter pour une de ces épreuves ou l'allemand ou l'anglais.

A Alger, l'arabe parlé et l'arabe écrit peuvent compter pour deux langues.

Les épreuves sont, pour la seconde partie, les suivantes :

Écrit : pour la section de philosophie, une dissertation philosophique et une composition de sciences
physiques et naturelles; pour la section de mathématiques, une composition de mathématiques, une composition de sciences physiques et une dissertation
philosophique.

Oral : Philosophie : interrogations sur la philosophie et l'histoire de la philosophie, sur l'histoire
contemporaine et la géographie, sur les sciences
physiques et sur les sciences naturelles.

Mathématiques : interrogations sur les mathématiques, sur la physique, sur la chimie, sur les sciences
naturelles, sur la philosophie, sur l'histoire contemporaine et la géographie.

Le diplôme porte la mention des sections choisies
par la candidate.

Les droits d'examen sont :

Examens (2 à 35 francs)	70 fr.
Certificat d'aptitude (2 à 10 francs).	20
Diplôme	40
Total . . .	130 fr.

En cas d'échec le montant du certificat et du diplôme
est remboursé.

La candidate désirant subir l'examen doit déposer
au secrétariat de la faculté des lettres ou des sciences
les pièces suivantes :

1° Un acte de naissance légalisé constatant qu'au
moment de l'examen elle aura seize ans accomplis;

2° Une demande écrite de sa main et signée de ses
nom et prénoms;

3° Une note indiquant, pour l'examen de la première partie, la section pour laquelle elle est candidate et sur quelle langue elle désire être interrogée; pour la seconde partie, quelle série d'épreuves elle demande à subir.

AVOCATES

La loi du 3 décembre 1900 a ouvert aux femmes la profession d'avocat.

Pour l'exercer, il faut être licencié en droit.

Ce titre s'obtient dans les Facultés de droit : il faut pour cela justifier de 12 inscriptions.

L'étudiante qui prend sa première inscription de licence, dépose les pièces suivantes :

1° Acte de naissance *sur papier timbré.* Les actes de naissance, ou titres officiels en tenant lieu, écrits en langue étrangère, doivent être accompagnés d'une *traduction authentique ;*

2° Si elle est mineure, le consentement *sur papier libre* de son père ou tuteur (indiquant le domicile du père ou tuteur);

3° Diplôme de bachelier de l'enseignement secondaire classique, mention : *Lettres-Philosophie* ou *Lettres-Mathématiques,* ou certificat d'admission à la deuxième partie de l'enseignement secondaire classique, ou diplôme de l'ancien baccalauréat *ès-lettres.*

La scolarité ne peut en aucun cas être commencée après le 1er décembre.

L'étudiante inscrite doit résider au siège de la Faculté et suivre les cours.

Quatre inscriptions sont exigées pour le 1er examen.
Huit   —   pour le 2e examen (baccalauréat).
Douze   —   pour le 3e examen ou licence.

Voici le tarif des droits d'examens de licence :

1er examen

1 épreuve à 65 fr. ; 1 épreuve à 60 fr. . .	125 fr.
2 certificats d'aptitude à 30 fr.	60

2e examen (Baccalauréat)

1 épreuve à 65 fr. ; 1 épreuve à 60 fr. . .	125 fr.
2 certificats d'aptitude à 30 fr.	60
Diplôme.	100

3e examen (Licence)

1 épreuve à 65 fr. ; 1 épreuve à 60 fr. . .	125 fr.
2 certificats d'aptitude à 30 fr.	60
Diplôme de licence.	100
Total.	755 fr.

Pour être reçu avocat il faut outre le grade de licencié en droit, prêter serment devant la cour ou le tribunal auquel on doit être attachée.

Les trois années d'études terminées la candidate, pour être inscrite au tableau de l'ordre des avocats, doit subir un stage de trois ans.

La stagiaire a le droit de plaider dès la première année de son stage lors même qu'elle serait encore mineure.

Une avocate a le droit de parler couverte sauf quand elle lit des conclusions. Elle est toujours libre de refuser une cause sauf dans le cas où elle a été désignée d'office.

Elle ne peut réclamer ses honoraires en justice, du moins à Paris.

Elle est en outre sous l'autorité des cours et des tribunaux devant lesquels elle plaide.

LICENCE ÈS-SCIENCES

La Faculté délivre vingt-trois certificats d'études supérieures : trois d'entre eux confèrent le titre de licenciée ès sciences.

Le diplôme porte mention de ces trois certificats.

Les matières doivent être enseignées à la Faculté des sciences et choisies par la candidate.

Les examens se passent devant les Facultés des sciences au commencement et à la fin de l'année scolaire.

L'examen pour chaque certificat se divise en épreuves écrites, épreuves pratiques et épreuves orales.

Les candidates ne sont admises à ces dernières que si elles ont subi les premières avec succès.

Pour pouvoir se présenter pour l'obtention de ces certificats il faut justifier du grade de bachelier et avoir quatre inscriptions trimestrielles.

Les certificats sont les suivants : calcul différentiel et intégral, mécanique rationnelle, astronomie, analyse supérieure, géométrie supérieure, mécanique céleste, mécanique physique et expérimentale, physique mathématique, physique générale, chimie supérieure, chimie générale, chimie appliquée, minéra-

logie, chimie biologique, zoologie, embryologie
générale, géographie physique, mathématiques prépara-
ratoires à l'étude des sciences physiques (analyse et
mécanique), sciences physiques, chimiques et naturelles.

Les droits à payer au trésor sont ainsi fixés :

Quatre inscriptions à 30 fr.	120 fr.
Droits de bibliothèque.	10
Examen	40
Certificat d'aptitude	20
Diplôme	40
Total . . .	230 fr.

DOCTORAT ÈS-SCIENCES

Le doctorat ès-sciences comporte l'une des mentions
suivantes :

Doctorat ès-sciences mathématiques ;

Doctorat ès-sciences physiques ;

Doctorat ès-sciences naturelles.

Pour les trois doctorats, il faut être licencié ès-
sciences, grade constitué de trois certificats déterminés
pour chaque ordre de sciences, et présenter deux
thèses sur des sujets entièrement nouveaux pour être
examinées par la Faculté. On peut présenter une seule
thèse, mais dans ce cas, le candidat doit répondre à
des propositions données et relatives à des matières
non traitées dans la thèse.

Les thèses, avant l'impression, porteront le visa du

doyen et le permis d'imprimer du vice recteur d'académie.

Le doctorat d'université ne demande que deux certificats d'études supérieures. Les candidates devront justifier d'une année de scolarité dans un laboratoire de l'Université.

Les droits à verser par les candidates sont ainsi fixés :

Examen	80 fr.
Certificat d'aptitude	20
Diplôme	40
Total.	140 fr.

DIPLOMES D'ÉTUDES SUPÉRIEURES DE SCIENCES

Des diplômes d'études supérieures de mathématiques, de sciences naturelles et de sciences physiques sont conférés par les Facultés des sciences.

Aucune condition d'âge ni de grade n'est requise pour leur obtention.

Les candidates à l'agrégation doivent en être munies.

Les épreuves à subir pour les posséder sont :

Mathématiques. — Composition d'un mémoire sur un sujet agréé par la Faculté et soutenance de ce mémoire;

Interrogations sur des questions indiquées à la candidate trois mois à l'avance et se rapportant à la même partie des mathémathiques;

Sciences naturelles. — Composition d'un mémoire exposant le résultat d'expériences ou d'observations faites par la candidate sur un sujet de biologie, de physiologie, de zoologie, de botanique ou de géologie, agréé par la Faculté, et soutenance de ce mémoire.

Interrogations sur des questions indiquées à la candidate trois mois à l'avance et se rapportant à la même partie des sciences naturelles.

Sciences physiques. — Composition d'un mémoire exposant le résultat d'expériences faites par la candidate sur un sujet de physique, de chimie ou de minéralogie, agréé par la Faculté, et soutenance de ce mémoire.

Interrogations sur des questions indiquées à la candidate trois mois à l'avance et se rapportant à la même partie des sciences physiques.

LICENCES ÈS LETTRES

Les candidates qui désirent être admises à l'examen pour l'obtention de ce diplôme doivent être en possession de celui de bachelier et justifier d'inscriptions prises pendant une année au moins à une faculté des lettres.

Ces inscriptions doivent être prises régulièrement aux époques annoncées à raison d'une par trimestre.

Plusieurs inscriptions peuvent être prises cumulativement après autorisation accordée par le recteur sur l'avis de la faculté et pour raison valable.

Toute étudiante qui se présente pour prendre sa première inscription doit déposer son acte de naissance, son diplôme de bachelière et, si elle est mineure, le consentement de son père ou de son tuteur indiquant en même temps le domicile de celui-ci.

Deux sessions d'examens sont ouvertes chaque année dans les facultés des lettres, la première au mois de juillet, la seconde au mois de novembre.

Les candidates se font inscrire au secrétariat de la Faculté dont elles suivent les cours ;

Il y a quatre sortes de licences ès-lettres : la licence historique, la licence de langues vivantes, la licence littéraire et la licence philosophique.

Chacune de ces quatre licences permet de préparer le doctorat ès lettres. Toutes, à l'exception de la licence de langues vivantes, donnent le droit de se préparer à toutes les agrégations de l'ordre des lettres.

Les épreuves de ces licences sont les unes écrites, les autres orales; elles ont été fixées par un décret du 8 juillet 1907.

Ce sont les suivantes :

LICENCE HISTORIQUE

Epreuves écrites : 1° une version latine;

2° Une composition d'histoire et de géographie ;

3° Une épreuve pratique sur un texte historique ;

4° Une composition sur une matière enseignée à la Faculté.

Les candidates munies de certains diplômes sont dispensées de cette dernière épreuve.

Epreuves orales : interrogations sur l'histoire ancienne, du moyen âge, moderne et contemporaine, sur la géographie, sur une matière enseignée à la Faculté, sur un ouvrage historique choisi par la candidate ; explication d'un texte anglais ou allemand.

LICENCE DE LANGUES VIVANTES

Épreuves écrites : 1° Une version latine ;

2° Une version avec commentaire général et littéraire dans la langue choisie par la candidate ;

3° Un thème sans dictionnaire ;

4° Une composition française.

Épreuves orales : 1° Explication d'un texte dans la langue choisie par la candidate, avec interrogations grammaticales ;

2° Interrogation d'histoire littéraire ;

3° Explication d'un texte dans une seconde langue vivante ;

4° Explication d'un texte français ;

5° Interrogation sur une matière choisie parmi celles enseignées à la Faculté.

LICENCE LITTÉRAIRE

Épreuves écrites : 1° Version grecque avec commentaire littéraire et grammatical ;

2° Version latine avec commentaire littéraire et grammatical ;

3° Composition française.

Épreuves orales : Explication de textes français, latin et grec ; interrogation sur deux matières désignées par la candidate parmi celles enseignées à la Faculté ; analyse d'un texte de langue vivante.

LICENCE PHILOSOPHIQUE

Epreuves écrites :

1° Une version latine ;

2° Une composition sur une question de philosophie ;

3° Une composition sur une question d'histoire de la philosophie ;

4° Une composition sur un sujet enseigné à la Faculté.

Les licenciées en droit, les doctoresses en médecine, etc., sont dispensées de cette dernière épreuve.

Epreuves orales : Des interrogations sur la philosophie générale, la psychologie, la logique et la méthode des sciences, la morale et la sociologie, et sur une matière désignée par la candidate parmi celles enseignées à la Faculté ; l'explication de deux textes philosophiques en deux langues différentes ; l'analyse d'un texte anglais ou allemand.

L'une des deux langues sur laquelle portera l'examen devra être l'anglais ou l'allemand.

Le doyen, avec ceux des membres de la Faculté prenant part à l'examen, choisira les sujets des compositions.

Les concurrentes ne peuvent se munir d'aucun ouvrage imprimé, à l'exception de dictionnaires grecs et latins, ni d'aucun manuscrit, ni avoir aucune communication avec le dehors ni entre elles.

La sanction est l'exclusion.

Les candidates admissibles à l'écrit et étant refusées

à l'oral gardent le bénéfice de leur admissibilité durant une année.

Le ministre confère les grades au moyen de diplômes d'après les certificats d'aptitude visés par les recteurs.

Le diplôme obtenu porte l'ordre des épreuves spéciales que la candidate a subies et des matières facultatives sur lesquelles elle a désiré être interrogée.

Les droits examen sont :

Examen.	40 fr.
Certificat d'aptitude.	20
Diplôme.	40
Total . .	100 fr.

DOCTORAT ÈS LETTRES

Les candidates qui désirent être admises aux épreuves du doctorat dans une faculté des lettres doivent être licenciées et soutenir deux thèses écrites, l'une en français et l'autre dans une langue ancienne ou moderne enseignée à la Faculté, sur deux matières distinctes choisies pour l'aspirante d'après la nature de ses études et parmi les objets de l'enseignement de la Faculté.

L'une et l'autre thèses sont soutenues publiquement en français.

Les thèses manuscrites doivent être remises au doyen qui désigne un ou plusieurs professeurs de la Faculté, lesquels, après s'être assurés qu'elles peuvent être présentées à la soutenance publique, les signeront.

Le doyen remet alors ce manuscrit au recteur, en

l'accompagnant d'un rapport destiné à montrer les qualités et les défauts qui y sont contenus.

Le recteur accorde ou refuse le permis d'imprimer. Dans ce dernier cas le recteur, après demande de la Faculté ou de l'intéressée, peut en référer au ministre. Ce dernier recevra l'avis d'une commission compétente et statuera en section permanente du Conseil supérieur de l'instruction publique.

Un certain nombre d'exemplaires doivent être déposés au secrétariat de la Faculté ; en outre un exemplaire de chaque thèse doit être remis à chaque professeur dix jours au moins avant celui fixé pour la soutenance.

Les thèses sont soutenues publiquement ; la durée de la soutenance pour chacune est de deux heures au moins.

Le nombre des examinateurs est de six, dont au moins trois docteurs ès-lettres chargés dans une Faculté de l'enseignement auquel chacune des thèses se rapporte : philosophie, histoire, lettres, grammaire.

Ils discutent dans l'ordre d'ancienneté.

Le recteur peut, après avis de la Faculté et pour compléter le jury, proposer au ministre un docteur ès lettres ayant étudié d'une manière toute spéciale des matières sur lesquelles porte la thèse à soutenir.

Le ministre confère le grade au moyen d'un diplôme délivré d'après le certificat d'aptitude visé par le recteur.

Ce diplôme peut être refusé dans l'intérêt de l'ordre public ou de la morale publique, sur l'avis du Conseil supérieur de l'instruction publique.

Des avis insérés dans les journaux et affichés sur les murs de la Faculté et au chef-lieu de l'Académie font savoir la date de l'examen du doctorat et les matières sur lesquelles il portera.

DIPLOMES D'ÉTUDES SUPÉRIEURES DE LETTRES

Des diplômes d'études supérieures de philosophie, d'histoire et de géographie, de langues et littératures étrangères vivantes, de langues classiques sont délivrés par les Facultés des lettres.

Aucune condition d'âge ni de grade n'est requise pour leur obtention.

Les candidats à l'agrégation doivent en être munies.

Les épreuves à subir pour posséder ces diplômes sont :

Philosophie. — Composition d'un mémoire sur un sujet agréé par la Faculté et soutenance de ce mémoire.

Explication et discussion d'un texte philosophique étendu indiqué à la candidate trois mois à l'avance.

Histoire et géographie. — Composition d'un mémoire sur un sujet agréé par la Faculté et soutenance de ce mémoire ;

Exposé d'une question d'histoire et d'une question de géographie indiquées à la candidate trois mois à l'avance.

Explication d'un texte historique et géographique choisi par la candidate ;

Interrogation sur la bibliographie et sur une science auxiliaire de l'histoire (archéologie, paléographie, etc.) ou de la géographie (climatologie, océanographie, etc.)

Langues et littératures étrangères vivantes. — Composition d'un mémoire en français ou dans une langue étrangère sur un sujet agréé par la Faculté, et soutenance de ce mémoire;

Explication d'un passage d'un auteur du moyen âge ou de la Renaissance choisi par la candidate;

Explication d'un passage d'un auteur moderne par la candidate.

Langues classiques. — Composition d'un mémoire sur un sujet agréé par la Faculté et soutenance de ce mémoire;

Explication approfondie de textes français, latin et grec, agréés par la Faculté;

Interrogation sur une matière choisie par la candidate (bibliographie, grammaire comparée, histoire littéraire, etc.)

Depuis le mois de juillet 1906 un diplôme d'études supérieures de langue et littérature arabes est délivré par l'école des lettres d'Alger.

AGRÉGATION DE L'ENSEIGNEMENT SECONDAIRE CLASSIQUE

Des concours pour l'agrégation de l'enseignement secondaire classique portent sur:

La philosophie,

Les lettres,

L'histoire et la géographie,

Les classes de grammaire,

Les langues vivantes,

Les sciences mathématiques,

Les sciences physiques,

Les sciences naturelles;

Le ministre de l'Instruction publique fixe la date de chaque concours et nomme les juges.

La date doit être déterminée six mois au moins à l'avance.

Les candidats doivent, pour se présenter, posséder des grades variant suivant chaque catégorie.

Ces grades sont :

Philosophie. — Licence ès lettres et diplôme d'études supérieures de philosophie.

Lettres. — Licence ès-lettres, et diplôme d'études supérieures de langues classiques.

Histoire et Géographie. — Licence ès lettres et diplôme d'études supérieures d'histoire et de géographie, ou diplôme d'archiviste paléographe ou diplôme de l'école des hautes études (section d'histoire et de philosophie ou section des sciences religieuses).

Grammaire. — Licence ès lettres et diplôme d'études supérieures de langues classiques.

Langues vivantes. — Licence ès lettres et diplôme d'études supérieures de langues et de littérature étrangères vivantes.

Sciences mathématiques. — Licence ès-sciences avec les mentions : mécanique, physique générale et calcul différentiel et diplôme d'études supérieures de mathématiques ou certificat de géométrie supérieure, d'analyse supérieure, de physique, de mécanique, de mécanique céleste ou de mécanique physique expérimentale.

Sciences physiques. — Licence ès sciences avec les mentions : mécanique ou mathématiques générales, physique générale et chimie générale et diplôme d'études supérieures de sciences physiques, ou certificat de physique appliquée.

Sciences naturelles. — Licence ès-sciences avec les mentions : Zoologie, botanique et géologie. Diplôme d'études supérieures de sciences naturelles, certificat de physique générale ou de chimie générale.

Les aspirantes doivent se faire inscrire au secrétariat de l'académie dans laquelle elles résident au moins deux mois avant la date fixée pour l'ouverture du concours.

Elles sont tenues de déposer en même temps que leur diplôme un *curriculum vitae*, écrit et signé par elles.

Elles y feront connaître leurs antécédents, les fonctions qu'elles ont remplies, celles qu'elles exercent à l'époque du concours, le ou les établissements auxquels elles ont été attachées comme élèves ou comme professeurs et les épreuves de l'agrégation qu'elles veulent affronter.

Dans les huit jours et en y joignant ces observations le recteur donne avis de l'inscription au ministre qui arrête les listes des aspirantes.

Celles d'entre elles qui sont admises à prendre part au concours sont averties quinze jours au moins avant l'ouverture de celui-ci.

Les épreuves de l'agrégation de l'enseignement secondaire se répartissent en épreuves préparatoires et en épreuves définitives.

Les premières ne comprennent que des compositions écrites.

Les sujets des compositions sont donnés par le président sous l'approbation du ministre.

Chaque candidate, avant de subir les épreuves préparatoires, doit apposer sa signature sur une feuille préparée à cet effet et y mentionner ses grades universitaires ou des titres y équivalents.

Elle signera également chaque composition.

A Paris, les épreuves ont lieu sous la surveillance d'un des membres du jury.

En province, au chef-lieu académique, sous celle d'inspecteurs d'académie, de professeurs de facultés ou de lycées choisis par le recteur qui a toute autorité.

Aucun manuscrit ni ouvrage imprimé à l'exception de dictionnaires, de tables de logarithmes ou de tout aide-mémoire toléré par le jury, ne doit être employé par les concurrentes.

Aucune communication entre elles ou avec le dehors n'est permise.

La sanction est l'exclusion.

Le jury dresse, d'après le résultat des épreuves préparatoires, une liste des candidates qui sont admises à prendre part aux épreuves définitives et la transmet au ministre de l'Instruction publique.

Cette liste est ensuite publiée.

Les épreuves définitives ont lieu à Paris et sont publiques.

Elles comprennent des explications de textes, des leçons et des épreuves pratiques.

Pour les premières les candidates ont un quart d'heure de préparation sans secours d'aucune sorte ; pour les secondes elles ont six heures avec la permission de se faire apporter tous les ouvrages qu'elles désirent ; mais toutefois sans se faire aider d'une tierce personne.

Le ministre, sur la proposition du jury et avant le 1er octobre de l'année qui précède le concours, dresse la liste des matières sur lesquelles porteront les interrogations.

Les candidates doivent subir toutes les épreuves aux jours et heures indiqués sans qu'aucune excuse ne soit admise, à moins qu'elle n'ait été reconnue valable par le jury.

AGRÉGATION DE PHILOSOPHIE

L'épreuve préparatoire comprend trois dissertations dont deux sur des questions de philosophie et la troisième sur une question d'histoire de la philosophie.

La première épreuve définitive consiste en une leçon sur un sujet de critique philosophique ou d'histoire de la philosophie fait après six heures de préparation.

La durée de cette épreuve est d'une heure.

Dans la seconde épreuve définitive la candidate doit expliquer trois textes : l'un d'un philosophe grec, l'autre d'un philosophe latin, le troisième en français d'un philosophe moderne.

La durée de l'épreuve pour chaque texte doit être de trois quarts d'heure au plus.

Dans la première épreuve définitive le jury tire le sujet sur lequel la candidate fera sa leçon de celui des auteurs qu'elle aura désigné.

Dans la seconde épreuve définitive, au contraire, elle tirera les textes parmi les ouvrages choisis par la ministre.

Enfin, après six heures de préparation la candidate doit faire une leçon sur un sujet de philosophie pris dans le programme de l'enseignement des lycées.

La durée de cette leçon est d'une heure.

AGRÉGATION DES LETTRES

L'agrégation des lettres comprend une épreuve préparatoire et trois épreuves définitives.

L'épreuve préparatoire consiste en une composition française, une composition latine, une version latine, un thème grec, une composition sur une ou plusieurs questions de grammaire et de prosodie et des exercices écrits de prosodie et de métrique élémentaire.

La première épreuve définitive comprend une explication et une traduction de deux textes, l'un latin et l'autre grec, plus un commentaire d'un texte français.

La candidate doit subir cette épreuve durant deux heures un quart.

La seconde épreuve définitive comprend l'explication d'un texte grec ou latin pris par le jury dans un des ouvrages cités au programme, accompagnée d'un commentaire littéraire et philologique.

L'épreuve dure une heure, six heures de préparation sont accordées.

La troisième épreuve définitive consiste en une leçon faite par la candidate sur un sujet de littérature classique tiré au sort parmi ceux portés au programme.

Il est accordé six heures de préparation pour cette épreuve dont la durée est de une heure.

AGRÉGATION DE GRAMMAIRE

L'épreuve préparatoire de l'agrégation de grammaire comprend : une composition française, une composition sur une ou plusieurs questions de grammaire française et de prosodie, une composition de grammaire latine ou grecque, de prosodie et de métrique latine ou grecque, une version latine, un thème grec et un latin.

Dans la première épreuve définitive, les candidates doivent, en fournissant toutes les remarques que comporte l'explication en classe, expliquer et traduire un texte latin et un grec et commenter un texte français.

La durée de cette épreuve est de une heure et demie.

La seconde épreuve définitive consiste dans l'explication d'un texte grec, latin, de vieux français et de français moderne, choisi par le jury dans un des ouvrages indiqués au programme.

Cette explication est accompagnée d'un commentaire littéraire et grammatical.

Pour cette épreuve dont la durée est d'une demi-

heure au plus, six heures de préparation sont accordées
aux concurrentes.

Celles-ci, pour la troisième épreuve définitive, sont
tenues, pendant une demi-heure au plus, et avec une
préparation qui ne peut excéder vingt-quatre heures,
de faire une leçon d'histoire ancienne.

AGRÉGATION D'HISTOIRE
ET DE GÉOGRAPHIE

Les candidates doivent, comme épreuve préparatoire,
faire quatre compositions.

Ces quatre compositions portent sur l'histoire ancienne, l'histoire du moyen âge, l'histoire moderne et
la géographie.

Les sujets sont pris dans un programme déterminé
chaque année.

Les concurrentes sont autorisées à se munir d'une
chronologie choisie par le ministre de l'Instruction
publique.

Les épreuves orales comprennent trois leçons.

La première se fait sur un sujet d'histoire ancienne
d'histoire du moyen âge ou d'histoire moderne tiré au
sort.

La seconde se fait sur un sujet d'histoire ancienne,
d'histoire du moyen âge ou d'histoire moderne tiré
au sort ; mais, au contraire du sujet de la première
leçon, qui est pris en dehors du programme, celui de
la seconde est pris dans le programme.

Un sujet de géographie fait l'objet de la troisième
leçon.

Pour ces trois leçons, d'une durée de quarante minutes, six heures de préparation sont accordées.

AGRÉGATION D'ALLEMAND

L'agrégation d'allemand comprend des épreuves préparatoires et trois épreuves définitives.

Les premières consistent en :

Un thème;

Une version;

Une composition allemande.

La première épreuve définitive comprend :

Un thème oral;

L'explication d'un passage tiré au sort parmi les auteurs du programme.

La deuxième épreuve définitive se compose de deux leçons : une en français, l'autre en allemand.

L'un des sujets d'une de ces leçons est tiré de l'histoire littéraire, l'autre d'un auteur du programme.

Une préparation de six heures est accordée pour chaque leçon dont la durée ne peut excéder une heure.

Enfin la troisième épreuve définitive comprend la traduction d'un texte anglais.

AGRÉGATION D'ANGLAIS

Les épreuves préparatoires consistent en :

Un thème;

Une version;

Une composition anglaise;

16.

Une composition française;

Une question de littérature fait l'objet d'une des compositions, une question de langue est le sujet de l'autre.

La première épreuve définitive comprend :

Un thème oral;

Explication d'un passage tiré au sort parmi les auteurs du prog.amme.

La deuxième épreuve définitive se compose de deux leçons :

Une en français, l'autre en allemand.

L'un des sujets d'une de ces leçons est tiré de l'histoire littéraire, l'autre d'un auteur du programme.

Une préparation de six heures est accordée pour chaque leçon dont la durée ne peut excéder une heure.

Enfin la troisième épreuve définitive comprend la traduction d'un texte allemand.

AGRÉGATION D'ITALIEN, D'ESPAGNOL OU D'ARABE

Les épreuves de cette agrégation sont identiquement semblables à celles qui composent l'agrégation d'anglais.

Elles portent sur les langues italienne, espagnole ou arabe.

La troisième épreuve définitive seule varie, elle comprend la traduction d'un texte dans une langue vivante choisie par la candidate.

AGRÉGATION DES SCIENCES MATHÉMATIQUES

L'épreuve préparatoire comprend :

Une composition de mathématiques élémentaires;

Une composition de mathématiques spéciales;

Une composition sur l'analyse et ses applications géométriques;

Une composition de mécanique rationnelle.

Les épreuves définitives consistent en :

Une leçon de mathématiques élémentaires, trois heures de préparation à huis clos étant accordées;

Une leçon de mathématiques spéciales, quatre heures de préparation à huis clos étant accordées;

Deux compositions : une épure de géométrie descriptive et un exercice de calcul.

Le jury fixe la durée que doit avoir chaque composition.

Pour les leçons de mathématiques, aucune note, aucun livre n'est toléré pour leur préparation.

AGRÉGATION DES SCIENCES PHYSIQUES

L'épreuve préparatoire comprend :

Une composition de physique;

Une composition de chimie;

Une composition de physique ou de chimie;

Une composition de physique supérieure;

Des problèmes et exercices d'application.

Les sujets des deux premières compositions sont

choisis dans le programme des classes de mathématiques élémentaires et mathématiques spéciales.

Les épreuves définitives consistent en :

Une leçon d'une heure sur un sujet donné vingt-quatre heures à l'avance, faite sur une question de physique ;

Une leçon d'une heure sur un sujet donné vingt-quatre heures à l'avance, faite sur une question de chimie ;

Une épreuve pratique comprenant une ou plusieurs opérations de physique ;

Une épreuve pratique comprenant une ou plusieurs opérations de chimie.

AGRÉGATION DES SCIENCES NATURELLES

L'épreuve préparatoire comprend :

Une composition de zoologie ;

Une composition de botanique ;

Une composition de géologie et de paléontologie ;

Une composition sur une question relative aux méthodes et aux systèmes dans les sciences naturelles.

L'épreuve définitive consiste en deux leçons sur deux questions de zoologie, de botanique ou de géologie et de paléontologie.

Les épreuves pratiques sont les suivantes :

Préparation d'anatomie animale et végétale avec emploi du microscope ;

Détermination d'échantillons pris dans l'un des trois règnes avec emploi d'instruments et d'ouvrages jugés nécessaires par le jury.

Ce dernier juge les épreuves des candidates et désigne par ordre de mérite, celles qu'il estime dignes d'être agrégées.

En cas de partage, la voix du président est prépondérante.

Un procès-verbal des opérations du concours est dressé par l'un des juges faisant fonctions de secrétaire.

Ce procès-verbal doit être signé par tous les membres du jury qui sont autorisés à y joindre les observations qui leur sembleraient nécessaires.

Il sera ensuite transmis, accompagné d'un rapport du président, au ministre.

Toute concurrente ayant à se plaindre des résultats du concours peut, dans un délai de dix jours, adresser une réclamation au ministre de l'Instruction publique.

Ce pourvoi ne peut être accordé que pour violation de forme.

ÉCOLES PROFESSIONNELLES
ET MÉNAGÈRES DE JEUNES FILLES

PARIS

Paris possède six écoles municipales professionnelles de jeunes filles. Elles sont situées : rue Fondary, 20 ; rue Bouret, 2 (École Jacquard), rue Ganneron, 26 ; rue de Poitou, 7, rue de la Tombe-Issoire 77 (École Emile Dubois), et rue d'Abbeville, 12.

Ces établissements sont destinés à enseigner une profession aux jeunes filles et, en outre, à les familiariser avec les occupations du ménage.

Les élèves y terminent, en outre, leurs études primaires.

On admet dans ces écoles les jeunes filles âgées de treize à quinze ans ; celles qui sont munies du certificat d'études primaires peuvent se présenter au concours dès l'âge de douze ans.

Les pièces à produire pour l'inscription sont les suivantes :

1° Le bulletin de naissance ;

2° Le certificat de revaccination ;

3° Une pièce constatant que les aspirantes sont françaises ;

4° Une pièce constatant que les parents sont domiciliés à Paris ;

5° Le certificat d'études.

Les épreuves du concours sont :

Une dictée servant d'épreuve d'écriture ;

Une composition d'arithmétique comprenant deux problèmes ;

Une composition française sur un sujet simple ;

Une épreuve de couture ;

Une épreuve facile de dessin d'après le plâtre ou d'après un objet usuel.

L'enseignement y est gratuit. Des bourses d'habillement et des bourses de déjeuner ont été instituées par le Conseil municipal pour venir en aide aux élèves peu fortunées.

Les matières enseignées sont les suivantes :

Morale et enseignement civique.

Langue française. — Orthographe, rédaction, éléments de littérature.

Arithmétique Commerciale. — Intérêts, escomptes (calcul rapide), bordereaux, comptes courants, etc.

Éléments de Géométrie. — Lignes, surfaces, volumes.

Comptabilité. — Notions de tenue de livres et de droit commercial.

Histoire. — Notions sommaires d'histoire ancienne, histoire du moyen-âge, moderne, contemporaine.

Géographie. — Les cinq parties du monde, étude détaillée de la France.

Eléments de Physique. — Pesanteur, hydrostatique, chaleur, son, lumière, électricité.

Eléments de Chimie. — Métalloïdes, métaux, notions sommaires de chimie organique.

Eléments d'Histoire naturelle. — Physiologie, zoologie, botanique, géologie, notions d'hygiène.

Couture ménagère. — Tous les genres de raccommo-dages.

Enseignement ménager. — Les élèves des trois années passent à tour de rôle à la cuisine et sont exercées aux travaux du ménage.

Les cours professionnels portent sur la peinture, le commerce (sténo-dactylographie) broderie, couture (coupe et confections).

La durée de l'apprentissage est généralement de trois ans.

INSTITUT NORMAL CATHOLIQUE
39, rue Jacob, Paris.

Cet établissement comprend des cours d'éducation, des cours de préparation et un internat.

Les cours d'éducation ont pour but de partager avec la mère l'éducation et de lui simplifier la tâche de l'enseignement, en un mot de respecter et simplifier son action.

Sur la demande des parents les élèves peuvent être reçues soit quelques heures par jour, soit toute la journée dans des salles d'études où elles trouvent pour leur travail aide et direction.

Des conférences historiques, scientifiques et littéraires font comprendre aux jeunes femmes et aux jeunes filles ayant terminé leur éducation l'importance de leur mission dans le monde, augmentent leurs richesses intellectuelles et leur en montrent l'application pratique.

Des langues étrangères telles que l'allemand, l'anglais, l'italien, l'espagnol sont professées.

Des cours de musique (solfège, harmonie, orgue, piano, chant, accompagnement, mandoline, violon, harpe), de dessin (ornement, tête modèle vivant, paysage, perspective) et de peinture (gouache, aquarelle, pastel, porcelaine, émail, peinture à l'huile) sont enseignés.

Des travaux manuels (couture, ouvrages d'agrément, coupe) tiennent également une place importante.

Aux cours d'éducation sont adjoints des cours de préparation aux examens légaux (brevet élémentaire et supérieur, certificat d'aptitude pédagogique, certificat d'aptitude au professorat des écoles normales et certificat d'aptitude à l'enseignement secondaire), et un internat dont le but est surtout de procurer à un petit nombre d'enfants ou de jeunes filles spécialement recommandées, avec une vie toute de famille, l'avantage d'un travail sérieux et suivi.

ÉCOLE PROFESSIONNELLE PROTESTANTE

40, rue Boulard, Paris.

Dans cet établissement, les élèves apprennent à faire le ménage, la lingerie, la couture.

L'apprentissage est de trois ans dont une année de lingerie.

Les jeunes filles sortant de cette école sont placées dans de bonnes familles comme petites gouvernantes, comme femmes de chambre, chez des couturières comme ouvrières; certaines travaillent chez elles.

Les apprenties peuvent, au bout de trois ans, rester en qualité d'ouvrières à l'école moyennant une petite rémunération. Elles peuvent même arriver maîtresses.

Des élèves suivent les cours du soir à l'école de la mairie et peuvent obtenir le brevet de commerce qui leur permet de se placer dans cette branche.

Les élèves sont reçues à partir de treize ans.

L'apprentissage des externes est fixé à 5 francs par mois, sauf exception soumise à l'approbation du Comité.

Il dure trois ans.

La jeune apprentie doit rentrer chez elle pour déjeuner ou payer ce repas 50 centimes à l'atelier, et passe à l'atelier supérieur dès qu'elle en est reconnue capable.

Un engagement signé est exigé des parents de l'apprentie à son entrée dans l'atelier.

Le conseil de direction se réserve tous droits de rompre cet engagement, s'il y a lieu.

Pour les admissions, on s'adresse à la Directrice de l'atelier-école, qui reçoit les lundi et jeudi de 2 heures à 6 heures.

Chaque demande d'admission doit être accompagnée :

1° De l'acte de naissance.

!

2° Du certificat de vaccine.

3° D'un certificat de l'institutrice, visé par le maire, constatant que l'élève possède l'instruction primaire élémentaire.

Les apprenties doivent arriver à 8 heures du matin à l'atelier-école et y rester jusqu'à 6 heures du soir.

Elles sont tenues d'assister à la classe qui se fait pendant deux heures, deux fois par semaine, et au culte qui commence chaque journée de travail.

Un livret de caisse d'épargne, variant de 25 à 50 francs, est remis après les trois ans d'apprentissage aux élèves qui ont donné le plus de satisfaction et rendu le plus de services à l'atelier.

Une sortie est accordée le dernier dimanche du mois, de 8 heures du matin à 8 heures et demie du soir.

Les élèves ont vacance pendant le mois d'août et une partie de septembre.

Le trousseau des jeunes filles doit être fourni par les parents ou les protecteurs. Une robe noire et un chapeau d'uniforme sont exigés pour le dimanche.

La maison demande de chaque élève un trousseau simple et en bon état.

MAISON ISRAÉLITE DE REFUGE POUR L'ENFANCE

Boulevard de La Saussaye, 19, Neuilly-sur-Seine.

Cette maison reçoit des orphelines, des enfants abandonnés, des enfants d'ouvriers indigents, etc. L'institution est un internat. On y donne aux jeunes filles une instruction élémentaire, et on les initie aux travaux du ménage.

La maison contient en outre :

1° un atelier de couture ;

2° un atelier de broderie d'art et d'ameublement ;

3° un atelier de lingerie et de raccommodage.

Les pensionnaires qui sont arrivées à produire un travail utilisable sont partagées en deux parties : l'une des deux parties va à l'œuvre, l'autre aux pupilles, quel que soit leur âge.

Ces sommes sont placées à la Caisse d'épargne, et les livrets de dépôt sont remis aux pensionnaires à la sortie de l'établissement.

ÉCOLE PROFESSIONNELLE MÉNAGÈRE

23, rue Guilleminot, Paris.

Dans cette école on accueille les campagnardes de treize à dix-huit ans qui viennent à Paris pour être bonnes. Elles reçoivent des leçons de lavage, de repassage, de raccommodage, de couture, de ménage, de nettoyage, de cuisine. Elles sont ensuite placées dans de bonnes maisons.

Toute jeune fille arrivant à Paris qui désire être admise doit être munie d'un certificat de son curé ou d'une personne recommandable de sa localité. La pension est de un franc par jour pour sa nourriture et son logement pour les commençantes et 1 fr. 50 pour les jeunes filles ayant déjà été placées.

ÉCOLE PROFESSIONNELLE DE CARTONNAGE

Cette école, établie par la *Chambre syndicale du Papier et des industries qui le transforment*, a son siège social rue de Lancry, 10.

Les cours sont ouverts aux jeunes gens des deux sexes, et sont entièrement gratuits. Ils comprennent : la langue française, l'arithmétique, la correspondance et la comptabilité commerciales, l'histoire de la profession, la géographie industrielle, les notions élémentaires scientifiques, le dessin et la confection des cartonnages.

On y admet les apprentis dès l'âge de douze ans, et on les divise en trois sections, suivant le degré de leur instruction et leur temps d'apprentissage.

Les cours ont lieu : les lundi, mardi, mercredi et jeudi, de huit à dix heures du soir, et de huit et demie à onze heures le dimanche matin. Ils durent environ sept mois, d'octobre à avril.

A la fin de l'année scolaire, les apprentis subissent des examens qui se divisent en deux épreuves : une épreuve pratique portant sur la confection d'un objet, suivant des conditions déterminées, et une épreuve théorique consistant dans la description écrite des procédés employés dans l'épreuve précédente.

Les différentes épreuves sont soumises à l'examen d'un jury, qui se compose en partie égale de patrons et d'ouvriers de la corporation.

Les élèves qui en sont jugés dignes, reçoivent pour

récompenses, soit des livrets de Caisse d'épargne, des boîtes d'outils ou des livres.

COURS DE L'ASSOCIATION POLYTECHNIQUE ET DE L'ASSOCIATION PHILOTECHNIQUE

L'Association polytechnique est l'une des plus anciennes institutions dues à l'initiative privée qui se soient vouées en France à l'instruction populaire gratuite. Elle fut fondée par d'anciens élèves de l'École polytechnique, et son but fut ainsi défini en 1824 par le baron Charles Dupin, un de ses fondateurs : « Enseigner les sciences appliquées aux jeunes gens de la classe industrielle, à l'heure où finit le travail des ateliers ».

L'Association compte 27 sections à Paris, et de nombreux groupes dans les communes suburbaines. Elle a organisé et elle patronne diverses sociétés similaires dans les départements et même hors de France, dans les colonies et à l'étranger.

Les cours publics et gratuits du soir ont pour objet la vulgarisation des connaissances utiles, professionnelles, techniques, et constituent un ensemble complet d'instruction générale. Ils s'adressent aux ouvriers, aux employés du commerce et de l'industrie, aux commerçants, à tous ceux qui n'ont ni le temps ni les moyens d'étudier ailleurs.

Des conférences et des bibliothèques populaires sont le complément de cette institution qu'on a appelée avec raison la Sorbonne de l'ouvrier.

Les professeurs de l'Association Polytechnique se

recrutent dans toutes les professions : ce sont des ingénieurs anciens élèves de l'Ecole Polytechnique ou de l'Ecole Centrale, des avocats, des médecins, des hommes de lettres, des artistes, des commerçants, des comptables, des publicistes, des fonctionnaires, qui tous, unis dans une même pensée de progrès, viennent apporter à cette œuvre de réparation sociale leur contingent de savoir et de dévouement.

L'Association Philotechnique, fondée, en 1848, par quelques professeurs qui s'étaient détachés de la première association, a le même but. Elle a même des tendances plus marquées à se rapprocher de l'enseignement professionnel.

Les cours de ces deux associations ont lieu tous les soirs, de huit heures et demie à dix heures.

Ceux accessibles aux jeunes filles sont les suivants :

Lecture et diction. — Histoire de France. — Histoire moderne. — Géographie. — Langue française. — Littérature. — Législation. — Éléments de latin. — Pédagogie et éducation. — Principes de morale. — Arithmétique et algèbre. — Géométrie et perspective. — Physique et chimie. — Astronomie. — Hygiène. — Histoire naturelle. — Comptabilité. — Calligraphie. — Langue anglaise. — Langue allemande. — Langue italienne. — Langue espagnole. — Dessin. — Modelage. — Fleurs et plumes. — Sténographie. — Dactylographie. — Aquarelle. — Peinture sur faïence et porcelaine. — Coupe, couture et assemblage. — Musique vocale et instrumentale.

Les cours sont entièrement gratuits.

INSTITUT DÉPARTEMENTAL DES AVEUGLES

L'Institut départemental des aveugles reçoit des aveugles des deux sexes. Il a pour but :

1° De donner l'instruction primaire complétée par le travail manuel aux enfants aveugles du département de la Seine ;

2° De donner l'instruction professionnelle aux aveugles de dix à vingt-et-un ans ;

3° D'assurer aux aveugles majeurs l'exercice des métiers qu'ils ont appris en leur procurant du travail.

Les aveugles sont admis depuis l'âge de trois ans jusqu'à treize ans, à condition qu'ils soient Français, que leurs ascendants habitent le département de la Seine depuis deux ans.

Le prix de pension est fixé à 1.000 francs par an (payables par mois) jusqu'à l'entrée de l'enfant à l'atelier. (Des dégrèvements partiels pourront être accordés par arrêté préfectoral.)

Les pièces exigées pour l'admission d'un enfant à l'Institut départemental sont les suivantes :

1° Une demande adressée à M. le Préfet de la Seine. Dans cette demande les parents indiqueront les ressources et les charges de la famille et le montant de la pension qu'ils s'engageraient à payer par mois ;

2° Un bulletin de naissance ;

3° Un certificat de vaccination ;

4° Un extrait du rôle des contributions délivré par le percepteur.

5° Un certificat délivré à la clinique ophtalmologique de l'hôpital Lariboisière constatant que l'enfant est atteint de cécité incurable, qu'il est apte à suivre les cours d'enseignement ; qu'il n'est point épileptique ; qu'enfin, il n'a aucune maladie ni infirmité qui le rende inhabile aux travaux dont les aveugles sont capables.

Toutes ces pièces peuvent être produites sur papier libre et doivent être adressées à M. le Directeur de l'Institut départemental des Aveugles, 7, rue Mongenot, à Saint-Mandé.

INSTITUTION NATIONALE DES JEUNES AVEUGLES

Dans cet établissement, situé 56 boulevard des Invalides, à Paris, le prix de la pension est de 100 francs. Le ministre de l'Intérieur peut accorder des portions de bourse ne dépassant pas les trois quarts à des aveugles des deux sexes âgés de dix à treize ans accomplis.

La durée des études est de huit ans pour les élèves musiciennes, cinq ans pour les élèves ouvrières.

INSTITUT DÉPARTEMENTAL
DES SOURDS-MUETS ET SOURDES-MUETTES

29, rue de Nanterre, Asnières.

Cet établissement reçoit les sourds-muets et les sourdes-muettes de la Seine dès l'âge de quatre ans. L'éducation manuelle commence aussitôt par des exercices très courts et aussi attrayants que possible d'observation et d'imitation.

Les élèves restent en général à l'école jusqu'à dix-sept ou dix-huit ans. A partir de la quatorzième année le travail prend une allure nettement professionnelle, les jeunes filles consacrent un certain temps à l'éducation ménagère.

INSTITUTION NATIONALE
DES SOURDS-MUETS ET SOURDES-MUETTES
DE CHAMBÉRY

Cet établissement, situé à Corinthe (Savoie), est destiné à l'éducation des jeunes sourds-muets des deux sexes.

L'enseignement intellectuel est donné par des professeurs choisis par le ministre.

L'enseignement professionnel embrasse pour les jeunes filles, élevées par des institutrices spéciales, la couture, le repassage et tous les travaux du ménage.

INSTITUTION NATIONALE
DES SOURDES-MUETTES
Rue Saint-Sernin, Bordeaux.

L'Institution nationale des sourdes-muettes est un Etablissement de l'Etat affecté à l'éducation et à l'instruction des jeunes filles sourdes-muettes.

L'instruction est basée, depuis l'origine de l'Institution, c'est-à-dire depuis plus d'un siècle, sur la méthode intuitive.

Dès 1879, la méthode, dite *orale pure*, à savoir l'enseignement de la parole par la parole, a été exclusivement appliquée à l'Institution nationale.

L'enseignement est intellectuel et professionnel.

L'enseignement intellectuel comprend : l'articulation, la lecture sur les lèvres, la lecture ordinaire, l'écriture, les leçons de choses, la langue française, les éléments de style, l'histoire de France, l'histoire sainte, la géographie, l'arithmétique et des notions élémentaires de sciences naturelles.

L'enseignement professionnel, obligatoire pour toutes les élèves, comprend : les travaux à l'aiguille, le repassage, les notions pratiques de cuisine, le dessin d'après la bosse, la peinture artistique et décorative, l'aquarelle, l'enluminure et la photographie.

L'ouvroir est divisé en quatre ateliers : tricot, ravaudage, lingerie et broderie, coupe et taille de vêtements.

Un certain nombre d'élèves seulement sont admises, selon leurs aptitudes, à l'atelier de repassage et aux cours de dessin, de peinture et à la retouche des photographies.

L'instruction religieuse fait partie de l'éducation morale que reçoivent les élèves. Il est fait, en outre, des cours spéciaux de morale et un cours de politesse et de civilité.

La durée réglementaire des études ordinaires est de huit années.

Mais, d'une part, les pensionnaires de famille peuvent être admises, avec l'autorisation de M. le Ministre de l'Intérieur, à prolonger leur séjour à l'Établissement, pour y perfectionner leur instruction ; d'autre part, il existe à l Institution nationale une classe enfantine dans laquelle de petites filles sourdes-muettes sont reçues, dès l'âge de six ans accomplis.

Ce cours, dans lequel ne sont enseignées que l'articulation, la lecture sur les lèvres et l'écriture, dure deux ou trois ans, suivant l'âge des élèves à leur entrée. Les élèves de la classe enfantine passent, à partir de neuf ans, dans le cours normal et suivent la filière ordinaire des classes.

Pour être admises à l'Institution, les jeunes filles sourdes-muettes doivent être âgées, comme il a été dit plus haut, de six ans révolus, si elles entrent dans la classe enfantine, et de neuf ans au moins et douze ans au plus, si elles débutent dans le cours primaire.

Les jeunes filles sourdes-muettes peuvent être reçues dans l'Institution après avoir accompli leur douzième année, à la condition de justifier de connaissances suffisantes pour suivre avec fruit les cours correspondant à leur âge.

Toute demande d'admission doit être accompagnée des pièces suivantes :

Un extrait de l'acte de naissance.

Un certificat d'un médecin désigné par l'Administration préfectorale.

Ce certificat, dûment légalisé, indiquera les causes connues ou probables de la surdité, le degré de cette infirmité, et fera connaître si l'enfant a été vaccinée ou si elle a eu la petite vérole.

Le même certificat doit attester que l'enfant n'est atteinte ni de scrofule au deuxième degré, ni d'aucune

maladie contagieuse ou incurable, et qu'elle jouit de
la plénitude de ses facultés mentales.

Le prix de la pension est de mille francs par an, et
ne peut être abaissé que par une décision spéciale du
Ministre.

Des bourses sont entretenues dans l'Établissement
sur les fonds de l'État, ainsi que sur ceux des départements, des communes et des établissements chari-
tables.

Plusieurs bourses ont également été fondées par des
particuliers.

Les bourses sont divisibles.

Les demandes de bourse ou de fractions de bourse
doivent être accompagnées :

1° D'un extrait de naissance de la jeune fille ;

2° D'un certificat de médecin semblable à celui qui
est indiqué plus haut ;

3° D'un certificat du maire constatant que les parents sont dans l'impossibilité de pourvoir aux frais
d'instruction de leur enfant ;

4° D'un certificat du percepteur, indiquant le chiffre
des contributions payées par le père ;

5° De l'engagement écrit de verser le montant du
prix du trousseau dans la caisse de l'Institution, au
moment de l'entrée de l'élève.

Le prix de la bourse entière à la charge des départements, communes ou établissements de bienfaisance,
pour les élèves qu'ils entretiennent, est de 1.000 francs
par an.

Des fractions de bourse complémentaires peuvent
être accordées par le Ministre aux boursières des dé-

partements, des communes et des établissements publics, à concurrence soit de la moitié, soit des trois quarts de la somme ci-dessus.

ÉCOLE PRIMAIRE SUPÉRIEURE DE JEUNES FILLES DE MELUN

L'Ecole primaire supérieure de Melun est organisée selon le décret du 18 janvier 1887 et les programmes du 18 août 1893. Elle comprend trois années d'études, plus une section préparatoire au brevet supérieur. Les élèves y sont présentées aux différents examens de l'enseignement primaire : brevets élémentaire et supérieur, concours d'admission aux Ecoles normales, certificat d'études primaires.

L'enseignement comprend :

L'éducation morale.

La langue française et des notions de littérature.

L'écriture.

L'histoire et l'instruction publique.

La géographie.

L'anglais.

L'arithmétique et des notions de géométrie.

La comptabilité et la tenue de livres.

Les sciences physiques et naturelles, l'hygiène.

Des notions de droit usuel et d'économie politique.

Le dessin.

Les travaux manuels et l'économie domestique.

La gymnastique.

Le chant.

L'Ecole primaire supérieure reçoit : des pensionnaires, des demi-pensionnaires, des externes. Conformément au décret du 18 janvier 1887, modifié par le
décret du 28 janvier 1897, aucune élève ne peut être
admise si elle ne produit les pièces suivantes :

1° Un bulletin de naissance ;

2° Un certificat de vaccine et de revaccination ;

3° Le certificat d'études primaires élémentaires ;

4° Un certificat de bonne conduite, délivré par le
chef de l'établissement où l'enfant a fait ses études
pendant les deux dernières années ;

5° Un certificat signé par le chef de l'établissement
où elle a fait ses études et visé par l'Inspecteur primaire, attestant qu'elle a suivi pendant une année au
moins le cours supérieur d'une école primaire élémentaire. Au cas où il n'existerait pas de cours supérieur
dans l'école fréquentée, la jeune fille devrait avoir
suivi le cours moyen de l'école pendant une année
encore après avoir obtenu le certificat d'études. Toutefois, les élèves qui auront fait leurs études primaires
élémentaires soit dans leur famille, soit dans une école
privée, pourront être admises, à condition de justifier
qu'elles ont étudié les matières comprises dans le programme du cours supérieur des écoles primaires publiques. Cet examen complémentaire sera subi devant
une Commission composée du personnel de l'Ecole
primaire supérieure, sous la présidence de l'Inspecteur primaire.

Les enfants non pourvues du certificat d'études ou
n'ayant pas suivi pendant un an le cours supérieur
d'une école primaire élémentaire, peuvent être reçues

comme élèves internes, sous condition de suivre les cours de l'école primaire élémentaire. Le nombre de ces admissions est limité : l'Ecole se réserve, d'ailleurs, le droit d'en apprécier l'opportunité.

Il est exigé des élèves qui entrent à l'internat un certificat médical attestant qu'elles ne sont atteintes d'aucune maladie contagieuse.

La pension pour l'année scolaire est de 600 francs. Pour deux sœurs elle est réduite à 1.100 francs. Pour une fille d'instituteur ou de membre de l'Enseignement elle est fixée à 500 francs. Sont compris : l'enseignement, la literie, le blanchissage.

Le prix de la demi-pension est de 250 francs.

SOCIÉTÉ POUR L'ASSISTANCE PATERNELLE AUX ENFANTS EMPLOYÉS DANS LES FABRIQUES DE FLEURS ET DE PLUMES

Cette Société a son siège 10, rue de Lancry. Elle a pour but de fournir des ouvriers et des ouvrières instruits aux fabricants de fleurs et de plumes.

Elle a organisé des cours d'instruction primaire, des conférences, des cours de dessin, auxquels sont admises, sur une simple demande, toutes les ouvrières ou apprenties fleuristes ou plumassières. Une bibliothèque de prêts gratuits à domicile est à la disposition des élèves.

Chaque année la Société organise des concours de fabrication, de monture, de trempage et de teinture à la suite desquels elle distribue de nombreuses récomponses, consistant en livrets de caisse d'épargne et en volumes.

Les cours d'instruction primaire et de dessin ont lieu tous les dimanches matin, 10, rue de Lancry.

ÉCOLE PRATIQUE DE COMMERCE ET D'INDUSTRIE POUR JEUNES FILLES, LE HAVRE

L'École primaire supérieure et d'apprentissage (aujourd'hui École pratique de commerce et d'industrie) a été fondée par la municipalité, en 1880, et a pour but d'enseigner aux jeunes filles une profession ou un métier et, en outre, de les perfectionner dans les travaux du ménage. L'enseignement y est gratuit. Les études comprennent une partie générale théorique et une partie technique.

La durée des études est de trois années.

Pour être admises les élèves doivent être âgées de douze ans au moins et munies du certificat d'études primaires.

Elles choisissent leur section dès leur entrée à l'École. Toutes suivent, outre les cours techniques, des cours d'enseignement général.

Les cours techniques de la section commerciale comprennent des cours de comptabilité, de correspondance commerciale, de sténo-dactylographie, d'anglais, de législation et d'économie commerciale, de géographie commerciale et d'écriture.

Les cours techniques de la section industrielle comprennent des cours de dessin industriel, de cuir d'art, de lingerie, de broderie, de repassage, de modes, de coupe et de confection, d'économie domestique pratique.

La spécialisation ne commence qu'en seconde année; la première année est consacrée à la couture exclusivement. A la fin de leurs études, les élèves obtiennent un certificat d'études pratiques.

Deux sections normales préparatoires, l'une au professorat commercial et l'autre à un professorat industriel, sont annexées à l'École pratique commerciale et d'industrie de jeunes filles du Havre.

Le régime de ces sections est l'internat.

Boulogne-sur-Mer, Cherbourg, Dijon, Marseille, Nantes, Pont-de-Beauvoisin, Reims, Rouen, Saint-Étienne, possèdent également des écoles pratiques de commerce et d'industrie de jeunes filles.

ÉCOLE LA MARTINIÈRE
POUR LES JEUNES FILLES, A LYON

L'école La Martinière de Lyon, fondée en 1833, selon le vœu et au moyen d'un legs du major-général Martin, comprend deux sections distinctes : l'école des garçons et l'école des filles.

Cette dernière a pour but de donner aux jeunes filles peu fortunées un complément d'instruction générale et de leur faciliter l'apprentissage d'une profession.

La durée de l'enseignement dans cette école est de trois années.

Les cours comprennent une partie générale commune à toutes les élèves d'une même année et une partie spéciale qui diffère pour les élèves de chaque section, et un enseignement ménager : lavage et repassage, cuisine, tenue de la maison.

L'enseignement général comprend : l'écriture, la grammaire, l'histoire et la géographie, les mathématiques, la physique, la chimie, le dessin, l'économie domestique et les travaux manuels, l'hygiène, les modes, la broderie blanche.

Quant à l'enseignement spécial, il se divise en trois sections, savoir :

Première section : Commerce, écriture, comptabilité, anglais, droit commercial, sténographie et dactylographie.

Deuxième section : Dessin industriel, dessin avec application à la fabrique, mise en cartes, composition, lithographie, etc.

Broderie pour vêtement, ameublement, ornements d'église et étude des divers points; dentelle Renaissance, point de Venise, Bruges, etc.

Les élèves de cette section suivent un cours spécial de dessin appliqué à la broderie.

Troisième section : Robes et vêtements, couture, confection à la main et à la machine, confection des patrons, coupe et assemblage.

Après leurs trois années d'études, qui les mettent généralement en situation de gagner immédiatement leur vie, les élèves peuvent continuer à fréquenter les ateliers de l'école La Martinière pendant une ou deux années pour se perfectionner. Elles peuvent y exécuter les travaux qui leur ont été commandés par l'industrie privée.

ÉCOLE PRATIQUE DE COMMERCE
ET D'INDUSTRIE, ROUEN

Cette école continue l'éducation et l'instruction des jeunes filles sorties de l'école primaire et prépare en outre au commerce, aux postes et télégraphes, ou à diverses professions manuelles : couture, lingerie, broderie, modes, repassage, etc.

Les élèves reçoivent en outre un enseignement ménager qui les initie aux travaux domestiques et qui leur permettra d'être plus tard d'excellentes maîtresses de maison.

Pour être admises à l'École, les jeunes filles doivent être âgées de douze ans au moins et posséder le certificat d'études primaires.

A défaut de ce titre elles ne peuvent se présenter avant l'âge de treize ans et elles ont à subir à l'École même un examen d'entrée.

Toutes les élèves doivent produire, en se faisant inscrire :

1° Un bulletin de naissance ;

2° Un certificat de revaccination.

Les inscriptions sont reçues à l'École.

La durée des études est de trois années. Les élèves sont divisées en trois sections ou années déterminées par leur degré de connaissances.

A l'expiration de la troisième année, un Certificat d'études pratiques industrielles ou commerciales est délivré aux élèves qui ont passé avec succès l'examen de fin d'études. Une grande importance est accordée dans cet examen aux connaissances techniques.

Des bourses d'internat et des bourses d'entretien sont attribuées aux concours aux élèves qui n'ont pas suivi le cours de l'École. L'examen a lieu chaque année le premier lundi de juillet.

En outre, des bourses ou fractions de bourses sont accordées, à la fin de leur 1re ou 2e année, aux élèves de l'École les mieux notées par leur travail et leur conduite.

Le département de l'Eure a créé deux bourses d'internat.

L'École est divisée en deux sections :

SECTION INDUSTRIELLE

Deux heures et demie par jour sont consacrées à l'enseignement général ;

Quatre heures et demie aux travaux du ménage et à l'enseignement technique, dit industriel.

L'enseignement général porte sur toutes les matières enseignées dans les Écoles primaires supérieures. Une place plus grande est faite à la Comptabilité, à l'Hygiène, à l'Économie domestique.

L'Enseignement technique comprend :

1° Le dessin professionnel ;
2° La coupe ;
3° La couture ;
4° Les modes ;
5° La lingerie ;
6° La broderie ;
7° Le blanchissage ;
8° Le raccommodage ;

9° Le repassage ;

10° La cuisine ;

11° Les soins du ménage.

SECTION COMMERCIALE

La section commerciale réunit les jeunes filles qui se destinent au Commerce.

Le programme d enseignement général est le même que celui de la Section industrielle (3 heures par jour).

L'enseignement technique commercial comprend :

1° Commerce, comptabilité et tenue de livres ;

2° Correspondance commerciale ;

3° Langue anglaise ;

4° Arithmétique, algèbre et géométrie ;

5° Géographie ;

6° Chimie et marchandises ;

7° Législation ;

8° Économie commerciale ;

9° Écriture et calligraphie ;

10° Sténographie ;

11° Dactylographie.

ÉCOLE PRATIQUE DE COMMERCE
ET D INDUSTRIE, DE MARSEILLE

L'École comprend deux sections : section commerciale, section industrielle. Elle a pour but de donner aux jeunes filles des deux sections le moyen d'apprendre une profession lucrative tout en les exerçant aux soins du ménage et en les préparant ainsi à l'accomplissement des devoirs qui les attendent dans la famille.

En fin d'études les élèves subissant avec succès les examens institués dans l'École, reçoivent un certificat d'études industrielles ou commerciales qui leur est délivré par le Ministre du Commerce, et un livret de Caisse d'Épargne.

La durée des études est de trois ans. L'enseignement est gratuit.

Un concours d'admission a lieu chaque année dans le courant du mois de juillet; les inscriptions sont reçues à l'École à partir du 1er juillet.

Sont admises au concours :

1° Les jeunes filles âgées de douze ans révolus et pourvues du certificat d'études primaires ;

2° Les jeunes filles âgées de treize ans révolus et non pourvues du certificat d'études primaires.

Les postulantes devront justifier qu'elles sont de nationalité française.

Les pièces à fournir pour l'inscription sont :

1° Bulletin de naissance;

2° Certificat de vaccin ;

3° Certificat d'études primaires.

Ce concours comprend :

1° Une dictée d'orthographe;

2° Deux questions d'arithmétique portant sur les applications du calcul et du système métrique avec solution raisonnée;

3° Rédaction d'un genre simple (récit, lettre) ;

4° Épreuves orales d'histoire et de géographie.

Les programmes d'enseignement comprennent deux

séries de cours : les cours d'enseignement général et les cours techniques répondant à la profession choisie par l'élève.

Programme de la section industrielle :

Cours techniques. — Couturières, lingères, brodeuses (broderie blanche, or, artistique), repasseuses, fleuristes, modistes, costumes pour hommes et enfants.

Cours d'enseignement général. — Enseignement primaire (morale, français, arithmétique, histoire, géographie, sciences physiques et naturelles). Notions de comptabilité, dessin, composition décorative, économie domestique, cours de cuisine.

Programme de la section commerciale :

Cours commerciaux. — Arithmétique commerciale, comptabilité et tenue des livres, droit commercial, économie commerciale, géographie commerciale, anglais, marchandises, sténo-dactylographie.

Cours d'enseignement général. — Enseignement primaire (morale, français, histoire, sciences physiques et naturelles.) Notions de couture, dessin, économie domestique, cours de cuisine.

ECOLE PRATIQUE COMMERCIALE ET INDUSTRIELLE MÉNAGÈRE DE REIMS

L'Ecole a pour but de préparer les jeunes filles à devenir de bonnes maîtresses de maison, tout en les dotant d'une profession honorable.

L'Enseignement donné se divise de la façon suivante :

1° *Enseignement ménager;*

2º *L'enseignement général;*

3º *Enseignement professionnel.*

1º L'Enseignement ménager, placé à la base des études, est obligatoire pour toutes les élèves. Il comprend :

Raccommodage, coupe et couture usuelle, blanchissage et repassage, modes, économie domestique théorique et pratique, cours de cuisine;

2º L'enseignement général a pour but de compléter et d'approfondir les connaissances acquises à l'École primaire, de rendre les élèves aptes à bien profiter de l'enseignement professionnel proprement dit, de préparer à l'enseignement ou aux emplois dans les Postes et Télégraphes celles qui seraient attirées vers ces carrières.

3º L'Enseignement professionnel comprend :

Une section commerciale ;

Une section industrielle.

Cet enseignement, en donnant une profession aux jeunes filles, assure leur indépendance et leur permet de contribuer davantage au bien-être de la famille, en ajoutant au gain du mari le fruit de leur propre travail.

La durée des études est de trois années.

En résumé, l'enseignement ménager est obligatoire pour toutes les élèves ; l'enseignement général s'adresse également à toutes, plus ou moins, selon leurs besoins ; l'enseignement professionnel comprend une section commerciale et une section industrielle.

Les matières enseignées sont les suivantes :

Lingerie, raccommodage, blanchissage et repassage, coupe et couture usuelle, broderie, modes, cuisine, corsets.

Français, arithmétique, histoire, géographie, sciences, dessin, écriture, comptabilité, langues étrangères (anglais ou allemand), sténographie, dactylographie.

Pour être admise à l'École, il faut être âgée de douze ans au moins au 1er octobre, si l'on justifie du certificat d'études primaires, et de treize ans dans le cas contraire. Dans les deux cas, il faut subir avec succès l'examen d'admission qui a lieu à l'École.

Les demandes doivent être adressées à la Directrice. On est prié de joindre à l'appui de la demande les pièces exigées pour l'admission. On peut aussi se faire inscrire à l'École.

Les pièces à produire sont :

1º Un bulletin de naissance ;

2º Un certificat médical constatant que la candidate a été vaccinée ;

3º Un certificat de bonne conduite délivré par la directrice de l'établissement ou elle a fait ses études.

Les cours sont gratuits.

Le régime de l'École est l'externat.

ÉCOLE AUGUSTE DROUOT A NANCY

Travaux de couture, lingerie, coupe et confection, repassage, cuisine et tenue de ménage. On y est admis à treize ans sur la production du certificat d'études primaires.

ÉCOLE PRIMAIRE SUPÉRIEURE ET PROFESSIONNELLE DE JEUNES FILLES BLÉNEAU (YONNE)

Dans cette école les élèves reçoivent une instruction nationale solide et pratique et une excellence éducation.

Cette école supérieure et professionnelle, la seule du département qui soit de plein exercice, comprend trois années d'études supérieures réglementaires.

De plus, par arrêté du 27 décembre 1897, le Ministre de l'Instruction publique a autorisé la création d'un cours annexe préparatoire à l'Ecole supérieure : ce cours reçoit des élèves pensionnaires ou demi pensionnaires, non pourvues du certificat d'études primaires, et des élèves externes, ayant atteint l'âge scolaire mais non pourvues du certificat d'études primaires.

Tout le personnel enseignant est nommé par l'Etat. Ce personnel se compose d'une Directrice, qui participe à l'enseignement général et fait le cours de morale et d'éducation, et de quatre adjointes. Le programme des études comprend toutes les matières exigées pour l'obtention du brevet élémentaire, du brevet supérieur, du certificat d'études primaires supérieures, pour l'admission aux Ecoles normales, pour le concours des postes et télégraphes et de diverses écoles commerciales.

Des maîtresses auxiliaires enseignent l'anglais, la couture, la coupe, la lingerie et la cuisine. Un professeur de piano est spécialement attaché à l'école.

La surveillance des élèves dans les études, dans les dortoirs, au réfectoire et pendant les récréations est assurée par une surveillante générale, agréée par l'administration de l'instruction publique, mais tout le personnel enseignant participe à cette surveillance et collabore à l'éducation des élèves.

Cette école possède, en outre, un laboratoire de chimie, un cabinet de physique, un atelier de dessin pourvu de nombreux modèles, un musée contenant des produits variés de la France, des colonies et de nombreux échantillons de l'industrie française ; deux pianos et une bibliothèque pourvue de livres instructifs ou amusants sont à la disposition des élèves.

Le prix de l'internat est de 415 francs par an. Ce prix comprend toutes les fournitures scolaires, la literie et tout ce qui est nécessaire aux élèves pour leur instruction, leurs travaux manuels, leurs jeux.

Le prix de l'externat est de 65 francs par an pour les élèves pourvues du certificat d'études primaires et de 90 francs pour les élèves non pourvues de ce certificat.

ECOLE DE TISSAGE DE SEDAN

Les cours de cette école sont gratuits. Ils comportent trois années d'études et ont lieu tous les jours. La partie théorique est enseignée le soir. Pour la partie pratique, vingt métiers sont à la disposition des élèves pendant toute la journée, et sous la direction d'un contre-maître de tissage.

Cette école a été complétée, en 1888, par la création d'un cours de raccommodage, ourdissage à la main, nappage, broderie pour les numéros des pièces ainsi que pour faire les chefs suivant le goût des clients qui, comme nous le disons à l'article *draperie*, permet aux élèves de doubler leur gain dans les manufactures.

ECOLE DES ARTS INDUSTRIELS DE REIMS

Dans cette école, deux fois par semaine, le lundi et le jeudi, la matinée et l'après-midi sont réservés exclusivement aux cours des jeunes filles (dessin, peinture et sculpture).

Aucun élève homme ne peut entrer à l'école pendant le cours des jeunes filles. Celles-ci peuvent être accompagnées d'un membre de leur famille qui sera autorisé à séjourner à l'école pendant la durée du cours.

Ces cours comprennent deux divisions : la division supérieure et la division élémentaire.

Dans la première les matières enseignées sont :

Dessin — Peinture à l'huile — Aquarelle — Gouache — Composition décorative — Peinture sur étoffe — Applications industrielles — Papier peint — Meubles — Céramique — Tissus — Broderies, etc.

La seconde, comprend :

Dessin d'ornement et de tête d'après le plâtre — Perspective d'observation — Objets usuels.

Pour obtenir leur inscription à l'école, les élèves doivent réunir les conditions suivantes :

1° Etre âgées de 13 ans au moins; 2° savoir lire, écrire et posséder les premières notions d'arithmétique ; 3° être présentées par leur père, mère, tuteur, correspondant ou chef d'atelier ; toutefois les élèves majeures sont admises en justifiant de leur âge et en produisant un certificat de moralité.

Les élèves fournissent les instruments nécessaires à leurs études.

A leur entrée à l'école, elles sont classées dans chaque division à la suite d'un concours.

MÉDECINE

Depuis 1868, un certain nombre de femmes ont passé leurs examens de médecine. La plupart ont réussi dans ces études difficiles ; elles sont admises comme externes et comme internes dans les hopitaux.

Même, en 1908, une doctoresse a décroché un titre jusque-là refusé aux femmes. Elle a emporté au concours la place de médecin-adjoint des hospices d'aliénés.

Evidemment, une telle carrière ne convient qu'à quelques natures exceptionnelles. Pour qu'une femme puisse aborder les longues et pénibles études qu'exige la médecine, il faut qu'elle soit non seulement douée d'une vive intelligence, mais encore d'une santé robuste et d'une énergie peu commune.

Mais les rares personnes qui réunissent ces qualités peuvent être assurées de se créer dans la suite une situation sérieuse, car la femme-médecin aura souvent la préférence sur le docteur auprès de certaines dames, tant pour elles-mêmes que pour leurs jeunes filles.

Les règles qui président à l'admission des hommes dans les Facultés de médecine sont également applicables aux femmes qui désirent s'y faire admettre.

DOCTEUR EN MÉDECINE

Les études pour le doctorat durent quatre années, mais l'étudiante doit ensuite passer ses derniers examens et préparer sa thèse. Il faut donc compter sur un minimum de cinq années d'études avant de pouvoir exercer cette profession.

La candidate qui se présente pour prendre la première inscription est tenue de déposer :

1° Son acte de naissance ;

2° Si elle est mineure, le consentement de son père ou tuteur ; cette pièce doit être légalisée et indiquer le domicile du père ou du tuteur ;

3° Un certificat de revaccination faite sous le contrôle de la faculté ;

4° Le diplôme de bachelier de l'enseignement secondaire et le certificat d'études physiques, chimiques et naturelles.

Les étudiantes qui désirent obtenir le diplôme de docteur en médecine doivent produire dès le début des études, avant la première inscription, le diplôme de bachelier et le certificat d'études physiques.

Elles doivent prendre seize inscriptions dans une faculté ou école de médecine, quatre par an ; faire un stage de deux ans dans un hôpital placé près de la Faculté ou de l'École ; subir cinq examens et soutenir une thèse. Le deuxième, le troisième, le cinquième de réceptions sont dédoublés, le nombre des épreuves imposées à la candidate au doctorat est de neuf : cinq examens dont trois divisés en deux parties et une thèse.

Les travaux pratiques sont obligatoires dès la première année d'études.

Les frais d'examens et autres pour le doctorat en médecine sont de 1.360 francs ainsi répartis :

16 inscriptions à 30 francs.	480
Droit de bibliothèque (10 fr. par an).	40
7 examens ou épreuves à 30 francs.	210
7 certificats d'aptitude à 25 francs.	175
Frais matériels de travaux pratiques :	
(60 francs par an).	240
Thèse.	100
Certificat d'aptitude	40
Diplôme.	100
Total	1385

Il convient d'ajouter à ces frais ceux d'impression de la thèse, les dépenses de livres, d'entretien et de nourriture. Il faut donc compter pour cinq ou six années d'études sur une dépense d'une dizaine de mille francs.

Pour les personnes qui feraient une partie de leurs études en province, ces frais se trouveraient naturellement un peu diminués.

CERTIFICAT D'ÉTUDES PHYSIQUES, CHIMIQUES ET NATURELLES

Les jeunes filles pourvues d'un diplôme de bachelier et après constatation de leur aptitude par la Faculté, sont admises à s'inscrire pour l'obtention de ce certificat. Les étudiantes âgées de 17 ans au moins qui sont pourvues soit du brevet supérieur de l'enseignement primaire, soit du certificat d'études primaires supérieures, peuvent également s'inscrire.

Pour se présenter à l'examen, les étudiantes doivent justifier de quatre inscriptions trimestrielles.

Les droits à verser par les candidates sont :

4 inscriptions à 30 francs	120
Droit de bibliothèque.	10
Travaux pratiques.	90
Examen	30
Certificat	40
Visa du certificat	10
Total	300

OFFICIER DE SANTÉ

Nous ne parlons ici que pour mémoire du grade d'officier de santé, car il n'est plus conféré depuis 1894. L'officiat de santé était accessible aux femmes comme aux hommes pourvus du certificat de grammaire. On sait que ce certificat pouvait être obtenu après les cours de la classe de quatrième des lycées et collèges, ou lorsqu'on possédait les connaissances équivalentes à celles des élèves sortant de cette classe. Plusieurs femmes avaient déjà conquis le grade d'officier de santé et s'étaient même fait une sérieuse clientèle. Pour elles surtout, la disparition de ce grade a été regrettable.

PHARMACIENNE

Les études pour l'obtention du titre de pharmacienne durent six ans; trois ans de stage dans une pharmacie, trois d'études.

Pendant ces trois dernières les candidates prennent 12 inscriptions trimestrielles. La première inscription doit être prise au trimestre de novembre sur la production du certificat d'examen de validation de stage.

Pendant la durée de la scolarité les étudiantes prennent part aux travaux pratiques qui comprennent : la chimie minérale, la chimie organique, la chimie analytique, la toxicologie, la pharmacie, la micrographie, la physique.

Les étudiantes ne sont admises à prendre la 8e et la 9e inscription qu'après avoir subi avec succès l'examen de fin d'année. Elles subissent, avant de prendre la 11º inscription, un examen semestriel.

Ces examens portent sur les matières enseignées pendant la période d'études à la fin de laquelle ils ont lieu. Ils comprennent en outre une reconnaissance de médicaments, de plantes, de produits de matière médicale, de minéraux.

Après la 12e inscription les étudiantes dont la scolarité est régulière sont admises à subir les examens probatoires.

Ces examens sont au nombre de trois.

Les frais d'études pour l'obtention du grade de pharmacienne de 1re classe sont :

12 inscriptions à 30 francs.	360
12 droits de travaux pratiques à 25 francs .	300
Droits de bibliothèque	30
Validation du stage	25
3 examens à 50 francs	150
2 — à 80 francs	160
1 — à	200
3 certificats d'aptitude à 40 francs. . . .	120
1 diplôme à	100
Total	1.445

Le diplôme supérieur de pharmacienne de 1re classe est délivré, à la suite de la soutenance d'une thèse, aux pharmaciennes de 1re classe licenciées ès-sciences physiques ou ès-sciences naturelles qui subissent avec succès un examen sur les matières des licences ès-sciences physiques ou naturelles appliquées à la pharmacie.

Le diplôme de doctoresse en pharmacie est délivré aux pharmaciennes de 1re classe qui soutiennent avec succès une thèse sur un sujet agréé par l'École.

Les pharmaciennes ne doivent pas exercer la médecine, même si elles possèdent le diplôme de doctoresse en médecine.

Le diplôme de pharmacienne ne peut être délivré qu'après 25 ans révolus.

Depuis 1898, le diplôme de pharmacienne de 2e classe, qui ne permettait d'exercer que dans un département par lequel l'étudiante avait été reçue, n'est plus délivré.

HERBORISTE

Cet emploi convient particulièrement aux femmes intelligentes, soigneuses et qui ne peuvent mettre dans le commerce qu'un faible capital.

On sait que les herboristes ne peuvent vendre que des plantes médicinales et certaines drogues en gros. Il leur est interdit d'en débiter au poids médicinal, c'est-à-dire suivant les doses prescrites par les médecins.

Il existe actuellement deux diplômes d'herboriste : de 1re classe, valable dans toute la France; celui de 2e classe, valable seulement dans le département pour lequel les candidats ont été reçus.

Les aspirantes au titre d'herboriste de 1re classe ont d'abord à subir un examen préparatoire portant sur les matières ci-après :

1° La lecture;

2° L'orthographe;

3° Deux problèmes sur les quatre opérations fondamentales de l'arithmétique et portant spécialement sur les questions usuelles;

4° Notions élémentaires sur le système métrique.

L'examen définitif, subi à partir de vingt et un ans, porte sur la connaissance des plantes médicinales, les précautions nécessaires pour leur récolte, leur dessiccation et leur préparation; il comprend, indépendamment de la détermination des plantes usuelles, quelques notions élémentaires concernant le caractère de ces plantes. Le prix de l'examen, du certificat d'aptitude et du visa de ce certificat est de 100 francs. Celui des droits d'immatriculation est de 80 francs.

Aucune condition d'études n'est exigée pour l'admission à l'examen pour le diplôme d'herboriste de 2ᵉ classe. Il porte sur la connaissance des plantes médicinales, les précautions nécessaires pour leur récolte, leur dessiccation et leur préparation.

Le prix de l'examen, du certificat d'aptitude et du visa de ce certificat est de 130 francs à Paris et de 110 francs dans les départements.

CHIRURGIEN-DENTISTE

Cette profession est, depuis longtemps déjà, abordée par les femmes. Un diplôme est nécessaire pour l'exercer; il est délivré par l'Académie de Médecine.

Les trois écoles dentaires de la capitale (l'École dentaire de France, rue Garancière, l'École dentaire de Paris, 45, rue de la Tour-d'Auvergne, l'École dentaire Française, 29, boulevard Saint-Martin) comptent des femmes parmi leurs élèves; elles les préparent aux examens qu'elles doivent passer devant l'Académie de Médecine.

Les cours relatifs aux sciences médicales sont professés dans ces écoles par des maîtres gradués en médecine; les cliniques et salles d'opérations sont dirigées par des chirurgiens-dentistes de premier ordre. L'enseignement y est donc aussi complet que possible, et les élèves travailleurs peuvent sortir de ces établissements excellents dentistes.

Les études durent trois ans dans les deux Écoles.

Les frais de scolarité s'élèvent environ à 1.000 francs, sans compter l'outillage d'un prix assez élevé.

Au bout de trois années d'études à l'École dentaire, les élèves doivent subir une série d'examens devant la Faculté de Médecine qui leur délivre un diplôme de capacité (Diplôme de chirurgien-dentiste).

La connaissance de la prothèse est absolument indispensable.

Les élèves qui ne doivent pas exercer en France ou aux colonies, peuvent demander le diplôme de capacité de l'École dentaire de Paris et aller s'établir dans les pays étrangers qui acceptent ce diplôme.

De l'énergie et une bonne santé, de la dextérité et du sang-froid sont nécessaires pour embrasser cette carrière.

SAGES-FEMMES

L'admission des élèves sages-femmes à l'École des sages-femmes de la Faculté (Hôpital Beaujon), a lieu au mois d'octobre de chaque année après immatriculation préalable.

Le droit annuel d'immatriculation pour études est de 30 francs. Ce droit est acquitté en un seul versement au début de chaque année scolaire.

Les aspirantes doivent être âgées de 19 ans au moins et se faire inscrire au Secrétariat de la Faculté, du 1er au 15 octobre, en produisant les pièces suivantes :

1° Un extrait de leur acte de naissance, constatant qu'elles ont l'âge requis par les règlements;

2° Si elles sont mineures, non mariées, l'autorisation de leur père ou tuteur.

3° Si elles sont mariées, et non séparées de corps,
l'autorisation de leur mari et leur acte de mariage.
Le consentement doit être établi sur papier timbré de
0 fr. 60 et la signature légalisée.

4° En cas de séparation de corps, l'extrait de jugement passé en force de chose jugée.

5° En cas de dissolution du mariage, l'acte de décès
du mari ou l'acte constatant le divorce.

6° Un certificat de revaccination faite sous le contrôle de la Faculté ;

7° Un certificat de bonnes vie et mœurs ;

8° Un extrait du casier judiciaire ;

9° Pour le diplôme de sage-femme de 1re classe le
brevet de capacité élémentaire pour l'enseignement
primaire ou le certificat d'études secondaires institué
par l'article 5 du décret du 4 janvier 1882.

Pour le diplôme de 2e classe : le certificat obtenu à
la suite de l'examen prévu par l'arrêté du 1er août 1879.
Cet examen a lieu annuellement à la Faculté dans la
deuxième quinzaine d'octobre.

Il comprend :

1° Une dictée d'orthographe ;

2° Une composition de calcul sur les quatre opérations fondamentales (arrêté du 1er août 1879).

Les aspirantes au diplôme de sage-femme subissent
deux examens ; le premier à la fin de la première
année ; il porte sur l'anatomie, la physiologie et la
pathologie élémentaires.

Le second à la fin de la deuxième année ; il porte

sur la théorie et la pratique des accouchements.

La première année d'études pour le diplôme de 1re classe peut être faite dans une famille, dans une école préparatoire de médecine ou de pharmacie ou dans une maternité.

La seconde est nécessairement faite dans une faculté ou dans une école de plein exercice de médecine et de pharmacie.

Les années d'études pour le diplôme de 2e classe peuvent être faites dans une école de plein exercice ou dans une faculté, dans une école préparatoire de médecine et de pharmacie ou dans une maternité.

Les dossiers des élèves sages-femmes des facultés, des écoles de médecine, des maternités ou écoles d'accouchements libres des départements qui désirent se faire immatriculer à la faculté de médecine de Paris en vue de la deuxième année d'études doivent parvenir à cette dernière faculté par voie administrative entre le 1er et le 15 octobre.

A cet effet les intéressés adresseront en temps utile au chef de l'établissement auquel elles appartiennent leur demande de transfert de dossier.

Le premier examen des aspirantes au diplôme de 1re classe peut avoir lieu devant la Faculté ou école où a été faite la première année d'études ; si cette année d'études a été faite dans une maternité l'examen a lieu indifféremment devant une faculté ou école de plein exercice ou une école préparatoire de médecine et de pharmacie.

Le deuxième examen ne peut avoir lieu que devant l'établissement où a été faite la deuxième année d'études.

Les examens pour le diplôme de 2ᵉ classe ont lieu devant une faculté ou une école préparatoire de médecine et de pharmacie.

En conséquence les élèves sages-femmes appartenant à des établissements des départements qui désirent subir leur examen devant la Faculté de Médecine de Paris (premier examen pour les aspirantes de 1ʳᵉ classe, premier examen ou deuxième examen pour le diplôme de 2ᵉ classe) dans les sessions de juillet ou octobre se font inscrire à cet effet aux dates fixées chaque année.

Les dossiers de ces aspirantes doivent être parvenus à la Faculté avant la demande d'inscription. Le transfert de ces dossiers a lieu dans les conditions indiquées plus haut. Le montant des droits d'examens est ainsi fixé :

1ʳᵉ classe :

1ᵉʳ examen.	55 francs.
2ᵉ examen	80 —
Ensemble.	135 francs.

2ᵉ classe :

1ᵉʳ examen.	35 francs.
2ᵉ examen	50 —
Ensemble	85 francs.

Les sages-femmes de 2ᵉ classe et élèves sages-femmes de 2ᵉ classe qui veulent postuler un diplôme de 1re classe doivent adresser à cet effet à M. le Ministre de l'Instruction publique une demande libellée sur papier timbré, accompagnée des pièces suivantes :

1° Brevet de capacité de l'Enseignement primaire ;

2° Acte de naissance et acte de mariage (s'il y a lieu).

3° Diplôme de sage-femme de 2° classe (s'il y a lieu).

4° Extrait du casier judiciaire.

Chaque demande est examinée individuellement en Comité consultatif de l'enseignement public. La décision prise après avis de ce Comité est notifiée aux intéressés.

Les sages-femmes de 2° classe qui veulent postuler un nouveau diplôme pour exercer dans un autre département que celui pour lequel elles ont été reçues, sont tenues de subir les deux examens prévus par le décret du 25 juillet 1893.

Elles doivent préalablement introduire, auprès de M. le Ministre de l'Instruction publique, une demande accompagnée des pièces suivantes :

1° Diplôme de sage-femme de 2e classe ;

2° Acte de naissance et acte de mariage (s'il y a lieu) ;

3° Extrait du casier judiciaire.

Leur rémunération est de 15 francs par accouchement, mais elles doivent faire neuf visites à l'accouchée dans les neuf jours qui suivent la délivrance. Ces sages-femmes sont placées sous la surveillance des médecins de l'Administration.

DAMES DÉLÉGUÉES DU SERVICE
DES ENFANTS ASSISTÉS

Ces dames sont chargées de la surveillance des filles-mères qui reçoivent des secours de l'Administration de l'Assistance publique.

Elles sont nommées par le Préfet de la Seine sur la présentation du directeur de l'Assistance publique.

Aucune condition n'est exigée pour l'obtention de ces emplois, mais ils ne sont ordinairement accordés qu'à des veuves de fonctionnaires forcées de se créer quelques ressources.

Une déléguée principale est à la tête de ce service.

DAMES VISITEUSES, SURVEILLANTES DE DIS-PENSAIRE, SURVEILLANTES DE CONSUL-TATION DE NOURRISSONS ET DE DISTRI-BUTION DE LAIT STÉRILISÉ

Les dames visiteuses sont chargées d'assister les malades traités à domicile.

Les surveillantes de dispensaire sont chargées de veiller au bon ordre dans ces établissements et d'assister le médecin aux heures de consultation.

Les surveillantes de consultation de nourrissons et de distribution de lait stérilisé sont chargées de fonctions analogues à celles des surveillantes de dispensaire.

Les traitements des dames visiteuses et des dames surveillantes sont fixés ainsi qu'il suit :

1re classe	2,600 francs
2e classe	2,400 —
3e classe	2,200 —
4e classe	2,000 —
5e classe et stagiaires	1,800 —

Toute dame nouvellement nommée est placée dans la dernière classe de son emploi et ne peut bénéficier d'une promotion de classe si elle n'a 3 ans au moins d'exercice dans la classe immédiatement inférieure, et s'il n'existe des vacances dans la classe supérieure. L'avancement est donné moitié au choix et moitié à l'ancienneté.

Les surveillantes de dispensaire, de consultation de nourrissons et de distribution de lait stérilisé sont, autant que possible, logées. Les surveillantes non logées et les dames visiteuses reçoivent une indemnité représentative de logement calculée à raison de 400 francs par an.

Toute dame visiteuse et surveillante ayant atteint l'âge de 60 ans est mise d'office à la retraite.

Pareille décision peut être prise à son égard, quel que soit son âge, soit en cas de retrait ou de suppression d'emploi, soit en cas d'infirmité, soit en cas d'incapacité ou d'insuffisance de travail.

DAMES DÉLÉGUÉES

Les dames déléguées sont chargées de visiter les filles-mères à qui l'Administration accorde des secours mensuels durant la période d'allaitement.

Les candidates doivent être de nationalité française et âgées de plus de 30 ans et moins de 45 ans. Aucun diplôme n'est exigé ; toutefois un droit de préférence est accordé, soit pour la nomination, soit pour l'avancement, aux dames qui peuvent justifier de la possession du brevet d'infirmière des hôpitaux et hospices civils de l'Assistance publique ou de celui de sage-femme de 1re classe.

Les dames déléguées sont nommées par le Préfet de la Seine sur la proposition du Directeur de l'Administration générale de l'Assistance publique.

Les traitements des dames déléguées sont fixés ainsi qu'il suit :

1re classe	3.000 francs
2e classe	2.700 —
3e classe	2.400 —
4e classe	2.100 —
5e classe	1.800 —

Toute dame déléguée nouvellement nommée est placée dans la dernière classe de son emploi et ne peut bénéficier d'une promotion de classe avant d'avoir 2 ans au moins d'exercice dans la classe immédiatement inférieure, et s'il n'existe des vacances dans la classe supérieure.

Toute dame déléguée ayant atteint l'âge de 60 ans devra résigner son emploi.

HOPITAUX (Personnel des)

Le personnel secondaire des hôpitaux de Paris

comprend des surveillantes, des sous-surveillantes et des suppléantes, des infirmiers et des infirmières.

Tous ces emplois sont à la nomination du Directeur de l'Assistance publique.

Les traitements sont ainsi fixés :

Surveillantes : 1re classe logées 1.200, non logées 2.500; 2e classe logées 1.100, non logées 2.400; 3e classe logées 1.000, non logées 2.300; 4e classe logées 900, non logées 2.200; 5e classe logées 800, non logées 2.100.

Suppléantes 1re classe logées 850, non logées 2.000; 2e classe logées 800, non logées 1.950; 3e classe, logées 750, non logées 1.900.

Infirmières de 1re classe et filles de service de classe exceptionnelle 700; infirmières de 2e classe et filles de service de 1re classe 600; infirmières de 3e classe et fille de service de 2e classe 500; filles de service de 3e classe 450; filles de service stagiaires 400.

Après un certain nombre d'années de service, les personnes ayant occupé les fonctions ci-dessus énumérées ont droit à une pension de retraite.

Notons que les infirmières ne peuvent prétendre à l'avancement que lorsqu'elles ont suivi les cours des écoles municipales d'infirmerie et obtenu le diplôme qu'elles délivrent.

Les surveillantes, sous-surveillantes et suppléantes peuvent être autorisées à se marier. Le mari, même s'il n'appartient pas au service de l'hospice, peut être autorisé à y loger avec sa femme.

Le personnel hospitalier attaché aux établissements de l'Assistance publique comprend :

1° Le personnel infirmier (personnel soignant);

2° Le personnel des services généraux.

Les candidates à ces emplois doivent :

Être de nationalité française;

Être âgées de 19 ans au moins et de 35 ans au plus;

Produire : 1° un extrait du casier judiciaire ayant moins de trois mois de date; 2° un bulletin de naissance;

Savoir lire, écrire et compter.

Elles doivent, en outre, être examinées par un médecin des hôpitaux, désigné par l'Administration, chargé de constater leur aptitude physique.

Les infirmières et les filles de service, reçoivent en plus des appointements en argent des allocations en nature comprenant la nourriture, le logement, le chauffage, l'éclairage, l'habillement et le blanchissage.

ÉCOLES D'INFIRMIÈRES DE L'ASSISTANCE PUBLIQUE

Les surveillantes de l'Assistance publique de Paris sont recrutées dans l'École des hôpitaux de la Pitié et de la Salpêtrière.

L'École de la Pitié reçoit des externes femmes.

L'École de la Salpêtrière reçoit 20 élèves boursières externes et des internes, celles-ci représentées par des infirmières en fonctions.

Les élèves doivent, en s'inscrivant, passer un examen élémentaire prouvant qu'elles possèdent une instruction sommaire.

Les matières enseignées à l'École sont les notions

de médecine, de chirurgie et de pharmacie usuelles nécessaires pour l'exercice des fonctions de surveillantes.

Les boursières de la ville de Paris reçoivent une pension de 1.000 francs; elles sont astreintes à la présence à l'hôpital de sept heures du matin à six heures du soir. C'est parmi elles que l'Assistance recrute, à la fin de l'année d'études, les *suppléantes*, surveillantes des salles.

Après avoir reçu leur diplôme, les élèves sont, au fur et à mesure des besoins, placées comme infirmières, et peuvent arriver ensuite aux fonctions de suppléantes ou de surveillantes.

Les candidates aux emplois de dame déléguée, dame visiteuse, surveillante de dispensaire, de consultation de nourrissons ou de distribution de lait stérilisé qui désirent être admises à suivre les cours des écoles municipales d'infirmières, doivent adresser leur demande à MM. les Directeurs des établissements-écoles ci-après désignés :

Hospice de la Salpêtrière, 47, boulevard de l'Hôpital ;

Hôpital Lariboisière, 2, rue Ambroise-Paré ;

Hôpital de la Pitié, 1, rue Lacépède.

L'ouverture des cours est portée à la connaissance du public par voie d'affiches, généralement dans les premiers jours d'octobre, et les brevets d'infirmière sont délivrés au mois de juillet suivant aux candidates qui ont satisfait aux examens de sortie.

ÉCOLES POUR DAMES AMBULANCIÈRES ET GARDES-MALADES

L'Association des Dames françaises a créé des cours pour les dames ambulancières et les gardes-malades.

Ils comprennent l'enseignement de l'anatomie et de la physiologie, des notions sur les maladies, de la pharmacie, de l'hygiène, des soins à donner aux malades, des notions de chirurgie, des premiers soins aux blessés et des soins aux femmes en couches et aux nouveau-nés.

Ces cours ont lieu : 10, rue Gaillon, les mardis et samedis à 4 heures, à l'Hôpital des Dames françaises ; 93, rue Michel-Ange à Paris, le mercredi de chaque semaine.

Pour les *Dames ambulancières*, le mercredi à 5 heures, 9, rue du Regard ; le samedi, à la même heure, 153, rue du Faubourg-Saint-Honoré et dans les lycées de jeunes filles : Fénelon, Lamartine, Molière, Racine, Victor-Hugo.

MÉTIERS

DU CONTRAT D'APPRENTISSAGE

Bien que les contrats d'apprentissage soient rares aujourd'hui, nous croyons utile de donner quelques indications à ce sujet. Il serait, d'ailleurs, à désirer que l'usage de dresser ces contrats se répandît de nouveau : on obtiendrait peut-être ainsi un enseignement plus sérieux, plus consciencieux de la part des patrons, et plus d'assiduité, plus de persévérance du côté des apprentis.

La loi définit le contrat d'apprentissage « celui par lequel un fabricant, un chef d'atelier ou un ouvrier s'oblige à enseigner la pratique de sa profession à une personne qui s'oblige en retour à travailler pour lui, le tout à des conditions et pendant un temps convenus. »

Les notaires, les secrétaires des conseils de prud'hommes et les greffiers de justice de paix peuvent recevoir l'acte d'apprentissage.

Cet acte est soumis, par l'enregistrement, au droit fixe de 1 fr. 50, lors même qu'il contiendrait des obligations de sommes ou valeurs mobilières, ou des quittances.

Les honoraires dus aux officiers publics sont fixés à deux francs.

Aucun maître, s'il est célibataire, ou en état de veuvage, ne peut loger comme apprenties des jeunes filles mineures.

Les deux premiers mois de l'apprentissage sont considérés comme un temps d'essai, pendant lequel le contrat peut être annulé par la seule volonté de l'une des parties.

Le contrat d'apprentissage est résolu de plein droit : 1° Par la mort du maître ou de l'apprenti ; 2° Si l'apprenti ou le maître est appelé au service militaire ; 3° Si le maître ou l'apprenti vient à être frappé d'une des condamnations prévues en l'article 6 de la loi du 22 février 1851 ; 4° Pour les filles mineures, dans le cas de décès de l'épouse du maître, ou de toute autre femme de la famille, qui dirigeait la maison à l'époque du contrat.

Le contrat peut être résolu sur la demande des parties ou de l'une d'elles : 1° Dans le cas où l'une des parties manquerait aux stipulations du contrat ; 2° Pour cause d'infraction grave ou habituelle aux prescriptions de la loi ; 3° Dans le cas d'inconduite habituelle de la part de l'apprenti ; 4° Si le maître transporte sa résidence dans une autre commune que celle qu'il habitait, lors de la convention ; néanmoins, la demande en résolution de contrat fondée sur ce motif ne sera recevable que pendant trois mois, à compter du jour où le maître aura changé de résidence ; 5° Si le maître ou l'apprenti encourait une condamnation emportant un emprisonnement de plus d'un mois ; 6° Dans le cas ou l'apprenti viendrait à contracter mariage.

Toute demande à fin d'exécution ou de résolution de contrat est jugée par le conseil des prud'hommes, dont le maître est justiciable, et, à défaut, par le juge de paix du canton.

DU TRAVAIL DES FEMMES DANS LES MANUFACTURES

Nous avons parlé plus haut du rôle des inspectrices du travail des femmes et des enfants dans les manufactures (1). Nous croyons bon de donner ici, avant d'entrer dans l'énumération des travaux manuels, les principales dispositions des lois et décrets qui régissent ce travail.

Loi du 2 novembre 1892, modifiée par la loi du 30 mars 1900.

DISPOSITIONS GÉNÉRALES. — AGE D'ADMISSION. DURÉE DU TRAVAIL.

Le travail des enfants, des filles mineures et des femmes dans les usines, manufactures, mines, minières et carrières, chantiers, ateliers et leurs dépendances, de quelque nature que ce soit, publics ou privés, laïques ou religieux, même lorsque ces établissements ont un caractère d'enseignement professionnel ou de bienfaisance, est soumis aux obligations déterminées par cette loi.

(1) Voir page 13.

Sont exceptés les travaux effectués dans les établissements où ne sont employés que les membres de la famille, sous l'autorité soit du père, soit de la mère, soit du tuteur.

Néanmoins, si le travail s'y fait à l'aide de chaudière à vapeur ou de moteur mécanique, ou si l'industrie exercée est classée au nombre des établissements dangereux ou insalubres, l'inspecteur aura le droit de prescrire les mesures de sécurité et de salubrité à prendre.

Les enfants ne peuvent être employés par les patrons, ni être admis dans les établissements énumérés ci-dessus avant l'âge de treize ans révolus.

Toutefois, les enfants munis du certificat d'études primaire, institué par la loi du 28 mars 1882, peuvent être employés à partir de l'âge de douze ans.

Aucun enfant âgé de moins de treize ans ne peut être admis au travail dans les établissements ci-dessus visés, s'il n'est muni d'un certificat d'aptitude physique délivré, à titre gratuit, par l'un des médecins chargés de la surveillance du premier âge ou l'un des médecins inspecteurs des écoles, ou tout autre médecin chargé d'un service public, désigné par le Préfet. Cet examen est contradictoire, si les parents le réclament.

Les inspecteurs du travail doivent toujours requérir un certificat médical de tous les enfants au-dessous de seize ans, déjà admis dans les établissements susvisés, à l'effet de constater si le travail dont ils sont chargés excède leurs forces.

Dans ce cas, les inspecteurs ont le droit d'exiger leur renvoi de l'établissement sur l'avis conforme de l'un des médecins désignés ci-dessus, et après un examen contradictoire si les parents le réclament.

Dans les orphelinats et institutions de bienfaisance visés plus haut, et dans lesquels l'instruction primaire est donnée, l'enseignement manuel ou professionnel, pour les enfants âgés de moins de treize ans, sauf pour les enfants âgés de douze ans munis du certificat d'études primaires, ne peut dépasser trois heures par jour.

Les jeunes ouvriers et ouvrières de moins de dix-huit ans ne peuvent être employés à un travail effectif de plus de soixante heures par semaine, sans que le travail journalier puisse excéder dix heures.

Les filles au-dessus de dix-huit ans et les femmes ne peuvent être employées à un travail effectif de plus de onze heures par jour.

Les heures de travail ci-dessus indiquées doivent être coupées par un ou plusieurs repos, dont la durée totale ne peut être inférieure à une heure, et pendant lesquels le travail sera interdit.

TRAVAIL DE NUIT. — REPOS HEBDOMADAIRE.

Les enfants âgés de moins de dix-huit ans, les filles mineures et les femmes ne peuvent être employés à aucun travail de nuit dans les établissements énumérés plus haut.

Tout travail entre neuf heures du soir et cinq heures du matin est considéré comme travail de nuit ; toutefois le travail est autorisé de quatre heures du matin à dix heures du soir quand il est réparti entre deux postes d'ouvriers ne travaillant pas plus de neuf heures chacun.

Le travail de chaque équipe est coupé par un repos d'une heure au moins.

Il est accordé, pour les femmes et les filles âgées de plus de dix-huit ans, à certaines industries qui sont déterminées par un règlement d'administration publique et dans les conditions d'application qui sont précisées dans ledit règlement, la faculté de prolonger le travail jusqu'à onze heures du soir à certaines époques de l'année, pendant une durée totale qui ne dépassera pas soixante jours. En aucun cas, la journée de travail effectif ne peut être prolongée au-delà de douze heures.

Il est accordé à certaines industries déterminées par un règlement d'administration publique l'autorisation de déroger d'une façon permanente aux dispositions des paragraphes 1 et 2 de cet article, mais sans que le travail puisse, en aucun cas, dépasser sept heures par vingt-quatre heures.

Le même règlement pourra autoriser, pour certaines industries, une dérogation temporaire aux dispositions précitées.

En outre, en cas de chômage résultant d'une interruption accidentelle ou de force majeure, l'interdiction ci-dessus peut, dans n'importe quelle industrie, être temporairement levée par l'inspecteur pour un délai déterminé.

A l'expiration d'un délai de 2 ans à partir de la promulgation de la présente loi, les dispositions exceptionnelles concernant le travail de nuit prévues aux paragraphes 2 et 3 du présent article, cesseront d'être en vigueur, sauf pour les travaux souterrains des mines, minières et carrières.

Les enfants âgés de moins de dix-huit ans et les femmes de tout âge, ne peuvent être employés, dans les établissements énumérés ci-dessus, plus de six jours par semaine, ni les jours de fêtes reconnus par la loi, même pour rangement d'atelier. Le repos hebdomadaire doit avoir une durée de vingt-quatre heures consécutives. (Loi du 13 juillet 1906.)

Néanmoins, dans les usines à feu continu, les femmes majeures et les enfants du sexe masculin peuvent être employés tous les jours de la semaine la nuit, aux travaux indispensables, sous la condition qu'ils auront au moins un jour de repos par semaine.

Les travaux tolérés et le laps de temps pendant lequel ils peuvent être exécutés, sont déterminés par un règlement d'administration publique.

Les restrictions relatives à la durée du travail peuvent être temporairement levées par l'inspecteur divisionnaire, pour les femmes et les enfants âgés de moins de dix-huit ans, pour certaines industries à désigner par le susdit règlement d'administration publique.

SURVEILLANCE DES ENFANTS

Les maires sont tenus de délivrer gratuitement aux père, mère, tuteur ou patron, un livret sur lequel sont portés les noms et prénoms des enfants des deux sexes âgés de moins de dix-huit ans, la date, le lieu de leur naissance et leur domicile.

Si l'enfant a moins de treize ans, le livret doit mentionner qu'il est muni du certificat d'études primaires, institué par la loi du 28 mars 1882.

Les chefs d'industrie ou patrons doivent inscrire sur le livret la date de l'entrée dans l'atelier et celle de la sortie. Ils doivent également tenir un registre sur lequel sont mentionnées toutes les indications insérées ci-dessus.

Les patrons ou chefs d'industrie et loueurs de force motrice, sont tenus de faire afficher, dans chaque atelier, les dispositions de cette loi, les règlements d'administration publique relatifs à son exécution et concernant plus spécialement leur industrie, les adresses et les noms des inspecteurs de la circonscription, et les heures auxquelles commence et finit le travail, ainsi que les heures et la durée des repos.

TRAVAUX SOUTERRAINS

Les filles et les femmes ne peuvent être admises dans les travaux souterrains des mines, minières et carrières.

HYGIÈNE ET SÉCURITÉ DES TRAVAILLEURS

Les femmes, filles et enfants ne peuvent être employés dans les établissements insalubres ou dangereux, où l'ouvrier est exposé à des manipulations ou à des émanations préjudiciables à sa santé, que sous les conditions spéciales déterminées par des règlements d'administration publique pour chacune de ces catégories de travailleurs.

Les différents genres de travail présentant des causes de danger ou excédant les forces, ou dangereux pour la moralité, qui sont interdits aux femmes, filles et enfants, sont déterminés par des règlements d'administration publique.

Les patrons ou chefs d'établissement doivent, en outre, veiller au maintien des bonnes mœurs et à l'observation de la décence publique.

Les établissements doivent être tenus dans un état constant de propreté, convenablement éclairés et ventilés. Ils doivent présenter toutes les conditions de sécurité et de salubrité nécessaires à la santé du personnel.

Dans tout établissement contenant des appareils mécaniques, les roues, les courroies, les engrenages ou tout autre organe pouvant offrir une cause de danger, doivent être séparés des ouvriers, de telle manière que l'approche n'en soit possible que pour les besoins du service.

Les puits, trappes et ouvertures de descente, doivent être clôturés.

Tout accident ayant occasionné une blessure à un ou plusieurs ouvriers, survenu dans un de ces établissements, sera l'objet d'une déclaration par le chef de l'entreprise ou, à son défaut et en son absence, par son préposé.

INSPECTION

Les inspecteurs et inspectrices ont entrée dans tous les établissements visés ci-dessus ; ils peuvent se faire présenter le registre d'inscriptions des ouvriers, les livrets, les règlements intérieurs et, s'il y a lieu, le certificat d'aptitude physique.

Les contraventions sont constatées par les procès-verbaux des inspecteurs et inspectrices, qui font foi jusqu'à preuve contraire.

PÉNALITÉS

Les manufacturiers, directeurs ou gérants d'établissements visés dans la présente loi, qui ont contrevenu aux prescriptions de ladite loi et des règlements d'administration publique relatifs à son exécution, sont poursuivis devant le tribunal de simple police, et, en cas de récidive, devant le tribunal correctionnel.

La loi du 2 novembre 1892 a été complétée par les deux décrets suivants, que nous croyons important de reproduire :

Décret du 13 mai 1893

Relatif aux travaux interdits ou autorisés sous certaines conditions aux enfants ou aux femmes, complété et modifié par les différents décrets de 1897 à 1905.

ARTICLE PREMIER. — Il est interdit d'employer les enfants au-dessous de dix-huit ans, les filles mineures et les femmes au graissage, au nettoyage, à la visite ou à la réparation des machines ou mécanisme en marche.

ART. 2. — Il est interdit d'employer les enfants au-dessous de dix-huit ans, les filles mineures et les femmes dans les ateliers où se trouvent des machines actionnées à la main ou par un moteur mécanique, dont les parties dangereuses ne sont point couvertes de couvre-engrenages, garde-mains et autres organes protecteurs.

ART. 3. — Il est interdit d'employer les enfants au-dessous de dix-huit ans à faire tourner des appareils en sautillant sur une pédale.

Il est également interdit de les employer à faire tourner des roues horizontales.

ART. 4. — Les enfants au-dessous de seize ans ne pourront être employés à tourner des roues verticales que pendant une durée d'une demi-journée de travail, divisée par un repos d'une demi-heure au moins.

Il est également interdit d'employer les enfants au-dessous de seize ans à actionner au moyen de pédales les métiers dits « à la main ».

ART. 5. — Les enfants au-dessous de seize ans ne peuvent travailler aux scies circulaires ou aux scies à ruban.

ART. 6. — Les enfants au-dessous de seize ans ne peuvent être employés au travail des cisailles et autres lames tranchantes mécaniques.

ART. 7. — Les enfants au-dessous de treize ans ne peuvent, dans les verreries, être employés à cueillir et à souffler le verre.

Au-dessous de treize ans jusqu'à seize ans, ils ne peuvent cueillir un poids de verre supérieur à 1.000 grammes. Dans les fabriques de bouteilles et de verre à vitre, le soufflage par la bouche est interdit aux enfants au-dessous de seize ans. Dans les verreries où le soufflage se fait à la bouche, un embout personnel sera mis à la disposition de chaque enfant âgé au moins de dix-huit ans.

ART. 8. — Il est interdit de préposer des enfants au-dessous de seize ans au service des robinets à vapeur.

ART. 9. — Il est interdit d'employer des enfants de moins de seize ans, en qualité de doubleurs, dans les ateliers où s'opèrent le laminage et l'étirage de la verge de tréfilerie.

Toutefois, cette disposition n'est pas applicable aux ateliers dans lesquels le travail des doubleurs est garanti par des appareils protecteurs.

ART. 10. — Il est interdit d'employer des enfants de moins de seize ans à des travaux exécutés à l'aide d'échafaudages volants pour la réfection ou le nettoyage des maisons.

ART. 11. — Les jeunes ouvriers ou ouvrières au-dessous de dix-huit ans, employés dans l'industrie, ne peuvent porter, tant à l'intérieur qu'à l'extérieur des manufactures, usines, ateliers et chantiers, des fardeaux d'un poids supérieur aux suivants :

Garçons au-dessous de quatorze ans : 10 kilos ;

Garçons de quatorze à dix-huit ans : 15 kilos ;

Ouvrières au-dessous de seize ans : 5 kilos ;

Ouvrières de seize à dix-huit ans : 10 kilos.

Il est interdit de faire traîner ou pousser par les dits jeunes ouvriers ou ouvrières, tant à l'intérieur des établissements industriels que sur la voie publique, des charges correspondant à des efforts plus grands que ceux ci-dessus indiqués.

Les conditions d'équivalence des deux genres de travail seront déterminées par arrêté ministériel.

ART. 12. — Il est interdit d'employer des filles au-dessous de seize ans au travail des machines à coudre mues par des pédales.

ART. 13. — Il est interdit d'employer des enfants, des filles mineures ou des femmes à la confection d'écrits, d'imprimés, affiches, dessins, gravures, peintures, emblèmes, images ou autres objets dont la vente, l'offre, l'exposition, l'affichage ou la distribution sont réprimés par les lois pénales comme contraires aux bonnes mœurs.

Il est également interdit d'occuper des enfants au-dessous de seize ans et des filles mineures dans les ateliers où se confectionnent des écrits, imprimés, affiches, gravures, peintures, emblèmes, images et autres objets qui, sans tomber sous l'application des lois pénales, sont cependant de nature à blesser leur moralité.

ART. 14. — Dans les établissements où s'effectuent les travaux dénommés au tableau A annexé au présent décret, l'accès des ateliers affectés à ces opérations est interdit aux enfants au-dessous de dix-huit ans, aux filles mineures et aux femmes.

ART. 15. — Dans les établissements où s'effectuent les travaux dénommés au tableau B annexé au présent décret, l'accès des ateliers affectés à ces opérations est interdit aux enfants au-dessous de dix-huit ans.

ART. 16. — Le travail des enfants, filles mineures et femmes n'est autorisé, dans les ateliers dénommés au tableau C annexé au présent décret, que sous les conditions spécifiées audit tableau.

Décret du 15 juillet 1893 modifié par les différents décrets de 1895 à 1904.

ARTICLE PREMIER. — Dans les industries et aux époques ci-après déterminées, les femmes et les filles âgées de plus de dix-huit ans pourront être employées jusqu'à onze heures du soir pendant une durée totale qui ne dépassera pas soixante jours par an, sans qu'en aucun cas la durée du travail effectif puisse dépasser douze heures par vingt-quatre heures :

Broderie et passementerie pour confection. — Chapeaux (fabrication et confection de), en toutes matières pour hommes et femmes. — Confection, couture et lingerie pour femmes et enfants. — Confection en fourrures. — Pliage et encartonnage des rubans.

ART. 2. — Il pourra être dérogé d'une façon permanente aux dispositions des paragraphes 1 et 2 de l'article 4 précité, pour les industries et les catégories des travailleurs énumérées ci-dessous, mais sans que le travail puisse dépasser sept heures par vingt-quatre heures :

Amidon de maïs (coulage et séchage de l'). — Imprimés (brochage des). — Journaux (pliage des). — Mines (allumage des lampes des), *filles majeures et femmes*.

ART. 3. — Les industries énumérées ci-après sont autorisées à déroger temporairement aux dispositions relatives au travail de nuit, sans que le travail effectif des femmes, filles ou enfants employés la nuit puisse dépasser dix heures par vingt-quatre heures :

Beurrerie et fromagerie non annexées à une ferme. — Colle et gélatine (fabrication de) *60 jours.*

Confiserie. — Conserves alimentaires de fruits et de légumes. — Conserves de poissons, *90 jours.*

Délainage des peaux de mouton, *60 jours.*

Parfum des fleurs (extraction), *90 jours.*

Pâtes alimentaires, *30 jours.*

Réparations urgentes de navires et de machines motrices, *120 jours.*

Tonnellerie pour l'emballage des produits de la pêche, *90 jours.* (Enfants au-dessus de seize ans).

ART. 4. — Dans les usines à feu continu, où des femmes majeures et des enfants du sexe masculin sont employés la nuit, les travaux tolérés pour ces deux catégories de travailleurs sont les suivants :

Distilleries de betteraves (enfants et femmes). — Laver, peser, trier la betterave, manœuvrer les robinets à jus et à eau, aider aux batteries de diffusion et aux appareils distillatoires.

Fabrication d'objets en fer et fonte émaillés (enfants). — Manœuvrer à distance les portes des fours.

Usines pour l'extraction des huiles (enfants). — Remplir les sacs, les secouer après pressage, porter les sacs vides et les claies.

Papeteries (enfants et femmes). — Aider les surveillants de machines, couper, trier, ranger, rouler et apprêter le papier.

Fabriques et raffineries de sucre (enfants et femmes). — Laver, peser, trier la betterave, manœuvrer les robinets à jus et à eau, surveiller les filtres, aider aux batteries de diffusion, coudre des toiles, laver des

appareils et des ateliers, travailler le sucre en ta-
blettes.

Usines métallurgiques (enfants). — Aider à la préparation des lits de fusion, aux travaux accessoires
d'affinage, de laminage, de martelage et de tréfilage,
de préparation des moules pour objets de fonte moulée, de rangement des paquets, des feuilles, des tubes
et des fils.

Verreries (enfants). — Présenter les outils, faire les
premiers cueillages, aider au soufflage et au moulage,
porter dans les fours à recuire, en retirer les objets,
le tout dans les conditions prévues à l'article 7 du décret du 13 mai 1893.

Lorsque les femmes majeures et les enfants sont
employés toute la nuit, leur travail doit être coupé
par des intervalles de repos, représentant un temps
total de repos au moins égal à deux heures.

La durée du travail effectif ne peut d'ailleurs dépasser dans les vingt-quatre heures dix heures pour
les femmes et les enfants.

ART. 5. — Les industries pour lesquelles les restrictions relatives à la durée du travail pourront être temporairement levées par l'inspecteur divisionnaire,
pour les enfants âgés de moins de dix-huit ans et les
femmes de tout âge sont les suivantes :

Ameublement, tapisserie, passementerie pour meubles. — Appareils orthopédiques. — Bateaux de ri-
vière (travaux extérieurs et réparations). — Bâtiments
(travaux extérieurs dans les chantiers de l'industrie
du). — Beurreries et fromageries non annexés à une
ferme. — Bijouterie et joaillerie. — Blanchisseries de

linge fin. — Boîtes de conserve. — Bonneterie fine. — Briqueteries en plein air. — Brochage des imprimés. — Broderie pour confection.

Carton (fabriques de) pour jouets, bonbons, rubans. — Chapeaux. — Chaussures (fabrication de). — Colle et gélatine. — Coloriage au patron ou à la main. — Confections, couture, pour femmes et enfants. — Confections pour hommes. — Confections en fourrures. — Conserves de fruits. — Confiserie. — Corderies en plein air. — Corsets. — Couronnes funéraires.

Délainage des peaux de moutons. — Dorure pour ameublement. — Dorure pour encadrement.

Établissements industriels dans lesquels sont exécutés des travaux sur l'ordre du Gouvernement et dans l'intérêt de la sûreté de la défense nationale, après avis des ministres intéressés, constatant expressément la nécessité de la dérogation.

Filature. — Fleurs (extraction des parfums des). — Fleurs et plumes.

Grainerie.

Impressions de la laine peignée. — Imprimeries lithographiques, en taille-douce, typographiques.

Jouets.

Orfèvrerie (polissage, dorure, gravure, ciselage, guillochage et planage en).

Papier (transformation du). — Papiers de tenture. — Parfumerie. — Porcelaine (ateliers de décor sur).

Reliure. — Réparations urgentes de navires et de machines motrices.

Soie (dévidage de la).

Teinture, apprêt, blanchiment, impression. — Tissage des étoffes de nouveauté. — Tulles.

Voiles de navires armés pour la grande pêche (confection et réparation des).

ART. 6. — Chaque fois que les chefs des industries dénommées aux articles 1 et 3 voudront faire usage des facultés inscrites aux dits articles, ils devront en donner avis à l'inspecteur ou à l'inspectrice.

Une copie de l'avis sera immédiatement affichée dans un endroit apparent des ateliers et y restera apposée pendant toute la durée de la dérogation.

Une copie de l'autorisation sera également affichée dans les cas prévus par l'article 5.

ARTICLES DE PARIS

Cette industrie comprend la fabrication, le brunissage et le polissage de la bijouterie dorée et de la bijouterie en acier et leur encartage.

Nombre de femmes sont employées à ces petits travaux, qui demandent un apprentissage de deux ans. Les ouvrières polisseuses gagnent de 3 fr. 50 à 5 francs par jour, les encarteuses de 2 fr. 50 à 4 francs par jour.

La vente de ces articles suivant les impulsions de la mode, il y a de fréquents chômages.

BATTEUR D'OR

L'industrie du batteur d'or consiste à réduire des lingots de ce métal en feuilles excessivement minces.

Elle comprend quatre opérations principales : la fonte, le forgeage, le laminage et le battage.

Après avoir été fondu et réuni en lingots par les procédés ordinaires, l'or est recuit à une douce chaleur pour l'adoucir. On le forge ensuite en le recuisant à diverses reprises, puis on le lamine de manière à le réduire en un ruban d'environ un millimètre d'épaisseur. On découpe alors ce ruban en quartiers de 27 millimètres de largeur sur 40 de longueur. Ces quartiers, assemblés par paquets de 24, sont battus sur une enclume en fer jusqu'à ce qu'ils soient réduits à l'épaisseur de la plus mince feuille de papier. On obtient ainsi des feuilles carrées de 0 m. 08, que l'on superpose par paquets de 60 en séparant chaque feuille l'une de l'autre au moyen de feuilles de vélin. Pour amortir le coup du marteau on dispose au-dessus et au-dessous de chaque paquet une vingtaine de feuilles de vélin. Le paquet ainsi formé est placé dans un double fourreau de solide parchemin. C'est ce que l'on appelle le *premier caucher*, que l'on bat, au moyen d'un marteau à manche court, sur un bloc de marbre bien poli. On a soin de s'assurer de l'état des quartiers et de séparer ceux qui sont arrivés au degré voulu ; on continue ensuite l'opération sur les autres. Les premiers quartiers obtenus sont coupés en quatre pour en former de nouveaux que l'on réunit par paquets de 112, pour former un *second caucher;* on répète la première opération, et l'on a alors de nouvelles feuilles qui, coupées en quatre et séparées par des carrés de baudruche, forment ce que l'on appelle le *chaudret.* Les feuilles du chaudret, battues, coupées en quatre et réunies par paquets de 800, forment une moule. L'on bat une dernière fois les feuilles de la moule, et après les avoir coupées en quatre, on les place dans les *quarterons*. Le quarteron est un petit livre à feuilles de papier de couleur rouge orange, destiné à faire valoir les feuilles d'or. Par ces diverses opérations, on parvient à réduire l'or à une épaisseur de 1/800 de millimètre. Quelques batteurs d'or effectuent leur travail au moyen de machines qui remplacent avantageusement le battage à la main.

Outre les ouvriers tels que le forgeur, le dégrossisseur, le batteur de moules, le presseur et le planeur, plusieurs femmes sont employées chez le batteur d'or. Ce sont : *l'étoupeuse*, qui est chargée de la préparation et de la réparation des outils en baudruche ; la *brunisseuse*, qui étale sur les feuilles du chaudret et de la moule une couche de poudre de gypse calciné ; *l'apprêteuse*, qui emplit et vide les cauchers et le chaudret, qui coupe les feuilles d'or en quartiers et qui remplit la moule avec les quartiers extraits du chaudret, et enfin la *videuse*, qui vide la moule et dispose les feuilles d'or dans les cahiers de vente.

L'étoupeuse gagne de 24 à 30 francs par semaine.
La brunisseuse gagne de 14 à 22 francs par semaine.
L'apprêteuse gagne de 18 à 30 francs par semaine.
La videuse gagne de 18 à 34 francs par semaine.

L'apprentissage demande plusieurs mois ; mais dès le début, les jeunes filles reçoivent 3 à 4 francs par semaine et sont ensuite augmentées graduellement.

Il y a dans ce métier beaucoup de chômage.

BATISTE

La batiste est surtout fabriquée dans le Nord de la France. C'est une sorte de toile blanche très serrée, qui forme le plus fin de tous les tissus de lin. Elle présente un aspect brillant et soyeux dû au lustré du fil qui entre dans sa fabrication. Ce fil est le produit d'un lin très fin, appelé *rame*, et qui croît particulièrement dans le Hainaut français.

On prétend que la batiste doit son nom à Baptiste Chambray, industriel qui vivait au XIIIᵉ siècle, et qui fabriqua le premier cette sorte de toile. Selon d'autres ce nom lui aurait été donné par analogie avec une toile des Indes très blanche et très fine, désignée sous le nom de *bastas*.

La batiste est souvent tissée avec encadrements pour mouchoirs. Dans le cas contraire, elle se fabrique généralement à 70 ou 80 centimètres de largeur. Elle s'imprime moins bien que les étoffes de coton, et reçoit cependant des impressions pour vignettes, des encadrements de couleur pour mouchoirs, de petits dessins pour chemises.

Le tissage de la batiste se fait à la fois dans les ateliers et chez les ouvriers habitant la campagne et qui ont un métier. Maris et femmes y travaillent de compagnie ; ces dernières sont préférablement chargées de la trame. Les pièces terminées, les fabricants ou les négociants font *repriser* les défectuosités du tissu.

Ce dernier travail, qui est assez délicat, est confié à

des femmes qui peuvent gagner de 2 fr. 50 à 3 fr. 50 par jour, soit chez elles, soit en ateliers.

La batiste livrée aux négociants par les tisseurs doit être apprêtée. Ce travail se fait soit dans la maison même, soit chez les entrepreneurs spéciaux.

Pour l'apprêt de la batiste on distingue différentes catégories d'ouvrières :

Les *laveuses*, qui nettoient les pièces tissées, soit à la main, soit à la batteuse; elles gagnent environ 2 fr. 50 par jour, mais elles sont exposées à de fréquents chômages, et ne sont guère occupées que trois ou quatre jours par semaine.

Les laveuses peuvent, il est vrai, être aussi employées comme *plieuses*, c'est-à-dire être chargées du pliage des mouchoirs ou pièces de batiste qui doivent être remis aux empaqueteuses.

Les différentes pièces de batiste, une fois lavées, sont repassées à la main par les plieuses ou à la machine par les *repasseuses*. Ces dernières ont un salaire quotidien qui varie de 2 fr. 50 à 3 fr. 50 par jour.

Dans le Nord on exécute en batiste un grand nombre de mouchoirs dits « à jour ». Ce travail, qui consiste à enlever des fils au tissu pour former des encadrements à jour, se fait soit à domicile, soit à l'atelier. Les faiseuses de jours à domicile les font à la main, elles sont payées aux pièces et ne parviennent guère à gagner un salaire de plus de 1 fr. 25 par jour. A l'atelier le travail est réparti entre les *tireuses de fil*, qui sont en général les apprenties et ne gagnent que 0 fr. 75 à 1 fr. 25 par jour, et les ouvrières qui font les jours à la machine et reçoivent de 2 fr. 50 à 3 francs par jour.

Ces différentes ouvrières sont occupées par des entrepreneurs quand l'apprêt de la batiste n'est pas fait chez le fabricant ; ce dernier emploie, outre les ouvrières chargées des trames et les raccommodeuses, des femmes qui empaquettent la batiste apprêtée, mettent les mouchoirs dans des boîtes, collent les étiquettes, etc. Celles-ci gagnent de 1 fr. 75 à 2 fr. 50 par jour.

BIJOUTERIE

L'industrie de la bijouterie emploie des femmes à l'attachage et l'épargne des pièces. Ces deux genres de travaux sont tout à fait spéciaux.

Les salaires de début sont de 0 fr. 20 l'heure.

Une ouvrière peut gagner de 0 fr. 25 à 0 fr. 35 l'heure.

Celle qui est très bonne arrive jusqu'à 0 fr. 45.

Ces salaires varient en raison du genre de travail et de l'aptitude des ouvrières.

Dans l'industrie de la bijouterie imitation, une bonne ouvrière monteuse de pierres fausses peut selon sa capacité se faire une journée de 4 à 5 francs.

Si elle est adroite elle peut arriver à gagner 6 francs par jour.

BLANCHISSAGE

On distingue dans l'industrie du blanchissage deux spécialités principales : les blanchisseries-buanderies et les blanchisseries de linge fin.

Dans les blanchisseries-buanderies de Paris, les

laveuses gagnent de 4 à 5 francs pour 10 heures de travail ou 0 fr. 40 de l'heure, les repasseuses de 3 fr. 50 à 4 francs par jour.

Les laveuses n'ont guère besoin d'apprentissage, l'habitude suffit ; mais leur métier exige une santé très robuste.

Quant aux repasseuses, un apprentissage d'environ deux ans leur est nécessaire. Lorsqu'elles commencent à faire un bon travail, elles gagnent 50 à 60 centimes par jour, et sont ensuite augmentées graduellement.

Les prix sont analogues dans les blanchisseries de linge fin. Toutefois, la plupart des blanchisseuses paient aujourd'hui leurs ouvrières aux pièces. Mais le résultat ne diffère guère pour les bonnes ouvrières,

Il est difficile d'établir une blanchisserie-buanderie ou lavoir, à cause du capital assez important à engager et du personnel, en partie masculin, qu'un tel établissement exige ; mais il est aisé de s'établir blanchisseuse de fin. Un local modeste, un petit matériel suffisent lorsqu'on a les relations nécessaires pour se former une clientèle sérieuse. Mais il ne faut pas oublier que ce travail est assez pénible ; le lavage exige une grande dépense de forces, et le repassage a de sérieux inconvénients pour certaines constitutions.

Dans la plupart des écoles professionnelles, le blanchissage et le repassage du linge sont enseignés aux élèves.

BONNETERIE

Cette industrie est répandue par toute la France, mais la bonneterie de coton se fabrique surtout à

Troyes, à Aix-en-Othe, à Falaise, en Artois, en Lorraine, à Paris, dans les départements du Gard, de l'Hérault et de la Haute-Garonne.

La Picardie a la spécialité de la bonneterie de laine; la bonneterie de soie se fabrique principalement à Paris, à Troyes et dans les départements du Rhône et du Gard.

La bonneterie de lin, la moins recherchée, se fait surtout dans le Pas-de-Calais.

Aux environs de Paris, on fabrique de la bonneterie de fantaisie, qui permet aux femmes de gagner 15 à 20 francs par semaine. L'apprentissage, qui se fait en atelier, est relativement très court.

Les châles, chaussons, bérets de laine pour femmes et enfants ne rapportent que 0 fr. 75 à 1 fr. 50 par jour, mais ils constituent un travail facile à faire chez soi et qui peut contribuer à augmenter les ressources d'un ménage.

Les confections ayant une certaine originalité, parmi lesquelles les petits vêtements de tricot au crochet pour poupées, peuvent rapporter de 4 à 5 francs par jour.

Dans la bonneterie à façon les femmes sont employées comme défileuses, bobineuses, couseuses, remmailleuses, coupeuses, raccoutreuses, repasseuses, etc.

Les défileuses sont chargées de défiler quelques rangées de mailles pour permettre de remmailler. Elles gagnent de 0 fr. 75 à 1 fr. 25 par jour. Elles peuvent débuter dès l'âge de 12 à 13 ans. Leur travail, très facile, ne demande pas d'apprentissage.

Les remmailleuses sont choisies parmi les défileuses habiles. Elles gagnent de 1 à 4 francs par jour.

Les couseuses, qui font leur apprentissage comme les précédentes, gagnent aussi de 1 à 4 francs par jour.

Les bobineuses surveillent les métiers qui mettent le fil en bobines. Elles gagnent de 1 à 4 fr. 50 par jour.

Les coupeuses reçoivent de 2 à 4 fr. 50 par jour.

Les raccoutreuses, chargées de reprendre les mailles échappées au métier, gagnent de 2 à 4 francs par jour.

Et les repasseuses, de 2 à 4 fr. 50 par jour.

Il n'y a pas d'apprentissage proprement dit pour ces différents métiers. Pour les travaux les plus délicats, la débutante travaille sous les yeux d'une ouvrière faite, à laquelle elle abandonne, à titre d'indemnité, quinze jours de son gain.

BOUGIES (Fabrication des)

L'éclairage au pétrole, au gaz et surtout à l'électricité ainsi que l'emploi des lampes portatives à essence minérale a considérablement nui à cette industrie qui comptait il y a quelques années 150 fabriques employant environ 3.000 ouvriers et ouvrières.

Le département de la Seine était classé en tête pour cette production. Venaient ensuite le Rhône, l'Hérault et les Bouches-du-Rhône.

Le travail des fabriques de bougies stéariques est divisé entre les fondeurs de suif, les presseurs, chargés de la surveillance du travail des presses hydrauliques, les *couleuses*, femmes chargées du coulage de la matière fondue dans les machines qui renferment des moules en étain, et les *paqueteuses*, ouvrières chargées de la confection des paquets de bougies. Ces ouvrières gagnent de 2 fr. 50 à 3 fr. 50 par jour. Pour certains travaux quelques-unes travaillent aux pièces et peuvent gagner 4 francs.

On distingue dans la fabrication les bougies de cire qui ne sont employées que dans les églises, la bougie de blanc de baleine (spermaceti) et la bougie stéarique, formée de suif provenant de la graisse du bœuf et du mouton.

Une autre espèce de bougie, la bougie de paraffine, est particulièrement employée en Allemagne et en Angleterre.

Le nom de bougie fut d'abord réservé aux chandelles de cire ; elles furent ainsi nommées parce qu'on tirait de Bougie, ville du littoral de l'Afrique algérienne, la plus grande partie de la cire avec laquelle on les fabriquait.

Il existe deux procédés de fabrication pour les bougies de cire : on les fait à la cuiller et au moule. Dans le premier procédé, qui n'est plus guère employé aujourd'hui, les mèches étant suspendues verticalement au-dessus d'un bain de cire fondue, on prend cette cire dans une cuiller pour la verser le long des mèches, et l'on répète cette opération jusqu'à ce que les bougies aient atteint la grosseur convenable ; on les roule ensuite sur une table de noyer poli, en les pressant, au moyen d'une planche triangulaire du même bois, afin de leur donner une forme régulière. Par l'autre procédé, la cire fondue est coulée dans des cylindres en métal, après que les mèches ont été tendues dans l'axe de ces cylindres. Pour fabriquer les bougies appelées *rats de cave*, on plonge une mèche très longue dans la cire fondue, puis on fait passer cette mèche, chargée de cire, dans une filière qui enlève l'excès d'épaisseur, et enfin on la roule sur elle-même en lui donnant la forme que l'on veut.

Les bougies dites diaphanes se font avec du blanc de baleine, mélangé avec une certaine proportion de cire. Elles sont remarquables par leur transparence, et elles donnent, en brûlant, une lumière très vive. On les colore souvent en jaune, en rose ou en bleu, en ajoutant à la matière en fusion du carmin, du chromate de plomb ou du bleu de Prusse.

Dans la fabrication des bougies stéariques, celles qui sont encore les plus répandues, les bougies fines, se fabriquent avec du suif de mouton qui contient le plus d'acides solides et qui se travaille le mieux, et les bougies communes avec le suif de bœuf, qui a l'avantage de coûter moins cher.

BOUTONS (Fabrication des)

La fabrication des boutons emploie en France un grand nombre de femmes et d'enfants.

Le plus grand centre de fabrication est Méru. Les boutons en os ou en nacre sont surtout fabriqués dans l'Oise. Ceux en corne se font à Paris, principalement à Belleville.

Cette industrie met en œuvre les matières les plus diverses, et principalement le bois, la corne, l'ivoire, les métaux et la terre à porcelaine à Briare.

A l'exception des boutons de corne, de métal et de porcelaine, tous les boutons se fabriquent au tour, mais la disposition de l'outil varie suivant qu'ils doivent avoir un ou plusieurs trous.

Pour fabriquer les boutons de corne, on découpe la matière première en rondelles, que l'on ramollit dans l'eau bouillante et que l'on comprime ensuite forte- ment dans un moule pour leur donner la forme voulue. Les boutons métalliques s'obtiennent de plusieurs manières, suivant le métal employé. On fait ceux d'étain ou d'un alliage de laiton et d'étain par les procédés de coulage ; tantôt on exécute en même temps la rondelle et la queue, tantôt on ne coule que la ron- delle et l'on y soude après coup la queue. Les boutons de laiton pur ou de cuivre doré ou argenté se font avec des disques découpés dans les plaques émincies par le laminoir à l'épaisseur convenable, puis estam- pées au balancier : on y fixe la queue par la sou- dure.

Les boutons dits *semi-métalliques* se fabriquent par les mêmes procédés. Ils se composent de deux ron- delles de cuivre ou de tôle mince entre lesquelles est pincée une rondelle de toile, et dont la supérieure, ayant un diamètre un peu plus grand que l'inférieure, est sertie sur celle-ci.

Les diverses espèces de boutons qui précèdent sont tellement soumises aux caprices de la mode, que, dans l'espace d'une cinquantaine d'années, une seule maison de Paris en a livré au commerce plus de six cent mille variétés.

Les boutons de porcelaine, ou boutons de pâte céramique, sont une conquête de l'industrie contemporaine.

Ils ont été créés, en 1840, par l'Anglais Prosser; mais en 1845, le fabricant français Félix Bapterosse est parvenu à les produire à si bon marché que, depuis cette époque, les Anglais trouvent plus de profit à s'approvisionner chez nous qu'à fabriquer eux-mêmes. Il y a deux espèces de boutons: les *boutons strass* qui se font avec du feldspath pur et les *boutons agate*, qui se font avec un mélange de feldspath et de phosphate de chaux. Dans les deux cas, on ajoute un peu de lait à la pâte pour lui donner du liant. Cette pâte se travaille avec une presse qui moule cinq cents boutons à la fois, et qu'un ouvrier fait fonctionner deux ou trois fois par minute. À mesure qu'ils sont moulés, les boutons viennent se ranger sur une feuille de papier, que l'on porte ensuite dans un four construit d'après le même principe que les fours usités dans les cristalleries : dix minutes suffisent pour que la cuisson soit complète. Les boutons de porcelaine sont blancs et de couleurs. Ces derniers sont teints dans la masse en y introduisant des oxydes métalliques appropriés.

Les boutons de porcelaine ou en pâte céramique sont principalement fabriqués à Briare (Loiret). Le Rhône, la Garonne, le Lot-et-Garonne, les Vosges ont aussi des fabriques de boutons, mais elles ne fournissent guère qu'au commerce local.

Les boutons métalliques en or, plaqués or ou acier, à cercles dorés, argentés, oxydés, bronzés ou avec appliques donnent du travail non seulement dans les fabriques, mais encore au dehors.

Les salaires sont généralement établis à l'heure ou aux pièces. Les femmes employées dans le bouton de nacre pour l'encartage gagnent environ 18 centimes l'heure.

Dans la fabrication des boutons de fantaisie, on distingue parmi les femmes employées : l'*emboutisseuse*, la *perçeuse*, la *riveuse* et la *fermeuse*. Leur salaire est ordinairement de 2 fr. 50 ou 3 ou 4 francs par jour.

Celui des enfants varie entre 1 et 2 francs.

Il y a dans ce métier quelques moments de chômage, notamment en juillet.

BROCHAGE

Le brochage consiste dans l'assemblage des feuilles imprimées et dans la couture rapide de ces feuilles.

Beaucoup de femmes et de jeunes filles sont employées dans les ateliers de brochage.

L'apprentissage ne dure guère que six mois. Une jeune fille peut le commencer dès l'âge de douze à treize ans.

Pendant les trois premiers mois, l'apprentie ne gagne rien. Elle peut ensuite gagner de 1 franc à 1 fr. 50 par jour.

Au bout de deux ans, une ouvrière adroite et active gagne de 2 fr. 50 à 4 francs par jour. Quelques-unes gagnent même 5 francs par jour.

Le travail étant payé aux pièces, il s'agit de faire vite et bien. Une certaine dextérité naturelle est nécessaire, pour arriver au maximum du gain.

Peu de chômage, surtout pour les bonnes ouvrières.

L'assemblage se fait de la manière suivante : les feuilles d'impression sont placées en tas sur une table ; chaque tas ou forme est composé de feuilles semblables ; la première forme ne comprend que des feuilles portant pour signature le n° 1 ou la lettre A, et contenant les premières pages du volume ; les feuilles de la seconde forme ont la signature 2 ou B, et ainsi de suite.

L'assembleur prend une feuille sur la première forme, une sur la seconde, une sur la troisième, etc , et de toutes ces feuilles il forme un cahier qui contient tout ce qui devra composer un volume. Quand le premier cahier est terminé, il en fait un second, puis un troisième, et ainsi de suite jusqu'à ce qu'il y en ait assez pour former une pile.

On reprend ensuite toutes ces feuilles formant des cahiers, on les plie en quatre feuillets si le format est in-4°, en huit si c'est in-8°, en douze si c'est en in-12; on a soin qu'elles soient toujours rangées selon l'ordre des signatures, et on en forme de nouveaux tas, qu'on appelle parties. Alors, le brocheur après avoir pris sur un de ces derniers tas la feuille dont la signature est 1 ou A, la renverse sur une garde, feuillet de papier sur lequel doit être collée la couverture, et dont il replie le bord le long du petit cahier formé par la feuille, en ayant soin, toutefois, que le pli ne couvre pas entièrement la marge ; il enfile une grande aiguille courbe, appelée broche, en perce la feuille par dehors, tire le fil en dedans de manière à en laisser dépasser une longueur de quelques centimètres, et perce de nouveau la feuille du dedans en dehors, à quelque distance du premier trou.

Alors il prend la feuille suivante, la pose sur la première en la retournant, la perce à la hauteur même où la broche est sortie de la première feuille, du dehors en dedans, fait ressortir le fil à la première piqûre faite à la première feuille et le noue avec le bout laissé à l'intérieur. Il prend ensuite la troisième feuille, y fait de nouveau deux piqûres, et, quand le fil est sorti par la seconde, passe l'aiguille entre le point qui unit les deux premières feuilles, ce qui commence un entrelacement qui durera jusqu'à la dernière feuille et se reproduira du côté où il a fait le premier nœud. Cet entrelacement est nommé chaînette. La dernière feuille doit être couverte, comme la première, d'une garde, mais posée en sens inverse, et le fil doit être arrêté enfin par un dernier nœud.

Cela fait, il ne reste plus qu'à étendre, avec un pinceau, une légère couche de colle sur les deux gardes et sur le dos du volume, à y poser d'une manière convenable la couverture, à faire sécher à l'air libre, et à ébarber avec des ciseaux les bords qui dépassent les parties où les feuilles ont été pliées sur elles-mêmes.

BRODERIE

On divise généralement la broderie en quatre catégories principales : la broderie blanche, la broderie de soie, d'or ou d'argent, la broderie de fantaisie pour nouveautés et la broderie de tapisserie.

Ces différents travaux peuvent souvent être exécutés chez soi; ils sont donc très agréables pour les dames et les jeunes filles auxquelles sont ainsi évités les ennuis des ateliers. C'est, en outre, un métier artistique, surtout dans certaines de ses parties, pour lesquelles la connaissance du dessin est indispensable.

Des entrepreneurs servent généralement d'intermédiaires entre le fabricant et les ouvrières qui travaillent chez elles. Leur gain est d'environ 10 pour 100 du prix de la main-d'œuvre.

En général, pour la broderie, les prix les plus élevés sont payés par Paris; en province ils baissent considérablement.

Deux sortes de machines sont employées pour la broderie : le *couso-brodeur*, machine à pédale, qui rappelle la machine à coudre, et le *métier suisse*.

Le *couso-brodeur* est employé pour toutes espèces de broderie. Les pièces brodées au moyen de cette machine sont terminées à la main, au passé, pour tous les articles riches.

Un couso-brodeur coûte de 400 à 800 francs.

La broderie au métier suisse n'est pratiquée que par quelques entrepreneurs. Ces métiers coûtent de

2.000 à 2.500 francs pièce; certains sont même mus par la vapeur. Ces métiers n'exécutant que des travaux ordinaires et bon marché, ce travail doit être aussi terminé à la main.

BRODERIE BLANCHE

Cette broderie s'applique particulièrement à la lingerie. Elle se divise en broderie au feston, broderie en reprise et broderie de dentelle.

Pour la broderie blanche, l'apprentissage peut être commencé de très bonne heure. Dans les ateliers, l'apprentie au bout de quelques mois peut gagner de 0 fr. 80 à 1 franc par jour. Devenue bonne ouvrière, elle gagne de 2 à 4 francs par jour. Les grandes maisons de blanc forment la meilleure clientèle des brodeuses en blanc.

De juin à septembre, les ouvrières à domicile reçoivent peu de travail, car à cette époque les commandes se ralentissent régulièrement.

BRODERIES DE SOIE, D'OR ET D'ARGENT

Ces broderies sont employées pour les livrées et pour certaines étoffes d'ameublement. Elles exigent un apprentissage assez long (trois ou quatre ans). La connaissance du dessin est, en outre, très utile dans cette partie.

Dès la seconde année, les apprenties gagnent ordinairement 1 franc ou 1 fr. 50 par jour. Après la troisième année, elles peuvent gagner de 3 à 4 francs. Quelques ouvrières habiles arrivent même à gagner

5 et 6 francs à l'atelier, et jusqu'à 6 à 8 francs chez elles, mais ces dernières peuvent avoir de fréquents chômages.

La broderie pour ornements d'église est surtout pratiquée dans les ouvroirs; les personnes qui veulent travailler chez elles peuvent gagner 30 à 40 centimes par heure.

Les brodeuses sur soie, or et argent qui travaillent chez elles, doivent se procurer plusieurs métiers de différentes grandeurs.

Les figures et autres sujets exigent du goût et une grande habileté. Ces broderies se paient généralement aux pièces; les personnes qui les exécutent gagnent facilement de 5 à 6 francs par jour.

Notons que les broderies à la machine sont généralement employées pour les travaux ordinaires. La broderie à la machine rapporte de 6 à 8 francs par jour, mais en général ne se fait qu'en atelier. La broderie au passé exige un long apprentissage, elle rapporte de 4 à 5 francs par jour.

La broderie pour ameublement est enseignée dans les Ecoles professionnelles de la ville de Paris.

BRODERIE DE FANTAISIE POUR NOUVEAUTÉS

La broderie de fantaisie pour nouveautés peut être rattachée aux précédentes; elle se fait aussi en jais et en perles.

Les brodeuses à la main gagnent dans cette partie de 3 à 6 francs par jour.

Ici encore les ouvroirs et les pensions font une concurrence sérieuse.

BRODERIE DE TAPISSERIE

Les ouvrières qui s'occupent de cette broderie peuvent gagner de 3 à 6 francs par jour.

Beaucoup de dames qui ont des loisirs et qui désirent augmenter leurs ressources s'adonnent à la broderie de tapisserie.

On ne peut guère faire d'apprentissage dans ce genre de travail qu'auprès des personnes exercées qui le pratiquent, car on l'apprend rarement en atelier. Au début, le gain sera très modeste, mais devenue bonne ouvrière on parvient aisément aux chiffres que nous venons d'indiquer. Quelques ouvrières habiles et pouvant fournir beaucoup de travail, arrivent même à doubler ces chiffres.

Lorsque les ouvrières en broderie de tapisserie travaillent chez elles, elles doivent posséder deux ou trois métiers, lesquels coûtent une vingtaine de francs chaque.

La restauration des broderies et des tapisseries de meubles est confiée à des ouvrières habiles qui gagnent de 10 à 12 francs par jour.

ÉCOLE DE LA SOCIÉTÉ INDUSTRIELLE DE L'AISNE

Un cours gratuit de broderie mécanique existe dans cette école. Chaque élève doit suivre le cours pendant au moins trois mois.

Dans le cours de dessin et de mise en carte qui dure toute l'année, du mois d'octobre au mois d'août, on enseigne la mise en œuvre des modèles de broderie sur les métiers.

La broderie à la main est aussi enseignée au cours de lingerie de la même école.

BROSSERIE

On distingue dans cette industrie la brosserie fine, la brosserie pour artistes et pour peintres en bâtiments, et la grosse brosserie, laquelle comprend les brosses pour chevaux, harnais, voitures, balayeuses des rues, etc.

Les principaux centres de fabrication de la brosserie fine sont Beauvais et plusieurs autres localités du département de l'Oise. Paris, qui en fabriquait beaucoup jadis, a vu diminuer considérablement sa production par suite de la cherté de la main-d'œuvre.

La grosse brosserie se fabrique un peu par toute la France, et particulièrement dans l'Oise, à Lyon, Bordeaux, Lille, Rouen, Nantes et Rennes.

Les principales matières employées pour le montage des brosses sont les soies, les crins, le chiendent, la bruyère, les poils de blaireau, d'écureuil, de chèvre, de petit-gris, etc.

L'ivoire, l'os, la corne, la nacre, le buffle, l'écaille et certaines espèces de bois sont, comme l'on sait, employés pour les montures de la brosserie fine.

Plus de trente mille ouvriers et ouvrières sont employés en France dans l'industrie de la brosserie.

En général, les opérations de cette fabrication sont saines. En outre, l'apprentissage est court, et les prix sont assez rémunérateurs. Aussi peut-on engager les jeunes personnes qui se trouvent dans les régions où se fabrique la brosserie et qui n'entrevoient d'autres ressources que celles que peut leur procurer un travail manuel, à s'adonner à celui-ci.

Les jeunes filles sont admises dans les ateliers dès l'âge de treize ou quatorze ans. Elles gagnent 50 ou 75 centimes par jour, presque en débutant. Au bout d'un an, leur salaire se trouve à peu près doublé, puis elles arrivent graduellement à gagner de 3 à 4 francs par jour. Une grande partie de la brosserie se fait également dans les familles ; l'ouvrière emporte son travail, après qu'on lui a préalablement pesé les soies nécessaires à l'exécution des brosses.

Le salaire dans ce cas varie entre 1 fr. 50 et 3 fr. 50 par jour.

Il n'y a pas de chômage absolu dans les fabriques de brosserie ; on signale seulement une réduction d'heures de travail pendant les mois de juillet et d'août.

CARTONNAGE

Le cartonnage, et particulièrement le cartonnage de fantaisie, est une des industries les plus abordables aux femmes.

Le cartonnage ordinaire s'applique aux articles de bureau, au commerce de nouveautés, d'épicerie, de mercerie, de parfumerie, de pharmacie, de bijouterie, etc.

Quant au cartonnage de fantaisie, il comprend

les boîtes de confiserie, les coffrets de luxe, les jouets, etc.

Les principaux centres de fabrication de cartonnage sont Paris, Lyon, Bordeaux, et, en général, toutes les grandes villes.

La fabrication des cartonnages se fait généralement dans les ateliers; cependant, dans quelques régions, les ouvrières peuvent emporter le travail chez elles.

La coupe et l'assemblage des cartons sont ordinairement confiés aux ouvriers; les ouvrières sont plutôt chargées du collage des couvertures et de l'application des garnitures.

L'apprentissage est de deux ou trois ans pour les travaux les plus délicats. Pendant cette période, les apprenties touchent de 50 centimes à 2 francs par jour, selon leur capacité.

Dans les ateliers, les journées de travail sont ordinairement de dix heures. Les ouvrières gagnent de 2 fr. 50 à 4 francs par jour.

L'industrie du cartonnage convient particulièrement aux ouvrières d'une constitution un peu délicate; elle n'exige, en effet, aucun effort et n'emploie pas de substances dangereuses.

La peinture et la gravure des coffrets et des cartonnages de luxe sont confiées à des artistes spéciaux, hommes ou femmes.

Il y a par an trois à quatre mois de chômage, ou du moins de ralentissement de travail, dans la fabrication des cartonnages de luxe. Dans le cartonnage ordinaire le travail est plus régulier.

Une école professionnelle de fabrication de cartonnage existe à Paris, rue de Lancry, 10. Elle a été organisée par la *Chambre syndicale du Papier et des industries qui le transforment.*

(Voir *Écoles professionnelles.*)

CÉRAMIQUE

Les principaux centres de fabrication de la porcelaine sont en France : Limoges (où près de la moitié de la population est employée à cette industrie), Briare, où l'on fabrique spécialement les boutons de porcelaine, la manufacture de Sèvres, Chantilly, Champroux (Allier), Bayeux, Vierzon, Toulouse et Villedieu.

Les principaux centres de production de la faïence sont, outre la manufacture nationale de Sèvres et celle de Choisy-le-Roi : Lunéville, Longwy, Gien, Nancy, Parthenay, Châtillon, Blois, etc.

Les femmes sont employées aux travaux d'émaillage, au triage, au classement des pièces fendues, déformées, tachées, écaillées, etc. Elles gagnent en moyenne de 1 fr. 50 à 2 francs par jour. Les bonnes ouvrières peuvent arriver à 3 francs.

(Voir *Peinture sur porcelaine.*)

CHAPEAUX ET CASQUETTES

Dans la fabrication des chapeaux de feutre, les femmes sont spécialement chargées de la garniture intérieure des chapeaux.

Les centres de fabrication pour cet article sont en France : Paris, Bordeaux, Aix, Châlons, Louhans, Montélimart, Chazel, Gringu, Bourg-de-Péage et Romans.

Les femmes sont aussi employées à la fabrication des casquettes, qui se fait surtout à Paris, à Lyon, à Rouen et dans toutes les grandes villes. Les femmes travaillent surtout chez elles à la fabrication de cet article de chapellerie.

L'apprentissage est court pour toute jeune fille sachant bien coudre. Mais il faut une certaine habitude pour arriver à travailler rapidement. L'apprentie gagne dès le début, et son salaire varie entre 10, 20 ou 25 francs par mois, selon son habileté.

Le salaire des ouvrières faites varie de 2 fr. 50 à 4 francs par jour, pour les casquettes, et de 3 fr. 50 à 6 francs pour les chapeaux.

Peu de chômage, mais un relèvement du travail à certaines époques de l'année.

CHAPEAUX DE PAILLE

Les principaux centres de fabication pour les chapeaux de paille, sont en France : Paris, Nancy, Aix et quelques villes du Midi.

Dans l'industrie du chapeau de paille, les hommes mettent le chapeau en forme et les femmes cousent la paille.

L'apprentissage pour le chapeau ordinaire est assez rapide pour toute personne qui sait coudre. Au bout d'un mois ou six semaines, une personne intelligente peut faire un travail utile. Il est plus long pour le chapeau de luxe.

Les ouvrières travaillent généralement chez des entrepreneuses qui servent d'intermédiaires entre elles et le fabricant. Les ouvrières gagnent de 3 fr. 50 à 6 francs par jour pendant la période de la fabrication, qui, malheureusement, n'est que de trois à quatre mois, au commencement de l'année. Il est donc indispensable de posséder une autre corde à son arc.

CHAPELETS

L'industrie des chapelets est surtout concentrée à Saumur, à Lyon, à Lourdes et à Ambert (Puy-de-Dôme).

Ce travail est généralement fait par des femmes qui, au moyen de petites pinces, coupent un fil de fer très ténu, le recourbent en mailles, forment les chaînes et intercalent entre les chaînons les petites boules de bois, d'os, d'ivoire, de nacre, etc., qui doivent former les grains des chapelets.

Le gain de ces ouvrières est médiocre, car la fabrication mécanique a amené une forte diminution dans le prix du chapelet fabriqué à la main.

Les ouvrières qui savent faire le chapelet tout d'une pièce, plier le fil de fer, joindre les mailles, y placer les « pater » et les « ave » sont payées à raison de 75 centimes la douzaine ; celles qui sont expéditives peuvent arriver à en faire deux douzaines par jour. Les ouvrières moins habiles, qui ne s'occupent que d'une partie du chapelet, gagnent beaucoup moins.

La fabrication des grains, des croix, des mailles de chapelet emploie un grand nombre de bras. La plus grande partie du travail se fait à la machine, mais certaines pièces, telles que les crucifix et les têtes à double face des rosaires, sont sculptées dans de petits ateliers.

Saumur possède des ateliers spéciaux où l'on travaille au tour le bois, l'os ou l'ivoire, la noix de coco, blanche ou bistre. « Avec des moyens primitifs, dit un auteur, les ouvriers arrivent à obtenir des reliefs saisissants. En un clin d'œil, ils ont détaché un crucifix dans un morceau de coco. Quelques coups de burin y sculptent le corps du Christ. Rien de précis dans les contours, ce sont des lignes droites ou brutalement brisées, à peine striées, pour donner une vague expression anatomique, et, cependant le corps fixé sur la croix est d'une vérité saisissante. Quelques coups de scie mécanique, quelques traits de burin et de lime ont suffi. »

« Le crucifix achevé, haut de quatre à cinq centimètres, se vend 1 fr. 50 la douzaine. »

La fabrication des grains de chapelet s'est longtemps faite au tour manœuvré à la main ; mais les machines à vapeur tendent à remplacer partout ce système.

On retire ces petites boules de l'ivoire, de l'os, et surtout des noix de coco, dont quelques-unes ont l'aspect de l'ivoire, d'autres celui du vieux noyer.

Après avoir été débitée en disques minces, la noix de coco est présentée à une machine qui abat les perles en creusant alternativement le disque à l'envers et à l'endroit. D'autres machines, surveillées par des ouvrières, servent au guillochage. Au milieu des cercles dessinés sur le grain, on produit des dessins variés.

On teint ensuite ces perles en rouge, en bleu, en noir ou en jaune.

La fabrication de l'œuf à chapelet ou bonbonnière est aussi fort curieuse. Une noix de coco fournit une moitié de cet œuf destinée à être vissée sur l'autre. Les noix de coco sont évidées, sculptées et les vis y sont pratiquées par les machines.

CHAUSSURES

Ouvrières des fabriques de chaussures. — Dans les fabriques de chaussures, les ouvrières sont divisées en apprêteuses, piqueuses à la machine à coudre et finisseuses. Ces dernières sont chargées de border et de faire les boutonnières. Le salaire de ces ouvrières est d'environ 2 francs à 2 fr. 25 par jour.

Les femmes employées dans les magasins de chaussures gagnent environ 40 francs par mois et sont nourries.

Piqueuses de bottines. — Ce travail se fait généralement à domicile. A Paris, les ouvrières ont des machines à coudre chez elles : les unes piquent les tiges en étoffe, les autres les tiges en cuir.

En quelques mois, une personne sachant coudre et diriger une machine à coudre peut devenir une bonne piqueuse de bottines.

Les ouvrières sont généralement payées à la façon.

Elles débutent *comme* apprêteuses à 2 francs par jour et lorsqu'elles conduisent une machine gagnent 3 fr. à 4 fr. 50.

CHEMISERIE

Après Paris, la chemiserie a surtout pour centre de fabrication les départements de la Seine-Inférieure, du Nord, du Cher, de l'Indre, de l'Indre-et-Loire et de la Gironde.

On distingue dans cette industrie, outre le travail des coupeurs, celui des *apprêteuses* qui bâtissent le travail, des *mécaniciennes* ou *piqueuses* à la mécanique, et des *finisseuses*.

Toutes les parties du travail qui ne sont pas exécutées dans les ateliers sont confiées à des entrepreneuses qui s'adressent à leur tour à des ouvrières travaillant chez elles.

Généralement, les chemises sont préparées chez les entrepreneuses et terminées par les ouvrières du dehors.

Les entrepreneuses prennent comme apprenties des jeunes filles de quatorze ou quinze ans. Dès qu'elles sont en mesure de faire une besogne utile, elles gagnent environ 50 centimes par jour; elles sont ensuite augmentées graduellement.

Les ouvrières qui préparent les chemises à l'atelier, apprêteuses et monteuses, gagnent de 3 fr. 50 à 4 fr. 50 par jour.

Le finissage est le travail le plus ingrat qu'une femme puisse entreprendre; toutes les femmes savent coudre et peuvent en fort peu de temps devenir de bonnes finisseuses.

Il en résulte une concurrence qui petit à petit a réduit les prix, de sorte qu'une bonne ouvrière ne peut à ce travail gagner sa vie même très strictement ; si quelques maisons exceptionnelles payent le finissage 1 fr. 40 et 1 fr. 50, la moyenne est réellement de 0 fr. 60 et 1 franc par chemise.

Les chemises sur mesure sont payées à raison de 1 fr. 40 ou 1 fr. 50 par chemise aux finisseuses.

Les caleçons, les gilets de flanelle et les cravates se rattachent généralement à l'industrie de la chemiserie.

Les ouvrières qui confectionnent des caleçons au moyen de la machine à coudre peuvent en faire une douzaine par jour. Chaque caleçon leur est payé environ 25 centimes pour les articles bon marché. Les caleçons sur commande sont payés de 1 fr. 25 à 1 fr. 75 suivant la façon.

Celles qui s'occupent des gilets de flanelle sont payées à raison de 1 franc par gilet sans manches, 1 fr. 25 avec demi-manches et 1 fr. 50 avec manches longues.

Dans la fabrication des cravates les ouvrières gagnent de 2 à 3 francs par jour.

Les prix que nous indiquons ici ne sont qu'approximatifs. Paris paie plus cher que les grandes villes, et celles-ci davantage que les petites localités.

CHEVEUX

L'industrie des faux cheveux devient si importante,

22

surtout à Paris et dans les grands centres, que nous croyons devoir en dire quelques mots ici.

Nos lecteurs savent qu'on emploie pour la préparation des faux cheveux ou postiches non seulement les cheveux de coupe, mais encore les cheveux tombés, dits démêlures.

Ces cheveux sont d'abord transformés par les préparateurs en cheveux lisses, ce qui exige plusieurs manipulations très délicates.

Ces différentes préparations occupent à Paris et dans les environs un grand nombre d'ouvriers et d'ouvrières ; ces dernières gagnent de 5 à 6 francs par jour.

Les femmes sont aussi employées à la fabrication des coiffures postiches : chignons, nattes et frisures, etc. Les tresseuses et implanteuses gagnent de 5 à 7 francs. Ce travail demande deux ou trois années d'apprentissage. Les apprenties reçoivent de 50 centimes à 1 franc par jour.

Dans la fabrication des dessins et bijoux en cheveux, les femmes peuvent gagner de 4 à 5 francs par jour, parfois plus. Des connaissances en dessin sont nécessaires dans cette partie. Il convient d'ailleurs d'observer qu'elle ne paraît plus dans le goût du jour et ne se fait que très rarement.

COLS ET LINGERIE MILITAIRE

Une grande partie de ce travail se fait à la machine, le reste (les boutonnières et quelques coutures) se fait à la main. La plupart des maisons remettent le travail tout préparé aux ouvrières, qui l'achèvent chez elles. Elles gagnent de 30 à 40 centimes l'heure en moyenne.

COCHÈRES DE VOITURES DE PLACE
A PARIS

Depuis quelque temps la liste des professions pour femmes s'est enrichie d'un nouveau métier, celui de cochère.

C'est un métier assez fatigant, qui exige quinze ou seize heures de travail par jour.

Toute personne qui veut l'exercer doit :

1° Avoir au moins 18 ans.

2° Se faire inscrire à la préfecture de police en fournissant un certificat constatant six mois de résidence à Paris ou dans le département de la Seine et son acte de naissance ainsi que deux photographies.

(La nationalité française n'est pas nécessaire.)

Le certificat de résidence doit être légalisé.

3° Bien connaître la topographie de Paris afin de pouvoir passer l'examen, devant une commission qui siège tous les jours à la préfecture de police.

Ce premier examen consiste à donner les tenants et aboutissants de cinq rues et à expliquer trois itinéraires.

4° Une fois reçue, subir l'examen pratique, boulevard de l'Hôpital.

En cas de refus la première fois, la candidate est remise à dix jours.

En cas de refus la deuxième fois, la candidate est remise à un mois.

En cas de refus la troisième fois, la candidate est remise à trois mois.

Bien que munies de l'autorisation nécessaire pour conduire, certaines compagnies refusent les débutantes, il faut généralement commencer chez les petits loueurs.

Le gain moyen est de six francs par jour sur lequel il y a des frais à prélever qui diminuent la journée.

COMPOSITRICE TYPOGRAPHE

Le métier de compositrice typographe est depuis quelques années largement ouvert aux femmes. Après les fameuses grèves des typographes de 1878 et 1906, plusieurs imprimeurs de la capitale décidèrent d'avoir recours au travail des femmes. Cet essai ayant réussi, l'exemple a été suivi, et aujourd'hui l'imprimerie occupe un grand nombre de femmes tant à Paris qu'en province.

Les éléments du métier, c'est-à-dire la composition des lignes courantes, qui permet de s'occuper à nombre de travaux ordinaires, tels que la composition des journaux et des livres a bon marché, s'apprennent assez rapidement et permettent à la femme de gagner des journées convenables au bout de quelques mois d'apprentissage. Mais la connaissance complète du métier, la composition des tableaux, des ouvrages soignés et des ouvrages de luxe demandent des études plus longues et plus approfondies. Il est vrai que ces parties sont jusqu'ici presque exclusivement réservées aux hommes.

Une jeune fille peut commencer son apprentissage de compositrice typographe vers l'âge de treize ans, lorsqu'elle a obtenu son certificat d'études, car il est indispensable dans ce métier de posséder au moins une bonne instruction élémentaire. Au bout de six ou huit mois, l'apprentie intelligente est en mesure de faire des travaux courants. Elle peut alors commencer à gagner de 1 franc à 1 fr. 50 par jour. Après dix-huit mois ou deux ans de pratique elle arrivera à gagner 2 fr. 50 à 3 francs par jour. Les compositrices habiles et instruites parviennent à gagner 4 francs à 4 fr. 50 par jour, mais dépassent rarement ces chiffres.

La journée des compositrices est généralement de neuf à dix heures, coupées par un repos d'une heure et demie pour le déjeuner.

Les compositrices travaillent aux pièces ou *en conscience*, c'est-à-dire à la journée.

Celles qui travaillent aux pièces sont payées à Paris 0 fr. 60 à 0 fr. 65 par mille lettres levées et ne sont chargées que des travaux ordinaires.

Aux ouvrières qui travaillent en conscience, sont réservés les travaux plus minutieux qui exigent du goût et une connaissance assez approfondie du métier.

Aujourd'hui beaucoup de femmes travaillent à la machine à composer ; celle-ci est plus rémunératrice et suivant leur habileté elles parviennent à gagner 5 à 6 francs par jour.

Les ouvrières typographes possédant une instruction assez sérieuse peuvent occuper l'emploi de *correctrices*. Elles corrigent alors les épreuves et sont payées au mois. Elles peuvent gagner de 100 à 150 francs.

22.

Ce métier n'est pas très sain à cause du plomb des caractères, de plus il exige de la force pour soulever les formes.

CORSETS

Le corset n'est pas d'origine moderne, on en trouve trace dans l'histoire de l'antiquité. A Athènes et à Rome, de véritables corsets étaient employés pour dissimuler les défauts de la taille ou pour l'amincir. Il paraît même que les femmes n'étaient pas seules alors à se servir de buscs pour amincir leur taille, certains hommes en portaient aussi, et ces buscs étaient faits en bois de tilleul. Aristophane raillait un poète qui en usait, en l'appelant *l'Homme au tilleul*.

Au moyen âge, le corset n'était qu'une simple cotte qui se moulait sur la poitrine, sans la comprimer.

Mais le véritable corset ne fit son apparition en France que sous Henri II ; Catherine de Médicis apporta d'Italie l'usage du corset à busc et cet usage se répandit bientôt dans toute l'Europe.

Depuis lors, malgré les protestations des médecins, le corset ne fut plus abandonné. Il disparut bien pendant quelques années, au moment de la Révolution, mais l'Empire le ramena en modifiant seulement sa forme.

Les corsets actuels sont en général souples et ne peuvent exercer une influence fâcheuse sur la santé que lorsqu'on abuse de la façon de les serrer. La plupart n'ont en fer que le busc, les autres parties sont garnies de baleines minces et flexibles.

Principaux centres de fabrication. — En France, les principaux centres de fabrication des corsets sont : Paris, Lyon, Bar-le-Duc, Orléans, Troyes, Toulon, Laigle, Rouen, Lille, Bordeaux, Limoges, Le Mans, Angers, Blois, Nîmes et Marseille.

Bar-le-Duc est le centre de la fabrication du corset tissé ou sans couture. Ce genre de corset, fait d'un seul morceau d'étoffe tissée, est fabriqué sur des métiers spéciaux et assez compliqués.

Les jeunes filles sont admises à l'apprentissage vers treize ans, elles reçoivent alors 1 fr. 50 par jour. Elles doivent posséder une bonne vue. Des écoles professionnelles ont été fondées à Paris, rues Fondary, Blomet et de la Tombe-Issoire.

Dans les grands ateliers, les ouvrières sont divisées en mécaniciennes, baleineuses, prépareuses, piqueuses et brodeuses. Cette spécialisation du travail permet aux apprenties de se former rapidement.

Une ouvrière faite arrive à gagner de 3 à 6 francs par jour, suivant le travail.

Le chômage n'est pas à craindre dans ce métier ; la fabrication est continuelle et l'écoulement assuré.

COSTUMES DE THÉÂTRE

Ce travail ne peut être fait d'une façon régulière qu'à Paris. La coupe et les parties les plus difficiles sont réservées aux hommes.

Les femmes qui sont occupées à la confection des costumes de théâtre ne gagnent guère plus de 2 francs par jour en moyenne ; cependant quelques-unes arrivent à gagner 7 à 8 francs et plus pour les travaux exigeant une habileté particulière.

Les ouvrières habiles, connaissant bien la coupe, peuvent gagner de 250 à 300 francs par mois.

On ne peut compter sur ce genre d'occupation que pendant la saison d'hiver.

COUPE

La coupe est aujourd'hui enseignée dans les écoles primaires et les écoles professionnelles de Paris et dans nombre d'écoles de province.

En outre, certaines maisons de Paris initient en quelques mois, pour un prix à forfait (de 150 à 200 francs), les dames et les jeunes filles au travail de la coupe.

Les maisons de Paris accordent généralement des appointements de 4 à 6 francs par jour aux jeunes personnes ayant appris la coupe, qui débutent dans leurs ateliers. Au bout d'un an ou deux, elles peuvent arriver à gagner 6 à 8 francs par jour. Une coupeuse de talent, qui peut être chef d'atelier, parvient dans certaines grandes maisons à gagner 4.000 et 5.000 francs par an. Elle est souvent logée et nourrie.

COURONNES FUNÉRAIRES

La fabrication des couronnes funéraires en perles de verre est devenue une industrie importante, et beaucoup de femmes trouvent à s'y employer, car tout s'y fait à la main.

Le principal centre de fabrication est naturellement Paris. Mais des fabriques se sont établies dans toutes les grandes villes, et principalement à Lille, Bordeaux et Orléans.

L'apprentissage dure un an ou deux ; mais l'apprentie est payée dès le début et gagne de 50 à 75 centimes par jour.

Dans les grands ateliers, les ouvrières sont généralement divisées en carcassières, en apprêteuses, en fleuristes et monteuses.

Les premières font la carcasse de la couronne au moyen de fils de fer, les apprêteuses font l'apprêt ou l'enfilage des perles, les fleuristes confectionnent les fleurs en perles et en métal. Quant aux monteuses, elles réunissent les différentes parties du travail et font la couronne. Ce sont, bien entendu, celles des ouvrières qui doivent montrer le plus de goût et d'initiative.

Dans cette partie le travail se fait ordinairement aux pièces.

Les carcassières gagnent environ 2 francs par jour, les apprêteuses de 1 fr 50 à 3 francs par jour.

Les fleuristes, de 3 francs à 3 fr. 50 par jour.

Quant aux monteuses, elles gagnent de 4 à 5 francs par jour, selon leur capacité.

Il paraît que dans certaines maisons de détail de Paris qui travaillent principalement sur commande, les ouvrières de talent reçoivent des appointements plus élevés que celles des grandes fabriques.

COUTELLERIE

La coutellerie offre peu de travail aux femmes. Elle est à peu près concentrée en France dans les localités suivantes : Thiers (Puy-de-Dôme), Châtellerault (Vienne), Nogent-le-Roi, Langres (Haute-Marne), et Paris.

Les principales matières employées dans cette industrie sont : le fer en barre ou en tôle ; l'acier puddlé, laminé ou fondu ; le maillechort, le cuivrelaiton ; la corne de France et d'Amérique ; l'ébène du Gabon ou de Maurice ; les os de France ou d'Amérique ; l'étain, le plomb, et, comme combustible, la houille. A Langres et à Nogent, on emploie presque exclusivement des moteurs hydrauliques ; les rares essais de moteurs à vapeur qu'on a faits ont été peu profitables à cause du prix du charbon. Les meules sont une des des grandes charges de cette industrie ; la Haute-Saône les fournit à peu près toutes. Le prix de cet article, qui est de 10 à 12 francs sur le lieu de production, est à peu près triplé et même quadruplé par les frais de transport. L'industrie de la coutellerie n'emploie de machines que pour estomper les métaux, scier et presser les manches de couteaux. Les conditions de la fabrication sont différentes selon les localités : à Thiers, les ouvriers, qui font chacun une partie du couteau, travaillent chez eux, au milieu de leur famille ; à Châtellerault, ils travaillent en manufacture.

La partie généralement réservée aux femmes dans

la fabrication de la coutellerie exige un travail assez pénible. Elles polissent les lames sur le bord des rivières et doivent, pour exécuter leur travail, s'étendre sur des planches inclinées et baignées dans l'eau. Dans certains ateliers, on cherche à combattre cet inconvénient en dressant des chiens à rester couchés sur les jambes des travailleuses, afin d'en empêcher le refroidissement. Ajoutons que pour ce dur labeur les femmes ne reçoivent guère que 1 fr. à 1 fr. 25 par jour.

Dans les fabriques d'instruments de chirurgie, les *garnisseuses* gagnent de 3 fr. 50 à 6 francs par jour. Celles qui sont employées au ponçage des instruments en gomme gagnent de 3 à 3 fr. 50 par jour.

COUTURIÈRES ET TAILLEUSES

Voici un genre de travail qui semble bien devoir être attribué exclusivement à la femme. Au moment où l'homme lui reproche de lui faire une concurrence presque déloyale dans certaines fonctions et dans certains métiers, il est curieux de rappeler les luttes que nos aïeules ont dû soutenir pour que le droit d'habiller les femmes et les enfants leur fût accordé.

Pendant longtemps, les maîtrises des tailleurs prétendirent qu'ils avaient seuls le privilège de faire des vêtements de femmes. Les couturières luttèrent énergiquement et obtinrent enfin gain de cause. En 1675, Louis XIV érigea leur profession en titre de maîtrise-jurée « considérant, disait l'édit royal, qu'il était dans la bienséance et convenable à la pudeur et à la modestie des femmes et filles de leur permettre de se faire habiller par les personnes de leur sexe. » Malgré ce considérant, et par un singulier contresens, il fut interdit aux couturières de confectionner les corps de robes pour lesquels les tailleurs conservèrent le privilège jusqu'en 1781. Alors seulement, elles obtinrent l'autorisation exclusive d'entreprendre, tailler, coudre, garnir et vendre toutes sortes de robes et d'habillements neufs de femmes, de filles et d'enfants. Mais cette autorisation ne leur fut pas accordée sans restriction. Il leur était, en effet, défendu de tenir dans leur boutique aucune étoffe en pièce et d'en faire le commerce. Les couturières protestèrent : « Il doit nous être permis, disaient-elles, comme à toute personne, soit de faire venir en droiture, soit d'acheter chez les marchands toutes sortes d'étoffes en pièces, puisque sans cela nous ne pouvons user du droit d'entreprendre et de vendre les robes neuves; c'est même l'avantage du public, en ce que cela nous met à même de procurer et de donner à meilleur marché les vêtements tout faits. » Leur protestation resta sans résultat.

Elles durent donc se résigner à travailler à façon, et réussirent cependant à importer les modes françaises à l'étranger. Pour les propager, on eut recours à un procédé ingénieux : on habilla des poupées et on les envoya en tous pays. Mais les poupées ne tardèrent pas elles-mêmes à éprouver des difficultés pour circuler. Au moment de la guerre d'Espagne, les cabinets de Versailles et de Saint-James échangèrent nombre de notes diplomatiques, l'un pour obtenir, l'autre pour accorder un sauf-conduit à une poupée qui portait, de l'autre côté de la Manche, les dernières modes de la cour de France. Et cependant, lorsque la Révolution de 1789 eut émancipé l'industrie les couturières n'usèrent pas de cette liberté du travail si chèrement acquise et si longtemps poursuivie. « Aucune entrave n'étant plus apportée à leur commerce, dit un auteur, elles purent, il est vrai, fournir les étoffes à leur gré, mais elles ne songèrent plus à faire d'avance des habillements confectionnés. Elles restèrent donc couturières, travaillant à façon, fournissant quelquefois les étoffes; mais elles abandonnèrent la confection pour femmes à une autre industrie qui créa cette spécialité, devenue depuis si prospère. »

Chose singulière, de nos jours, il paraît de bon ton, dans les classes élevées de la société, et principalement de la société parisienne, d'avoir recours aux couturiers pour les vêtements de femmes. Le couturier n'existe, d'ailleurs, qu'à Paris. Les dames de la province, de l'étranger, les dames du théâtre ont recours à lui pour leurs costumes. Il produit, nous dit-on, de véritables œuvres d'art, et sa science est surtout fondée sur l'histoire du costume. C'est là, pensons-nous, une étude qui est abordable aux femmes intelligentes, connaissant le dessin et la coupe. Chercher des femmes médecins pour les maladies de nos femmes et de nos enfants, et confier leur toilette à des couturiers nous semble aussi contradictoire que choquant. Aussi, espérons-nous que de ce côté les femmes ne tarderont pas à reprendre leur place.

Quoi qu'il en soit, la couture est un des travaux qui offrent le plus de ressources aux femmes ; il n'est en effet, guère de jeune fille, à quelque situation qu'elle ait appartenu, qui n'ait appris à coudre. Mais les variétés de couture sont nombreuses. Certaines exigent un apprentissage spécial ; quelques-unes sont très rémunératrices, tandis que d'autres sont faiblement payées et ne peuvent que servir d'appoint pour équilibrer un modeste budget de ménage. Aussi croyons-nous devoir diviser ici nos renseignements par spécialités.

Chemises et mouchoirs. — Ces objets sont remis aux ouvrières tout préparés. Il ne s'agit donc que de savoir bien coudre pour entreprendre ce genre de travail. Mais à cause de la concurrence des ouvroirs et autres établissements analogues, le gain est fort peu rémunérateur.

Une bonne ouvrière ne peut guère espérer gagner plus de 1 fr. 25 à 1 fr. 50 par journée de 7 à 8 heures.

Lingerie de luxe. — On classe dans cette catégorie les chemises fines, garnies, les cache-corsets riches, les parures en mousseline et dentelles, etc., qui se fabriquent principalement à Paris, et particulièrement rue du Sentier.

L'apprentissage pour ce genre de lingerie dure deux ou trois ans. Les apprenties sont pour les deux premières années engagées au pair ; elles gagnent ensuite 1 franc par jour.

Les ouvrières qui travaillent dans les grandes maisons de Paris gagnent de 3 à 5 francs par jour, les autres ne gagnent guère que 2 à 4 francs.

Dans les maisons de gros, les premières reçoivent un traitement de 1.500 à 3.000 francs, plus la table.

Dans la lingerie de luxe, le chômage est irrégulier; il ne se fait guère sentir dans les grandes maisons.

Robes et manteaux. — La jeune fille qui s'adonne aux robes et manteaux doit être une bonne couturière. Dix-huit mois à deux ans d'apprentissage sont nécessaires avant d'espérer un gain sérieux, sauf dans les grandes maisons où il y a une légère rémunération. Une jeune fille habile gagnera ensuite 1 franc par jour, puis elle arrivera rapidement à 2, 3 et 4 fr. 50, surtout si elle s'est exercée aux travaux de coupe et d'apprêt.

Les ouvrières employées aux *corsages* et qui savent couper et apprêter, gagnent de 4 à 6 francs par jour, quelquefois plus. Celles qui s'occupent des jupes sont payées à peu près sur la même base.

Quelques grandes maisons donnent à leurs premières ouvrières des traitements de 2.000, 2.500 ou 3.000 francs. Elles sont, en outre, nourries.

Les *essayeuses* gagnent environ 1.200 francs par an, plus la table. Dans les maisons de premier ordre, certaines essayeuses gagnent de 5.000 à 6.000 francs par an, plus la table et la robe d'atelier.

Les dames employées à la correspondance reçoivent ordinairement de 2.000 à 2.500 francs par an, plus la table. Elles doivent parfaitement connaître le métier, afin de répondre aux demandes et aux observations des clientes.

Les interprètes gagnent dans les maisons de Paris environ 150 francs par mois, plus la table.

Les vendeuses gagnent environ 1.200 francs par an, plus la table et la toilette de magasin. Elles ont, en outre, un bénéfice sur la vente. La plupart arrivent facilement à se faire de 3.000 à 4.000 francs par an.

Il nous reste à parler des *mannequins*, c'est-à-dire des jeunes personnes qui essaient les vêtements pour les faire valoir aux yeux des clientes. On les choisit parmi les jeunes filles bien faites. Elles gagnent environ 150 francs par mois et ont en outre droit à la table. Ici, aucune connaissance spéciale n'est exigée, mais ce n'est pas un emploi à recommander.

Confections. — La machine à coudre joue naturellement un grand rôle dans la *confection*. En atelier, comme à domicile, on est presque toujours payé aux pièces.

Le travail est coupé et préparé d'avance, et les ouvrières reçoivent généralement à confectionner des séries de vêtements semblables.

Dans les ateliers de confection, l'apprentissage est assez rapide. Au bout de quelques mois, une apprentie intelligente peut gagner de 1 franc à 1 fr. 25 par jour, plus la nourriture.

Les ouvrières gagnent de 2 fr. 50 à 5 francs par jour.

Peu de chômage dans cette partie, surtout pour les grandes maisons.

Jerseys. — Le jersey se confectionne en atelier et à la machine à coudre. Les jerseys sont distribués aux ouvrières tout préparés. Le travail est payé aux pièces.

Pour une journée de dix heures de travail, les débutantes gagnent de 1 franc à 1 fr. 25 par jour ; les ouvrières habiles gagnent de 2 fr. 50 à 4 francs.

La fabrication de cet article ralentit considérablement de novembre à janvier et de juin à août. Il est donc prudent de se garantir d'autres ressources pour ces deux époques.

Couvre-pieds. — Les couvre-pieds se font à la main et à la machine. Cette dernière méthode est de beaucoup la plus fatigante, parce que les ouvrières doivent travailler debout.

L'apprentissage pour le travail à la main est assez long, mais les apprenties sont payées dès qu'elles peuvent faire un travail utile.

Elles gagnent 1 franc et 1 fr. 50 pour débuter, puis arrivent graduellement à 2 francs et 2 fr. 50 par jour.

Peu de chômage, un peu de ralentissement seulement pendant l'été.

Travaux pour tapissiers. — Ces travaux consistent principalement dans la fabrication des housses et des rideaux et dans le doublage.

Lorsque l'on sait bien coudre, l'apprentissage est rapide et l'on gagne presque en débutant. Les bonnes ouvrières gagnent de 2 à 3 francs par jour. Les heures supplémentaires sont payées 30, 40 ou 50 centimes, selon la nature du travail.

Couturières à domicile. — Les couturières qui travaillent à la journée chez leurs clientes, gagnent à Paris de 3 à 5 francs par jour, suivant leur capacité. Elles donnent généralement leur temps de 8 heures du matin à 7 heures du soir, et ont une heure pour leur déjeuner de midi.

En province, le prix des journées varie de 2 fr. 50
à 3 francs par jour. A ce dernier prix, les couturières
à domicile ont ordinairement droit au repas de midi.

Observons que pour les couturières qui travaillent
chez elles, la machine à coudre est un puissant auxiliaire. Une dame pouvant offrir quelques garanties de
solvabilité ou produire quelques bonnes références
peut facilement acquérir une machine à coudre qu'elle
paiera par versements mensuels de 10 à 15 francs.
L'augmentation de la quantité de son travail lui permettra de faire face à ces petites échéances sans trop
de gêne.

Couturières employées chez les tailleurs. — Certains
tailleurs emploient chez eux des ouvrières. Ce sont
surtout les apiéceurs, c'est-à-dire ceux qui assemblent
les pièces venant des magasins.

Les ouvrières employées par ces tailleurs gagnent
ordinairement les salaires suivants :

Piqueuses et rabatteuses, de 3 à 5 francs par jour;

Mécaniciennes, 5 francs par jour.

CUISINIÈRES

A Paris les cuisinières sont surtout employées dans
les maisons bourgeoises ; les grands hôtels et les restaurants ont de préférence recours aux hommes.

Ce métier est très fatigant et exige une santé robuste, car les cuisiniers et les cuisinières sont forcés
de rester debout pendant de longues journées devant
un feu ardent et dans une atmosphère souvent
étouffante.

Il est bon qu'une cuisinière ait au moins une instruction élémentaire qui lui permette de tenir d'une façon nette les comptes de la cuisine. Quelques notions de dessin d'ornement sont aussi très utiles pour celles qui veulent remplir les fonctions de chef de cuisine dans une cuisine de grande maison.

Un apprentissage de dix-huit mois à deux ans est nécessaire aux jeunes filles qui veulent devenir de bonnes cuisinières. Il va sans dire qu'il faut, en outre, qu'elles aient le goût du métier.

A Paris l'apprentissage qui, autrefois, se faisait généralement dans les cuisines des cercles, tend à décroître depuis la création des écoles spéciales de cuisine qui existent actuellement où les apprenties paient de 100 à 120 francs par mois.

Les gages des cuisinières sont excessivement variés. A Paris, elles gagnent généralement de 60 à 100 francs par mois, dans les bonnes maisons. Grâce aux remises des fournisseurs, beaucoup trouvent aussi le moyen d'augmenter considérablement leurs gages, et souvent d'une manière illicite. Nous ne les donnerons pas comme exemple.

Les bonnes cuisinières françaises sont assez recherchées à l'étranger, particulièrement en Angleterre et aux États-Unis, où elles ont généralement 200 francs d'appointements fixes.

DENTELLES

Ce travail délicat, et qui semble si bien fait pour les doigts souples et agiles de la femme, est malheureusement mal payé en général. Aussi ne s'y livre-t-on guère que pour son agrément ou dans les pays dépourvus d'autres ressources industrielles.

On a toutefois tenté de le rénover et de nombreuses écoles professionnelles l'enseignent à côté des arts appliqués.

La fabrication de la dentelle pourrait cependant revendiquer de nombreux quartiers de noblesse. Elle remonte à la plus haute antiquité. La mythologie et la Bible nous en parlent. Les peintures funéraires des Egyptiens nous en montrent sur les robes d'apparat.

Au moyen âge, la broderie, la confection des dentelles de soie, d'or et d'argent, était l'occupation principale des reines et des châtelaines dans leurs manoirs, pendant les loisirs que leur faisaient les Croisades et les guerres continuelles de l'époque.

C'était alors la coutume des chevaliers d'envoyer leurs filles chez leurs suzerains pour y apprendre à filer, à tapisser et à broder sous les yeux des châtelaines. Marie Stuart, Catherine de Médicis excellaient dans cet art. La reine Berthe « aux grands pieds », faisait aussi de la dentelle et c'est, paraît-il, à cette occupation que fait allusion le dicton légendaire : « Quand la reine Berthe filait. » Les broderies et les dentelles étaient en outre particulièrement exécutées dans les couvents, aussi ces ouvrages de patience et d'élégance furent-ils longtemps appelés « œuvres de nonnain » ; il y avait même des moines renommés pour leur talent à les exécuter.

A l'époque de la Renaissance, les artistes vinrent prêter le concours de leur talent à la fabrication des

dentelles, qui devinrent alors de véritables chefs-
d'œuvre reproduisant les dessins, armoiries et emblèmes les plus compliqués et les plus variés. De
Henri II à Louis XV, la consommation des dentelles
fut énorme ; non seulement les deux sexes en portaient, mais les hommes avaient des fraises, des
jabots, des manchettes, des canons ou des jarretières
en dentelles. Il y avait même des manchettes de jour
et des manchettes de nuit en dentelles ; ces dernières
se faisaient ordinairement en valenciennes. On peut
se rendre compte du prix que devaient coûter ces
manchettes en sachant que les dentellières de Valenciennes pouvaient à peine produire de 0 m. 035 à
0 m. 040 de dentelle par jour. De certaines valenciennes, on ne pouvait faire que 0 m. 36 par an. Il fallait
environ dix mois, en travaillant quinze heures par
jour, pour faire une paire de manchettes d'homme.
Aussi ces manchettes pouvaient-elles coûter jusqu'à
4.000 livres !

Les dentelles se divisent aujourd'hui en trois catégories principales : dentelles au fuseau, dentelles à
l'aiguille et tulles ou imitations de dentelles. Les deux
premières sont fabriquées à la main, la dernière à la
mécanique.

La fabrication de la dentelle à la main n'exige pas
un matériel compliqué : un petit métier, ovale ou
rectangulaire, nommé carreau, formé d'une planchette
recouverte d'un rembourrage très doux et très égal,
sur lequel est tendu un morceau de drap ; une bande
de vélin, de parchemin tendre ou de fort papier vert
ou bleu, sur laquelle est indiqué le dessin à suivre et

que l'on place sur le métier; des fuseaux, dont le
nombre varie suivant la largeur de la dentelle et la
complexité des points; des ciseaux de différentes
grandeurs et des épingles, tel est l'outillage de la dentellière. Les fuseaux doivent être faits de bois très
lisse et divisés en trois parties : la poignée, la casse et
la tête. La poignée a la forme d'une poire allongée ;
au-dessous de la partie renflée de cette poignée, le bois
est évidé en forme de bobine, c'est la casse ; à l'autre
extrémité du fuseau se trouve la tête ou petite rainure
circulaire.

On enroule le fil sur la casse, de là il passe dans la
rainure de la tête où il est fixé par trois ou quatre
trous et va s'attacher au haut du métier à de grosses
épingles fichées pour le soutenir.

Afin d'empêcher que le fil ne s'évente et ne de-
vienne cassant, on place autour de la casse une enveloppe faite de deux morceaux de corne très mince,
dont les côtés évidés sont cousus deux à deux.

Le travail de la dentellière consiste, suivant sa capacité, à composer une dentelle sans modèle, à en exécuter une dont le dessin est tracé sur le vélin, ou enfin
à en copier une dont elle a le modèle sous les yeux.

Dans l'un ou l'autre cas, l'ouvrière commence par
piquer des épingles sur le vélin ou sur le métier. Ces
épingles indiquent les angles de la figure que doit
rendre le point et servent d'attache ou d'appui au fil
qui en forme les contours. C'est donc la partie la plus
délicate du travail et celle qui exige le plus d'expérience. Ce premier travail fait, l'ouvrière compte ses
épingles et détermine par leur nombre combien il lui

faut de fuseaux. Elle pique ensuite une rangée horizontale de grosses épingles, enroule autour de la
première épingle deux ou trois tours de fil de son
fuseau et fait une boucle au quatrième tour, puis elle
dévide de dessus la casse le fil nécessaire à son travail,
un peu plus que la longueur de son métier. Pour empêcher qu'il ne s'en dévide davantage, elle lui fait
faire deux ou trois tours dans la rainure de la tête du
fuseau et termine ces tours par une boucle. Elle laisse
le fuseau ainsi suspendu, et en place un nouveau de la
même manière sur la même épingle ; un troisième ou
un quatrième sont disposés de la même façon. Lorsque cette épingle est chargée d'autant de fuseaux
qu'elle en peut soutenir, l'ouvrière charge la seconde,
la troisième, et ainsi de suite, jusqu'à ce que tous les
fuseaux soient employés.

Pour copier une dentelle, l'ouvrière dispose son
modèle appliqué sur un carton, debout derrière la
rangée des épingles qui soutient ses fuseaux. Alors
commence le véritable travail de la dentelle.

L'ouvrière prend quatre de ses fuseaux de droite,
les amène au milieu du métier, croise les fils, les tord
en faisant le point, et les rejette à gauche en conser-
vant leur ordre, après avoir placé une épingle à chaque point d'appui ; elle prend ensuite quatre autres
fuseaux, leur fait subir le même déplacement, posant
des épingles à tous les points d'appui, et ainsi de suite,
jusqu'à la fin du travail, en croisant les fils, suivant la
nature des points indiqués. Lorsqu'au lieu de quatre
fuseaux on en prend huit, on les travaille deux à deux.

Les dentelles flamandes sont considérées comme

les plus belles dentelles de fil de lin. La Belgique a conservé sa supériorité dans cette fabrication, mais la quantité de ses produits a naturellement diminué de beaucoup. Les dentelles de Bruxelles, qui sont les plus recherchées, sont faites à plusieurs fuseaux et par plusieurs mains. Chaque ouvrière exécute une partie du travail : l'une fait le fond, une seconde la fleur, une autre la brode, etc. Les fleurs de ces dentelles sont entourées d'un cordonnet fin qui indique la provenance du tissu et sont pour ainsi dire la marque de fabrique. Ces dentelles prennent le nom d'*application de Bruxelles* pour les distinguer du point de Bruxelles, dans lequel les dessins et les fonds sont faits ensemble.

Les dentelles de Malines offrent plus de solidité que celles de Bruxelles, mais elles sont en général d'une exécution moins soignée. Elles sont fabriquées au fuseau et d'une seule pièce. On emploie cependant des fonds différents, suivant la nature et le genre du dessin. On les distingue au fil plat qui borde les fleurs et dessine les contours.

Les centres de fabrication, pour les dentelles de Normandie, sont Bayeux et Caen. On y fabrique ordinairement des châles et autres pièces de grandes dimensions, dans lesquelles le travail peut être divisé entre plusieurs ouvrières.

Les *valenciennes*, qui sont aujourd'hui fabriquées non dans la ville qui porte ce nom, mais à Ypres, Bruges, Gand et Courtrai, sont faites d'un même fil à un seul fuseau.

Elles sont moins belles que les malines, mais la

façon dont leur point est croisé et bouclé leur donne une solidité bien supérieure.

Le travail du point d'Alençon, dit aussi de Caen ou de Venise, diffère de celui des dentelles flamandes. Le fond et la bordure en sont faits à l'aiguille. Autrefois la fleur en était entourée d'un fil de crin, de même que celles de la dentelle de Bruxelles d'un cordonnet; mais cette méthode, qui nuisait à l'aspect de la broderie, a été abandonnée. Le fil de crin est encore employé au moment de la brode, mais on le retire lorsque la dentelle est achevée. Dans la fabrication de cette dentelle, le travail est généralement distribué à des ouvrières différentes, et ensuite raccordé d'une façon imperceptible.

Le point d'Alençon, qui est d'origine italienne, fut introduit en France sous Louis XIV, et Colbert en protégea les débuts. Cette fabrication a occupé à Alençon environ trois mille ouvrières, mais ce nombre est de beaucoup diminué.

Il en a été de même du salaire journalier des dentellières, qui est très peu rémunéré alors qu'à une époque où l'argent avait beaucoup plus de valeur il atteignait 0 fr. 75 à 1 franc.

On désigne sous le nom de *Chantilly* les dentelles de soie noire avec réseau d'Alençon.

Les *blondes*, ainsi nommées parce qu'elles étaient autrefois fabriquées en soie écrue, sont aujourd'hui faites d'une soie plate et brillante rappelant celles des mantilles espagnoles.

Le centre de fabrication des dentelles de Lorraine est Mirecourt.

On fabrique surtout dans cette région de très belles guipures pour vêtements et ameublements, et des dentelles à dessins variés dans lesquelles on tisse parfois de l'or et des perles de jais.

Nous croyons inutile de parler du point d'Angleterre, qui n'est qu'une imitation des dentelles flamandes et du point de Bruxelles.

Une des fabriques de dentelles les plus considérables de France est celle de la Haute-Loire. On assure que des titres anciens y mentionnent la fabrication de la dentelle dès 1408. Cette industrie eut des fortunes diverses, suivant les époques; mais la révocation de l'Édit de Nantes lui porta un coup fatal.

Elle avait cependant repris une certaine vigueur à la fin du dix-huitième siècle, mais une nouvelle crise s'est déclarée depuis quelque temps; le nombre des ouvrières a été réduit des deux tiers, et les salaires sont diminués de plus de moitié.

« La dentelle dans le Velay, dit un auteur, se travaille sur un petit carreau, le même qu'il y a trois cents ans, coquettement et fantasquement orné et pomponné, couvert d'une armée d'épingles à têtes de cire de toutes couleurs et de centaines de fuseaux babillant sous les doigts. Cette industrie enrégimente toute la population féminine des campagnes, l'été dans des ateliers en plein air, l'hiver dans des chambrées, autour d'une faible lampe dont des bouteilles rondes de verre blanc pleines d'eau envoient un rayon de lumière clarifiée sur chaque carreau. On fait là, entre une bourrée et un rosaire, des merveilles de grâce et de finesse.

« C'est l'industrie des petits profits, de ceux que l'on applique spécialement aux besoins quotidiens du ménage. Elle forme le goût des paysannes et les accoutume à une certaine propreté. Elle a mis en rapport la ville avec les champs; elle a importé le bien-être et les idées dans les coins les plus reculés de la montagne. Chaque fabricant a son canton à lui, visité par ses commis, surveillé par les leveuses et où l'on ne travaille que pour lui. »

C'est à peu près de cette façon que la dentelle est fabriquée dans les Vosges. Sur la frontière belge, beaucoup d'ouvrières françaises se rendent chaque jour dans les manufactures de Belgique et rentrent chez elles la journée finie.

Ainsi que nous l'avons dit plus haut, la fabrication de la dentelle à la main est relativement très peu payée.

Dans les pays de production, l'apprentissage commence de très bonne heure, soit dans la famille, soit dans les ouvroirs, quelquefois dans des écoles professionnelles.

Des enfants de douze ans gagnent 3 à 4 francs par semaine.

Les femmes gagnent ordinairement de 1 fr. 25 à 2 francs par jour.

Cependant, il est des ouvrières qui sont payées de 2 fr. 50 à 3 francs.

Tulles. — Les tulles ou imitations de dentelles rivalisent souvent avec les dentelles à la main par la richesse du coup d'œil, mais elles n'ont ni leur souplesse ni leur solidité.

Ces dentelles sont fabriquées à la mécanique Jacquard.

De grandes usines, occupant un certain nombre de métiers, font généralement toutes les opérations de la fabrication, depuis le perçage de cartons, suivant l'indication de la mise en cartes des dessins et la fabrication proprement dite de la dentelle sur le métier, jusqu'au raccommodage des pièces écrues, et même la teinture et l'apprêtage des pièces.

Les principaux centres de fabrication de ces imitations de dentelles sont Lyon et Calais-Saint-Pierre. Lyon fabrique particulièrement les dentelles en tulle de soie.

A Calais, plus de 25.000 ouvriers et ouvrières sont occupés dans cette industrie.

Les emplois réservés aux femmes dans les manufactures de tulle sont ceux de bobineuse, de raccommodeuse, de plieuse, de paqueteuse et de découpeuse.

Les bobineuses gagnent de 25 à 30 francs par semaine, les raccommodeuses, les plieuses et les paqueteuses de 15 à 20 francs.

Quant aux découpeuses elles sont payées aux pièces. L'apprentissage se fait assez rapidement, pourvu que l'on soit doué d'une bonne vue et d'une certaine agilité de main.

DORURE, ARGENTURE ET NICKELAGE, DORURE SUR CADRES

Dans les ateliers des doreurs, on s'occupe générale-

ment à la fois de la dorure, de l'argenture et du nickelage.

Cependant quelques maisons ne pratiquent qu'une
de ces spécialités.

La dorure, l'argenture et le nickelage s'appliquent
spécialement aux bijoux faux, aux petits bronzes, aux
couverts et à certaines pièces d'orfèvrerie.

Les principaux procédés de dorure employés aujour-
d'hui sont : la dorure par immersion ou dorure au
trempé, la dorure au feu, dite au mercure, la dorure
galvanique à la pile, la dorure mate, la dorure sur
argent, dite au chiffon, et la dorure mate sur zinc.

Dans la dorure galvanique, lorsque les objets sont
retirés du bain, on les frotte avec des grattes-boësses
ou brosses métalliques circulaires, humectées dans
une eau légèrement mucilagineuse, et qui tournent
avec une grande rapidité.

Les pièces perdent ainsi leur couleur terne. Ensuite,
pour les rendre plus brillantes encore, on les soumet
au brunissage à la main, au moyen d'outils en acier
ou en hématite, suivant la nature des surfaces à
brunir.

Les principaux centres de fabrication pour la dorure
et l'argenture sont Paris et Lyon, mais cette industrie est pratiquée dans nombre de grandes villes.

Les ouvriers sont chargés de dorer, d'argenter, de
nickeler et de passer à l'eau-forte.

Les ouvrières sont enfileuses ou épargneuses.

Les enfileuses réunissent au moyen de fils de cuivre
les pièces à dorer, mais de façon à ce qu'elles ne se
touchent pas à la dorure.

Les épargneuses recouvrent au moyen d'un vernis les parties sur lesquelles le dépôt ne doit pas se produire.

Le brunissage est aussi réservé aux femmes. C'est une des parties les plus fatigantes du travail, car il exige la même position du corps pendant plusieurs heures et un mouvement de va-et-vient continu du bras droit.

L'ouvrière brunit et fait le rehaussé qui consiste à faire des touches à la miction pour recevoir de la dorure.

L'ouvrière faisant le rehaussé gagne 0 fr. 60 l'heure.

L'apprentissage des jeunes filles dans les ateliers de dorure peut commencer dès l'âge de 13 à 14 ans. Il dure trois ans. Elles gagnent pendant le premier semestre environ 0 fr. 75 par jour, pendant le second 1 franc; elles ont 0 fr. 25 d'augmentation tous les six mois. Elles sont ensuite classées parmi les ouvrières et gagnent 3 francs, 3 fr. 50, 4 francs, 5 francs et même 6 francs par jour, selon leur capacité et le genre de travail qui leur est confié.

Dans la dorure des cadres, qui diffère comme travail un peu de l'industrie précédente, car elle se fait au pinceau, l'apprentissage est d'environ deux ans, pendant lesquels l'apprentie peut gagner de 0 fr. 50 à 1 franc par jour.

Devenue ouvrière habile, la jeune fille peut gagner 6 francs par jour. Ces prix augmentent encore.

Il y a peu de chômage dans les ateliers de dorure, surtout pour les bonnes ouvrières.

C'est un métier sérieux, sain et d'avenir.

DRAPERIE

Les principaux centres de fabrication des étoffes de laine sont en France : Roubaix, Tourcoing, Fourmies, la région du Nord, Reims (laines peignées), Louviers, Vienne, Lodève, Romorantin, Châteauroux (laines cardées), Elbeuf et Sedan (laines peignées, cardées et étoffes de laines peignées, mélangées de cardé).

L'industrie des étoffes occupe en France environ cent mille femmes.

Les ouvrières employées au tissage gagnent de 2 fr. 50 à 6 francs par jour.

Les femmes occupées à l'épincetage et au rentrayage gagnent de 2 à 3 francs par jour.

Les raccommodeuses ne gagnent en commençant que 0 fr. 75 par jour.

Elles doivent passer par un apprentissage au pair ; celles qui ont suivi les cours de l'école professionnelle de Sedan arrivent à se faire un salaire de 2 fr. 50 par jour.

ÉPINGLES ET AIGUILLES (Fabrication des)

La fabrication des aiguilles est peu importante en France. Ce sont surtout l'Angleterre et l'Allemagne qui se livrent à cette industrie.

En Angleterre on fabrique les aiguilles avec de l'acier étiré en fils ; en France, on emploie ordinairement du fil de fer que l'on cémente après que l'aiguille est dégrossie ; on rend ainsi les opérations plus faciles, mais au détriment de la perfection des produits.

M. Marié-Davy divise en cinq séries les opérations diverses par lesquelles doit passer une aiguille :

1° *Façonnage* de l'aiguille ou conversion du fil métallique en aiguilles brutes, comprenant une vingtaine d'opérations, dont les principales sont : l'*empointage* ou formation de la pointe, l'*estampage*, qui a pour but de dessiner la double gouttière de la tête, et le perçage du chas ;

2° *Cémentation*, trempe et recuit des aiguilles brutes, comprenant une douzaine d'opérations ;

3° *Polissage*, cinq opérations répétées chacune dix fois et une dernière qui ne s'exécute qu'une fois ;

4° *Triage*, cinq opérations ;

5° Derniers tours de main (bronzage, drillage, brunissage) et mise en paquets, une dizaine d'opérations.

L'invention de l'aiguille en métal est fort ancienne. Quant à la fabrication d'aiguilles en acier poli, elle ne remonte pas au delà de 1370. Cette industrie fut introduite en Angleterre pour la première fois en 1543, et en France dans la seconde moitié du dix-huitième siècle. La France possède aujourd'hui onze fabriques d'aiguilles (1). Ces onze fabriques réunies ne fournissent pas tout à fait le cinquième de la consommation intérieure ; les quatre autres sont importés de l'Angleterre et de l'Allemagne.

Dans la fabrication des aiguilles, les femmes sont principalement employées aux opérations du perçage, de l'évidage et du drillage.

_____

(1) Les principales sont établies en Normandie, et notamment à Laigle (Orne).

Quant aux épingles, elles se fabriquent surtout à Paris, à Bordeaux, à Laigle et dans plusieurs autres localités de la Normandie.

La fabrication des épingles se fait aujourd'hui presque exclusivement à la mécanique. Les ouvrières sont principalement chargées de l'encartage, c'est-à-dire de la mise des épingles dans les feuilles de papier, du pliage et de l'empaquetage. Une plieuse, paraît-il, arrive à plier jusqu'à un million d'épingles par jour.

Les travaux confiés aux femmes dans la fabrication des aiguilles et des épingles ne demandent que de l'habitude.

Elles gagnent de 2 à 3 francs par jour, selon le genre de travail et l'habileté.

ÉVENTAILS

Après la Chine, la France est, assure-t-on, le pays où l'on fabrique le plus d'éventails, mais ce gracieux écran est certainement né en Orient, et son origine paraît se perdre dans la plus haute antiquité.

Sans remonter aussi loin, nous savons qu'au moyen âge, les éventails étaient faits de plumes de paon, d'autruche, de perroquet ou de faisan, fixées à un manche d'or, d'argent ou d'ivoire. Ils se portaient à la ceinture, pendus par une chaînette d'or. C'est Catherine de Médicis qui a introduit l'éventail en France. L'éventail qu'elle y apporta se pliait, paraît-il, comme les éventails de nos jours. Ce coquet appareil fut accueilli avec faveur par la cour de Henri III, et l'on assure que le roi et les seigneurs s'en servirent ostensiblement. Sous Louis XIV et sous Louis XV, les éventails devinrent le complément indispensable de la toilette des dames. Sous Louis XIV, les éventails étaient surtout peints sur *vélin*, ceux sur papier et sur soie y furent tellement rares qu'on n'en retrouve plus — il y a lieu de signaler les éventails entièrement peints au *vernis Martin* presque tous exécutés par des maîtres (qui ont toujours gardé l'anonyme) sur des montures dites « brisées » et entièrement en ivoire.

Les beaux spécimens de cette époque n'ont pas de prix.

Depuis une vingtaine d'années le procédé Martin appliqué à l'éventail a été retrouvé mais n'est appliqué en connaissance de cause que par deux ou trois artisans de sorte que ces éventails tout ivoire (ou souvent tout os) sont bien que modernes fort rares quand ils sont bien faits et valent un prix élevé.

Dans les éventails Louis XV le *vélin* domine puis le papier de Chine — peu de soie. — Les montures seulement comportent un rehaut de pierreries.

Les éventails de la Chine, et ceux d'Angleterre qui les imitaient assez bien, ont eu longtemps beaucoup de vogue, de même que ceux d'Italie et d'Espagne, lesquels étaient couverts de peaux de senteur. Ce commerce finit cependant par tomber, parce qu'il s'en fallait de beaucoup que les peintures et les bois eussent la délicatesse, la beauté et la légèreté des éventails français.

A Paris, au siècle dernier, on fabriquait des éven-

tails dont le prix variait de quinze deniers la pièce
jusqu'à trois ou quatre cents livres.

Depuis Louis XIV, les éventails plissés en papier ou
en étoffe et ornés de peintures, n'ont pas cessé d'être
en usage, l'ornementation et les proportions en ont
seulement varié.

On distingue dans la fabrication de l'éventail deux
parties principales : la monture et la feuille.

Depuis bien des années il y a eu des écoles de dessin pour les fabricants de montures dans l'Oise particulièrement à Audeville où il y a toujours eu une
véritable éducation artistique.

Les matières principales employées pour la monture des éventails sont : la nacre, l'ivoire, l'écaille,
l'ébène, la corne, l'os, la peau d'âne, le citronnier, le
santal, l'alisier et le prunier.

La peau d'âne, sorte de vélin épais, ne figure que
dans les éventails empire.

Ce ne fut que vers 1855 (2e Empire) que les feuilles
d'éventail furent lithographiées puis coloriées. Ce procédé n'est plus utilisé que pour des éventails de réclame, publicité, cotillon, tous de très bas prix ; ils
sont plus du domaine de l'impression que de celui de
l'éventailliste proprement dit.

La feuille de l'éventail est entièrement faite à Paris.
Parfois des artistes de talent en font les peintures. Les
bordures sont dessinées au pinceau avec un mordant,
et sont ensuite dorées avec de l'or fin en feuille. Les
plus riches sont en relief.

Avant d'être terminée la feuille de l'éventail passe
des mains du peintre dans celles de la monteuse (en

même temps plisseuse, colleuse et bordeuse) du déco-
rateur et de la visiteuse.

L'apprentissage des ouvrières dure environ trois
ans. L'apprentie commence généralement à être
payée la seconde année. Elle gagne alors 1 fr. 50 ou
2 francs par jour.

Les ouvrières travaillant en atelier, à la journée,
gagnent 3 fr. 50 à 4 francs. Quelques-unes arrivent
même à gagner 5 et 6 francs. D'autres, qui travaillent chez elles, arrivent à gagner 8 et 10 francs par
jour.

L'apprentissage de la peinture sur éventail demande
environ une année d'études aux jeunes personnes qui
connaissent le dessin. Il serait difficile d'indiquer ici
le gain, même approximatif, des artistes chargées de
la peinture sur éventails. Il est généralement très rémunérateur, mais les commandes de ces travaux soignés deviennent de plus en plus rares.

Dans la plupart des ateliers, on se livre, d'ailleurs,
à une sorte de peinture mécanique qui nuit beaucoup
à la peinture artistique des éventails. La feuille d'un
éventail passe par autant de mains que le sujet à reproduire comprend de couleurs ; chaque ouvrière est
chargée de plaquer une couleur, toujours la même, et
la reproduit sur toute une série d'éventails. Ce procédé
n'est employé que pour les peintures de fleurs et pour
des articles très bon marché. De cette façon, le travail
est beaucoup plus rapide ; mais aux yeux des connais-
seurs, le cachet artistique laisse certainement à désirer.

Les éventails se peignent sur peau, sur soie, sur

gaze, sur papier, sur dentelles, sur écaille, sur plume, sur ivoire et sur os.

Les plumassières en éventails sont occupées toute l'année. Elles gagnent 1 franc par jour en débutant, et peuvent arriver à gagner 3 francs ou 3 fr. 50.

FILATURE

La filature est plus active dans le département du Nord que dans toutes les autres régions de la France. Lille et sa banlieue emploient plus de 12.000 ouvriers et ouvrières pour la filature du lin et des étoupes. Le Cateau, Roubaix et Tourcoing fournissent aussi un important contingent à cette industrie.

La filature de jute est venue augmenter récemment cette industrie, particulièrement dans le Nord. Le jute est, on le sait, une matière textile qui nous vient de l'Inde.

En résumé, le Nord occupe environ 9.000 ouvriers et ouvrières à la filature du coton, 34 à 35.000 à la filature de laine et 15 à 18.000 à la filature du jute.

En dehors du département du Nord les principaux centres de filature pour la laine sont : Reims, Saint-Quentin, Amiens, Rethel et Guise (laines peignées), Elbeuf, Sedan, Reims, Louviers, Lisieux, Vienne, Castres et Châteauroux pour les laines cardées.

Les femmes employées dans les filatures gagnent : les étaleuses (pour le lin et le coton) et les bambrocheuses (ouvrières des bacs à broches) 2 francs à 2 fr. 25 par jour ; les étirayeuses, 1 fr. 75 à 2 francs ; les fileuses (ouvrières qui dirigent des métiers à filer),

2 fr. 25 à 2 fr. 50 ; les dévideuses 2 à 3 francs par jour. Inutile d'ajouter que ces chiffres peuvent varier un peu, suivant les régions.

ETIQUETTES AMÉRICAINES

Le travail de la femme et de la jeune fille dans cette industrie ne demande aucune connaissance spéciale, il consiste simplement à la manutention et à la mise en boîtes des étiquettes.

La manutention comprend la mise en boîtes des étiquettes au sortir de la machine, (les étiquettes étant fabriquées mécaniquement), la pose de ficelles et navettes.

Le gain des ouvrières est de 2 francs par jour au début avec augmentation successive suivant le travail qu'elles fournissent.

FLEURS ARTIFICIELLES

Voici encore une industrie bien française, et sur laquelle l'étranger n'a pu jusqu'ici, malgré ses efforts, empiéter que d'une façon fort peu importante. On estime, en effet, à 40 millions de francs le produit annuel de la fabrication française des fleurs artificielles. Sur ce chiffre l'exportation en enlève pour environ 30 millions.

La fabrication des fleurs artificielles a, il est vrai, atteint chez nous un haut degré de perfection. Les fleurs, même les plus délicates, sont imitées avec une netteté et une précision merveilleuses ; et depuis le bouton entr'ouvert jusqu'aux pétales étiolés et aux feuilles fanées, toutes les modifications de la plante sont reproduites de façon à s'y méprendre.

Les premières fleurs artificielles furent fabriquées avec des rubans de diverses couleurs tordus ensemble et fixés sur des tiges de fil de fer. Ces imitations n'avaient avec les fleurs naturelles, cela va sans dire, qu'une ressemblance plus ou moins vague ; par la suite, on substitua aux rubans des plumes, matières premières beaucoup plus élégantes, mais auxquelles il était fort difficile de donner les nuances exactes. Le plumage des oiseaux de l'Amérique du Sud, qui ne perd jamais ses teintes brillantes, est particulièrement propre à cet usage; aussi les indigènes de cette partie du monde ont-ils longtemps pratiqué avec succès la fabrication des fleurs en plumes. Le duvet délicat qui se trouve sous l'aile des jeunes pigeons était aussi fort apprécié pour cette industrie spéciale.

Paris compte 1.200 à 1.500 fabriques de fleurs, plus les petits fabricants en chambre, qui sont très nombreux. On évalue à 25.000 le nombre d'ouvriers et d'ouvrières employés à Paris à la fabrication des fleurs.

Le quartier central de production a été dès le début et est encore la rue Saint-Denis. Cependant, cette rue ayant subi d'immenses modifications, beaucoup d'industries qui y avaient eu leur berceau se sont disséminées dans différents quartiers. Les fabriques de fleurs artificielles sont du nombre.

La province compte pour sa part environ 30.000 ou- vrières. Quelques grandes villes fabriquent spécialement des fleurs artificielles. Lyon doit être cité en tête, mais ses fleurs ne sont montées que dans la capitale.

On sait qu'une infinité de substances sont employées à la fabrication des fleurs artificielles, ce sont principalement les mousselines, les tissus de coton, les velours, la soie, le taffetas, la gaze, la cire, la gélatine, la glycérine, le fil de fer ou de laiton.

Ces substances sont désignées sous le nom d'*apprêts* et sont confectionnées dans des ateliers spéciaux.

Les différents organes des fleurs ayant été groupés par espèces dans certains ateliers, sont ensuite combinés dans d'autres pour former les fleurs, enfin les fleurs arrivent en de nouvelles mains pour être montées en bouquets.

Avant d'entrer en apprentissage, les jeunes filles doivent opter pour l'une des deux grandes spécialités de la fabrication des fleurs artificielles :

La fabrication des fleurs proprement dite.

La monture.

La fabrication des fleurs n'exige que de l'attention, du soin et une bonne vue. Elle offre un avantage : celui d'être un métier propre et sain, permettant aux femmes de s'exercer dans la famille tout en s'occupant des soins du ménage.

La monteuse doit avoir beaucoup de goût naturel; elle a souvent un rôle de créatrice à remplir. L'harmonie des nuances, les caprices de la mode, l'assortiment avec les toilettes qu'accompagnent les bouquets doivent être ses sujets de préoccupation.

Autrefois, les apprenties fleuristes étaient nourries

et logées, mais payaient une pension annuelle pendant leur apprentissage. Il n'en est plus de même
aujourd'hui : les apprenties reçoivent dès le début
0 fr. 50 par jour, 1 franc et 2 francs par jour dès
qu'elles peuvent faire un travail utilisable, elles ont
la faculté d'apporter leur nourriture et de la faire cuire
à l'atelier. L'apprentissage dure deux ans. Dans le but
de former des ouvrières habiles, les maisons de fleurs
ont l'habitude d'apprendre à leurs apprenties la fleur
complète, de façon qu'elles soient capables de gagner
plus amplement leur vie dans cette industrie.

Les ateliers sont très surveillés et offrent une
garantie morale aux familles. Les présidents de
chambre syndicale ont toujours protesté contre une
légende, faisant croire qu'il n'en était pas ainsi.

Il suffit en effet de voir travailler les jeunes filles
dans ces ateliers pour s'en rendre compte.

Le salaire des ouvrières fleuristes est très variable.
Il dépend non seulement de leur capacité et de la
rapidité avec laquelle elles travaillent, mais encore
des variétés que fabriquent les maisons où elles sont
employées.

En général, les prix varient entre 3 et 6 francs par
jour. Les ouvrières qui sont payées à l'heure gagnent
de 30 à 70 centimes l'heure.

Les contremaîtresses chargées de diriger les ateliers gagnent de 2.500 à 4.000 francs par an.

Les monteuses travaillent généralement au mois,
elles reçoivent de 125 à 250 francs.

Celles qui créent les modèles peuvent arriver à
gagner de 2 à 3.000 francs par an.

Les monteuses travaillant chez elles peuvent gagner de 4 à 6 francs par jour. Il est nécessaire avant de travailler chez soi de passer un certain nombre d'années dans un atelier.

Beaucoup de bonnes ouvrières arrivent à s'établir à leur compte et à travailler directement pour le fabricant.

Une mise de fonds de quelques milliers de francs suffit ordinairement pour ouvrir un atelier.

Depuis quelques années les fabricants ont associé à l'industrie des fleurs celle de la plume, de sorte qu'aujourd'hui cette industrie n'a plus à craindre le chômage, car lorsque la saison des fleurs est terminée, celle de la plume commence.

La plupart des écoles municipales professionnelles de filles de Paris ont une section spéciale pour l'enseignement de la fabrication des fleurs, mais l'apprentissage en atelier est préférable pour acquérir l'habileté.

FOURRURE

On sait que la France et la Russie sont les deux pays où se fabriquent les plus belles fourrures. La France reçoit même les peaux brutes de la Russie, lorsqu'il s'agit d'un travail délicat, et les réexpédie ensuite dans ce pays.

La fourrure fine se fait surtout à Paris et à Lyon.

La fabrication des fourrures de luxe n'emploie que les peaux rares, déjà préparées dans les pays de production. Dans la fabrication des fourrures ordinaires, les femmes sont employées au montage.

Le travail dans les peaux rares est sans danger, mais les matières colorantes qui entrent dans l'apprêt des autres offrent souvent de sérieux inconvénients.

Le nombre des ouvriers et ouvrières employés à la préparation des fourrures est évalué actuellement à 6.000, dont 4.000 pour Paris.

Après Lyon, les autres villes qui s'occupent spécialement de cette fabrication sont : Bordeaux, Marseille, Troyes et Sens.

Dans les maisons d'apprêtage les femmes sont peu employées : elles gagnent environ 3 francs.

Dans la fourrure la femme peut gagner 5 francs par jour comme mécanicienne et 4 fr. 50 comme ouvrière à la main. Les heures de veille augmentent encore ce salaire.

Peu de chômage dans cette partie, mais un peu de ralentissement dans les commandes au commencement de l'année. Les bonnes ouvrières sont généralement employées quand même.

GAINERIE

Le travail des gainiers consiste principalement dans la fabrication des fourreaux, des boîtes, des écrins de toute espèce. Les gainiers font aussi des portefeuilles, des ronds de serviette, des vases de petites dimensions en cuir naturel ou en cuir bouilli.

L'organe principal de la fabrication est une sorte de modèle appelé *mandrin*, qui est destiné à réserver le vide de forme voulue, dans lequel on doit loger l'objet. De la fabrication du mandrin, qui est souvent faite par le gainier, dépendent presque toute la réussite de la gaine. La gaine doit, en effet, embrasser exactement la forme du mandrin, être en quelque sorte moulée sur lui.

Après avoir frotté le mandrin de savon bien sec ou de talc de Venise en poudre, afin que les matières que l'on doit appliquer dessus n'y adhèrent pas, on le recouvre d'une première enveloppe de papier, de cuir mince ou de drap. On coupe la quantité nécessaire de l'étoffe qu'on a choisie, puis on l'applique sur le mandrin et on la joint soigneusement par les bords avec de la colle forte. Cela fait, on entoure cette doublure d'une matière solide, dure, qui doit former le corps résistant de la gaine ou du fourreau. Ce sera, suivant les cas et d'après le plus ou moins de résistance que l'on veut donner à l'objet, du parchemin, du bois de placage, du papier enroulé sur lui-même, pour arriver à l'épaisseur de la coupe deux millimètres et demi à trois millimètres. Les écrins ronds pour médailles et ceux de formes spéciales se font de cette manière.

Pour les gaines en bois, qui sont naturellement les plus solides, on commence par ajuster sur la première enveloppe qui repose directement sur le mandrin une feuille de parchemin ramollie par l'eau; on la colle solidement avec de la colle forte; puis, lorsqu'elle est bien sèche, on y applique des feuilles de bois de hêtre étroites et très minces, de façon à embrasser exactement le contour du fourreau. On colle soigneusement ces sortes de lanières entre elles et sur le parchemin avec de la colle forte, on les lie ensuite fortement tout autour avec de la ficelle, afin de les bien appliquer les unes sur les autres et sur le parchemin, auquel elles doivent adhérer fortement.

Quand le tout est parfaitement sec, on enlève la ficelle et on polit à la lime la surface extérieure formée par la réunion des feuilles étroites de bois de hêtre. La même rigidité et une solidité à peu près aussi grande peuvent être obtenues en enroulant un grand nombre de fois sur elles-mêmes des feuilles de papier et en interposant de la colle forte.

Dans la fabrication des fourreaux et des gaines ordinaires, on se contente de peindre et de vernir ensuite le papier ou le bois de frêne ; mais, si l'on veut faire du luxe, on peut recouvrir le bois de hêtre d'un placage en bois précieux ou bien de cuir, de maroquin, de chagrin, etc., ou enfin d'étoffes, telles que la soie ou le velours.

La gainerie en général et l'écrin courant en particulier se font tout autrement.

Les écrins sont, on le sait, des boîtes, plus ou moins grandes, en bois ou en carton, destinées à renfermer des bijoux, des médailles, de la coutellerie fine, des instruments de chirurgie, de mathématiques ou de musique. Le fût est alors le principal et c'est par sa confection que l'on commence le travail, que ce soit une boîte, un coffre ou un écrin.

Le fût est un assemblage de morceaux de bois formant les côtés de boîtes, soit carrées, soit octogonales, soit de toute forme géométrique à côtés.

Ces côtés se nomment le cadre, c'est sur celui-ci que l'on colle au-dessus et au-dessous le fond.

On passe le fût à la râpe pour lui donner une forme régulière et au papier de verre pour l'adoucir.

Après l'avoir séparé en deux pour obtenir le corps et le dessus, on pose la charnière et le fermoir avant de le couvrir de toile, d'étoffe ou de papier. L'intérieur de ces boîtes est ensuite garni. Pour cela, on ajuste un coussin dans le couvercle, une gorge et un coussin dans le fond. Quand cet écrin est coussiné, s'il doit renfermer une pièce ajustée, on remplace le coussin du fond par un cartouche sur lequel on ajuste la pièce.

Ce cartouche est en bois ou en carton dur recouvert de peluche, de drap, de chamois, de satin ou de velours afin de serrer sans ballottage les objets que ces boîtes sont destinées à contenir.

De même que les gaines, les écrins sont recouverts d'étoffe, de cuir, de maroquin, de chagrin ou de plaques de bois précieux.

Les matières les plus employées pour la gainerie de luxe sont le mouton, le maroquin, le basane et le chagrin ; on les orne souvent, ainsi que le maroquin, de dorures poussées au fer, à la manière des relieurs. Le chagrin que l'on nomme galuchat, du nom d'un gainier qui en perfectionna le travail, est obtenu au moyen de la peau d'une sorte de requin appelé *roussette*. La peau, à l'état naturel, est dure et couverte de rugosités.

Le travail spécial de cette peau est fait à Paris par quelques rares ouvriers très difficiles à se procurer, aussi son usage s'en abolit complètement.

Les femmes en gainerie sont employées spécialement pour couvrir et pour garnir les écrins à bon marché, recouverts de papier, car pour les couvertures en cuir, il faut savoir parer et peu de femmes connaissent ce métier.

Elles peuvent gagner de 3 à 6 francs par jour, mais très rarement plus de 6 francs. Celles qui dépassent ce maximum travaillent en chambre à façon et aux pièces, surtout pour les écrins de médailles ; elles peuvent gagner 6 fr. 50 et quelquefois 7 francs.

La généralité gagne 3 et 3 fr. 50 par jour.

GANTERIE

Les principaux centres de fabrication en France sont : Paris, Grenoble, Milhau, Niort, Lunéville, Chaumont et Saint-Junien (Haute-Vienne).

La préparation et la coupe de la peau sont réservées aux hommes. Les pièces dont se compose le gant sont ensuite livrées aux ouvrières.

Au moyen d'un instrument spécial, la brodeuse frappe sur le dessus de la main le dessin de broderie qu'elle doit recevoir ; puis elle exécute la broderie, soit à la main, soit à la mécanique. Le percement des boutonnières et la fixation des boutons sont ensuite confiés à d'autres ouvrières. D'autres encore sont chargées de la couture.

Le salaire des ouvrières qui s'occupent de ganterie est de 75 centimes à 1 franc au début. Puis elles arrivent à gagner 1 fr. 50 et 2 francs par journée de dix heures environ.

Les couturières qui travaillent chez elles et qui doivent sacrifier une partie de leur temps aux soins du ménage restent nécessairement au-dessous de ces chiffres.

GILETS ET CULOTTES

Les giletières peuvent travailler chez elles.

Les culottières travaillent surtout en atelier, les tailleurs étant chargés de préparer la besogne.

L'apprentissage pour une giletière est d'environ deux ans. Il se fait généralement chez une ouvrière travaillant chez elle.

La culottière n'a guère d'apprentissage à faire, il suffit qu'elle sache bien coudre.

L'ouvrière giletière gagne assez facilement de 4 à 5 francs par jour.

La culottière ne gagne guère que 2 fr. 75 à 4 francs par jour.

Ces professions ont généralement leur chômage en juillet et en octobre.

IMPRESSIONS SUR TISSUS, TEINTURE

En France, les principaux centres d'imprimeries sur tissus sont Épinal, Lyon et Rouen. Mulhouse (Alsace) a encore plus d'importance : ses produits se répandent beaucoup en France et à l'étranger.

Lyon imprime surtout la soie; les autres centres manufacturiers impriment plutôt le coton et la laine.

Dans les grands établissements d'impressions sur tissus, les femmes sont employées pour l'impression à la main, aux travaux de couture et aux machines à plier, à coudre, à enrouler.

Chez les teinturiers-nettoyeurs qui nettoyent et rendent la couleur aux vêtements, les femmes et les jeunes filles sont employées à l'attachage, au bâtissage et au repassage.

Les imprimeuses sur tissus gagnent de 2 à 3 francs par jour; les femmes des teintureries ordinaires ont un salaire de 2 fr. 50 à 5 francs par jour.

Dans l'industrie « teinture et nettoyage », les femmes et les jeunes filles trouvent deux genres de professions : elles y sont employées ou ouvrières.

Dans le premier cas un apprentissage de quelques mois suffit pour la réception des articles, mais cet emploi est peu payé en raison du trop grand nombre de maisons où les bénéfices sont aléatoires.

Le gain moyen est environ 50 francs par mois et la nourriture, pour une bonne employée; néanmoins certaines premières ou gérantes peuvent gagner jusqu'à 200 francs.

Les ouvrières sont plus spécialement occupées dans les grandes maisons où elles travaillent en commun soit aux pièces, soit à l'heure. Elles gagnent de 3 fr. 50 à 5 francs par jour suivant leur habileté ou la maison qui les occupe.

Une bonne ouvrière doit faire au moins deux années d'apprentissage pour posséder toutes les connaissances utiles, mais elle peut déjà gagner quelque peu étant apprentie.

Il y a, à Paris, plus de 5.000 femmes employées par cette industrie.

JOUETS

Dans les articles de jouets la variété est infinie; aussi n'entreprendrons-nous ici aucune énumération, ni aucune classification.

Contentons-nous de constater que la femme a pris une grande place dans la fabrication de ces articles : elle peint et découpe les jouets en métal, les soude, décore les têtes des bébés, etc.

En outre, beaucoup de femmes sont employées à l'habillage des bébés, des poupées et des marionnettes, à la fabrication de leurs chaussures, etc.

Tous ces travaux sont relativement faciles et ne demandent qu'un court apprentissage. Il est vrai que le gain est peu élevé : les bonnes ouvrières ne gagnent pas plus de 1 fr. 50 à 4 francs par jour.

La fabrication même des bébés demande un plus long apprentissage, trois ans au moins; après ce temps les ouvrières faites gagnent de 3 fr. 50 à 4 francs par jour. Elles n'ont, paraît-il, jamais de chômage.

Il va sans dire que le plus grand centre de fabrication de ces objets est Paris et ses environs.

LINGÈRES

LINGÈRES DES LYCÉES

Les lingères des lycées sont chargées de la garde et de la comptabilité des vêtements et du linge des internes et du linge de table de l'établissement. Elles en font exécuter le blanchissage et le raccommodage sous leur surveillance et leur responsabilité.

La nomination des lingères des lycées est faite par le recteur, sur la proposition du proviseur ou de la directrice du lycée.

Les lingères sont logées et nourries au lycée. Elles reçoivent un traitement de 400 à 800 francs par an en province. A Paris, les traitements sont plus élevés mais les vacances sont rares et fort disputées.

Ces emplois sont accordés de préférence aux parentes des membres ou des anciens membres de l'Université, mais cette condition n'a rien d'absolu.

LINGÈRES DES ÉCOLES VÉTÉRINAIRES

Dans les Écoles vétérinaires, les lingères sont divisées en trois classes et touchent des appointements variant de 1.200 à 1 600 francs.

LINGÈRES DU SÉNAT ET DE LA CHAMBRE DES DÉPUTÉS

Au Sénat et à la Chambre des Députés, les lingères touchent des appointements variant de 1.500 à 1.900 francs; les femmes de service reçoivent de 1.000 à 1.300 francs. De puissantes recommandations sont nécessaires pour obtenir ces rares emplois.

LINGÈRES DES GRANDS HOTELS

Dans les hôtels importants des grandes villes, on emploie des maîtresses lingères qui reçoivent au moins 100 francs par mois et sont nourries et logées.

LINGÈRES DES COMPAGNIES DE TRANSPORT

Les compagnies de transport et de navigation ont à leur service des maîtresses et sous-maîtresses lingères. Leur traitement est de 1.200 à 1.800 francs pour celles employées à l'administration centrale, et de 1.100 à 2.000 francs pour les lingères du service des ports.

MANUFACTURES DES TABACS

On sait que la fabrication du tabac s'opère dans des établissements appartenant à l'Etat, et désignés sous le nom de Manufactures des tabacs. Ces manufactures sont situées à Bordeaux, Châteauroux, Dieppe, Issy, Pantin, Le Havre, Lille, Lyon, Marseille, Morlaix, Nancy, Nantes, Nice, Orléans, Reuilly, Tonneins et Toulouse.

L'administration centrale des Manufactures des tabacs se trouve au ministère des Finances.

Ces établissements n'emploient pas moins de 13.000 femmes, dont 150 environ ont le grade de préposées.

Le travail des ouvrières des Manufactures des tabacs consiste dans le triage des feuilles, la mise en paquets et en boîtes et la fabrication des cigares et des cigarettes, etc.

Les surveillantes et les contre-maîtresses sont recrutées parmi les ouvrières les plus actives et les plus intelligentes. Avant d'être nommées, elles subissent un examen portant sur l'écriture, l'orthographe et le calcul.

Les surveillantes reçoivent un traitement de 1.200 francs par an. Quant aux contremaîtresses, qui sont choisies à leur tour parmi les surveillantes, leur traitement est de 1.500 francs par an.

Il n'y a pas lieu de se préoccuper des conditions hygiéniques dans les Manufactures des tabacs; la façon dont elles sont organisées offre, paraît-il, les plus sérieuses garanties pour la santé des ouvrières.

Pour être admises dans les Manufactures des tabacs, les postulantes doivent adresser une demande aux directeurs des manufactures.

Ces emplois, qui offrent une certaine stabilité, sont extrêmement recherchés. Aussi, parmi les demandes excessivement nombreuses, fort peu reçoivent satisfaction.

MATELAS (Cardeuses de)

Dans la fabrication des matelas, les hommes sont généralement chargés de battre et de trier les laines ; les femmes bourrent et cousent les matelas.

L'apprentissage ne demande que quelques mois. Dans les fabriques de literie, le travail est payé aux pièces, sur la base d'environ 30 à 35 centimes l'heure.

Les cardeuses qui travaillent en ville doivent connaître toutes les parties du métier et font nécessairement un apprentissage un peu plus long. Elles peuvent gagner à Paris 5 à 6 francs par jour; les matelas ordinaires sont payés 3 francs et ceux plus compliqués comme façon de 5 à 6 francs. A Paris, l'apprentissage se fait dans la famille.

MODES

On sait que les modistes parisiennes donnent le ton non seulement à toute la France, mais encore au monde entier.

Paris compte plus de 3.000 modistes établies, qui emploient plus de 6.000 ouvrières.

Les principales maisons de Paris fabriquent pour l'exportation et pour les grands magasins de nouveautés.

Nombre de petits ateliers de Paris et de la province s'occupent directement de la clientèle et s'inspirent des créations des grandes maisons.

Ces dernières n'occupent qu'un nombre relativement restreint d'ouvrières, car elles s'adressent pour la plupart de leurs commandes à des entrepreneuses.

Un apprentissage de deux ans en atelier est nécessaire pour former une bonne modiste.

Les apprenties gagnent 0 fr. 50 pendant la première année ; la seconde année elles ont 1 fr. à 1 fr. 25 selon la capacité acquise.

Les ouvrières apprêteuses, c'est-à-dire celles qui préparent toutes les garnitures pour les chapeaux, gagnent de 3 à 4 francs par jour.

Les garnisseuses, qui montent complètement le chapeau, lui donnent le cachet et l'élégance, ont 5 à 10 francs ; elles peuvent atteindre 300 francs par mois plus la table.

Ces dernières créent les modèles.

Dans les grands ateliers, le personnel féminin est ainsi composé : les premières, qui créent les modèles et surveillent le travail; les ouvrières, les vendeuses et les dames aux marchandises.

La première gagne de 3 à 400 francs par mois; la vendeuse peut gagner à peu près autant et être intéressée à la vente, mais elle doit connaître tous les secrets du métier. Lorsqu'elle parle une ou plusieurs langues étrangères, elle est particulièrement recherchée.

La *dame aux marchandises* est chargée de recevoir les placiers, de soumettre leurs articles à la première et d'établir les prix de revient. Ses appointements sont généralement de 100 à 200 francs par mois. Elle touche, en outre, quelques gratifications.

Les ouvrières en chapeaux d'enfants gagnent de 4 à 5 francs par jour, selon leur habileté.

Cette partie serait assez agréable, n'était le chômage qui se répète deux fois par an et réduit presque l'année à six mois de travail régulier.

Dans quelques grandes maisons, on prend des dispositions pour ne pas renvoyer les principales ouvrières pendant la période du chômage; on se borne à diminuer les heures de travail.

La plupart des écoles professionnelles de Paris ont une section de modes. Mais un séjour à l'atelier est toujours nécessaire pour se mettre « dans le mouvement ».

Modistes en chambre. — *Petits magasins de modistes.* — Ce métier est un de ceux que l'on peut le plus facilement pratiquer chez soi. Pour l'ouvrière en chambre, il n'offre pas de sérieuses difficultés, car les avances sont peu importantes. Mais si l'on veut ouvrir un magasin et conséquemment avoir des ouvrières et un étalage toujours bien assorti, un petit capital sera nécessaire. Ajoutons que pour les modistes établies, la pierre d'achoppement est le long crédit que l'on est obligé de faire à nombre de clientes, sous peine de les voir s'éclipser. Les marchands de fournitures étant assez exigeants de leur côté, le problème est parfois difficile à résoudre.

En outre, l'existence des petites maisons de modistes est depuis quelque temps fort compromise par la concurrence que leur font les grands magasins de nouveautés.

ORFÈVRERIE

L'orfèvrerie emploie des femmes pour le polissage et le brunissage de l'argent et du doublé. Ce sont des travaux un peu fatigants et qui demandent une certaine force.

L'apprentissage est d'environ deux ans. Les apprenties gagnent de 50 centimes à 1 fr. 25 par jour. Les ouvrières sont payées aux pièces et gagnent de 2 fr. 50 à 6 francs.

Ce genre de travail se fait presque toujours en atelier. Il offre des chômages assez irréguliers.

PAPIER (Fabrication du)

Environ 500 fabriques de papier sont installées en France.

Les plus importantes sont celles d'Essonnes, d'Angoulême, d'Annonay, de Paris (papiers de fantaisie), de Rives et de Sainte-Marie (Seine-et-Marne). (Cette dernière pour les papiers filigranés).

Plus de douze mille femmes sont employées dans cette industrie. Les emplois réservés aux femmes sont généralement ceux de *délisseuses*, ou trieuses de chiffons, de *réviseuses*, qui vérifient le premier travail, d'*assembleuses*, chargées de réunir en *mains* les feuilles de papier.

Les apprenties gagnent de 50 à 70 centimes par jour, au bout de quelques mois de travail. Quant aux ouvrières, qui travaillent généralement aux pièces, elles gagnent de 1 fr. 50 à 2 fr. 50 par jour, suivant leur habileté.

PAPIER PEINT

Dans l'industrie du papier peint, les jeunes filles et dames indistinctement sont payées immédiatement dès leur début 2 francs.

Lorsqu'elles arrivent à rouler, si c'est du roulage, un certain nombre de rouleaux, elles peuvent gagner 3 francs.

Certaines vont de 2 à 3 francs, en l'espace de 15 jours ; d'autres en un mois, mais jamais plus.

D'autre part, dans certaines maisons, des dames sont occupées dans les magasins aux échantillons et gagnent de 3 à 5 francs.

Elles débutent à 2 francs environ et arrivent en 5 à 6 mois à gagner 3 à 5 francs, selon l'emploi qu'elles occupent.

PARFUMERIE

Dans la parfumerie, les femmes sont surtout chargées de l'enveloppe des produits fabriqués, enveloppe qui est parfois d'un grand luxe. Les étuis, étiquettes, rubans, prospectus et cartons leur sont particulièrement confiés, et elles doivent dans leur emploi faire preuve de goût et d'agilité. Les femmes sont souvent aussi chargées de donner la forme voulue aux savons et autres produits analogues.

Cette industrie a surtout pour siège les environs de Paris, et principalement Neuilly et Levallois-Perret.

Les apprenties reçoivent de 1 franc à 1 fr. 50 par jour; elles arrivent rapidement à être ouvrières, et gagnent alors de 3 francs à 3 fr. 50 par jour. Les premières reçoivent ordinairement 4 francs à 4 fr. 50.

Il n'y a pas de morte-saison dans les grandes maisons de production.

PARAPLUIES ET OMBRELLES

En général, l'ombrelle et le parapluie sont confectionnés par des ouvrières distinctes.

Les fabricants s'adressent généralement à des entrepreneuses qui font exécuter les commandes par des ouvrières travaillant à domicile.

La façon des ombrelles riches est payée de 3 fr. 50 à 6 francs ; une bonne ouvrière peut en faire deux par jour, parfois un peu plus.

Ce genre de travail n'est guère assuré que pendant la moitié de l'année.

Le gain est moins élevé dans la fabrication des parapluies : les ouvrières ne gagnent que 3 fr. 50 à 5 francs par jour ; en revanche, il n'y a presque pas de chômage.

PASSEMENTERIE

La passementerie peut être divisée en quatre catégories principales : la plus importante est la passementerie pour vêtements de dames ; viennent ensuite la passementerie pour ameublement, puis la passementerie militaire, où sont principalement employés l'or et l'argent, et ensuite la passementerie pour voitures et livrées.

Les deux principaux centres de fabrication de la passementerie française sont Paris et Lyon. A Marseille se fabriquent diverses passementeries genre oriental et africain, qui sont exportées dans le Levant et vendues comme produits indigènes. A Saint-Étienne, Nîmes et Saint-Chamond se fabrique la passementerie dite « classique », parce qu'elle n'est point sujette aux variations de la mode.

PASSEMENTERIE HAUTE NOUVEAUTÉ

La passementerie haute nouveauté ne se fabrique plus guère aujourd'hui. Son importance comme industrie a été considérable ; le chiffre d'affaires dépassait annuellement 100 millions. Ce métier a subi une très grande dépréciation par la broderie que l'on emploie aujourd'hui pour la plus grande partie.

Cette fabrication se fait au métier à la Jacquard ou à la barre et au métier haute lisse ; elle comprend aussi le cousu à la main et l'établi.

Le *cousu* se fait à la main sans autre outil qu'un morceau de bois appelé moule, pour l'article classique, ou d'un dessin piqué sur papier pour l'article de luxe. Le cousu est généralement fait par des femmes et des jeunes filles. La plupart des ouvrières travaillent chez elles, et non à l'atelier.

Le travail est souvent livré aux ouvrières par l'entremise d'une entrepreneuse. C'est surtout aux environs de Paris, dans le Nord de la France et dans l'Auvergne, que les ménagères font de la passementerie pendant les loisirs que leur laissent le ménage et les travaux des champs.

Le travail de l'établi consiste à terminer les *cousus*, à y faire des franges et des cordelières en pendeloques, etc. Il se fait surtout à Paris, en atelier, et exige un apprentissage assez sérieux.

PASSEMENTERIE POUR AMEUBLEMENTS

La passementerie pour ameublements se fait chez les fabricants mêmes. Ils se servent des métiers à basse lisse et à haute lisse, du métier à la Jacquard, et, pour les articles de grande consommation, du métier à la barre. Les articles pour rideaux, draperies de fenêtres ou de lits, tentures, etc., se comptent par centaines et par milliers de modèles.

Paris emploie de préférence les hommes pour manœuvrer les métiers, mais en province ce sont souvent les femmes qui sont chargées de ce travail. Elles s'occupent, en outre, un peu partout de la confection des franges.

PASSEMENTERIE MILITAIRE

La passementerie militaire est surtout exécutée à Lyon. Elle emploie l'or, l'argent, la soie, la laine et le coton. Les principaux articles sont les galons, les cordelières, les aiguillettes, les épaulettes, les torsades, les brandebourgs, etc. Elle se divise en *fin*, *demi-fin* et *faux*.

Le fin et le demi-fin sont seuls employés pour l'armée ; le demi-fin et le faux pour les vêtements et ornements du culte catholique.

Le *fin* est en argent doré, le *demi-fin* en laiton recouvert d'argent, puis d'or. Le *faux* est en laiton. L'argent qui sert au fin est plus pur que l'argent des monnaies, sans cela il serait impossible de le tréfiler de manière à lui faire acquérir la finesse qu'il obtient : celle d'un cheveu et même d'un fil de soie.

PASSEMENTERIE POUR VOITURES, CHEMINS DE FER, ETC.

Cette passementerie emploie comme matières premières la soie, la laine, le coton, le fil et le jute.

Elle produit surtout des bandes ou galons de diverses largeurs, ornés de dessins presque toujours en camaïeu, ressortant en velours épinglé sur fond lisse. On n'y emploie guère que des couleurs mortes. Les galons et rubans pour livrées appartiennent aussi à cette catégorie, qui est surtout fabriquée dans la Somme, dans l'Oise et un peu à Paris.

Les ouvrières à la main ou couseuses font généralement leur apprentissage dans leur famille. Quant aux ouvrières à l'établi, elles doivent passer au moins deux ou trois ans en atelier avant d'être acceptées comme ouvrières.

Dans la passementerie pour voitures, les apprenties sont payées presque dès le début, et gagnent de 50 centimes à 1 franc par jour.

Les ouvrières faisant le cousu gagnent de 2 fr. 50 à 4 francs par jour pendant la saison de production, mais, en morte saison, leur salaire se trouve fort diminué.

Les ouvrières à l'établi gagnent de 3 fr. 50 à 7 francs par jour, selon leur vivacité et leur capacité. Les dévideuses, réassortisseuses et plieuses gagnent de 3 à 4 francs.

Chez les passementiers-tisseurs de la Somme, les femmes gagnent de 2 francs, 2 fr. 25 à 2 fr. 50 par jour.

PATES ALIMENTAIRES

L'industrie des pâtes alimentaires paraît venir d'Italie, mais la France lui fait aujourd'hui une concurrence sérieuse.

Lyon marche en tête dans ce genre de production ; Marseille et Valence viennent ensuite, puis Clermont et Bordeaux. Plusieurs autres villes du Midi possèdent également des usines de pâtes alimentaires.

C'est au moyen de blés durs, qui viennent de l'Algérie et de la Russie, que se fabriquent ces pâtes. Le blé, moulu en gruau ou semoule, est arrosé et malaxé dans des appareils spéciaux. La pâte est ensuite jetée dans des mortiers où elle subit une compression hydraulique, et sort par des ouvertures de formes diverses, selon qu'il s'agit de fabriquer tel ou tel genre de pâte.

Les pâtes sont enfin coupées, séchées et pliées par des ouvrières.

Un apprentissage de quelques mois suffit généralement aux femmes qui s'adonnent à ce métier. Les apprenties gagnent environ 1 franc, 1 fr. 50 par jour, les ouvrières de 2 à 3 francs, et souvent ces dernières sont payées au mois.

PATISSERIE MÉCANIQUE

La pâtisserie mécanique, consacrée principalement à la biscuiterie dite anglaise, n'emploie que très peu d'ouvriers capables et connaissant parfaitement le travail, car ce ne sont généralement que des manœuvres que l'on emploie, le travail se faisant en grande partie d'une façon mécanique.

La farine, le lait, le beurre, la graisse et l'eau sont livrés à des pétrins mécaniques; puis la pâte est laminée sur des cylindres et divisée par une machine dite découpeuse.

Les biscuits découpés sont placés sur des plaques de tôle, mises dans un four spécial et sur des chaînes sans fin qui les entraînent après la cuisson et les livrent à l'ouvrier ou à l'ouvrière chargés de les recueillir. Il ne reste plus qu'à les ranger dans des boîtes de fer-blanc pour pouvoir les expédier aux commerçants.

Les femmes employées pour le service de la machine découpeuse et pour la mise en boîtes et en paquets gagnent de 3 fr. 50 à 4 francs par jour.

PHOTOGRAPHIE

Dans l'industrie photographique il serait bon que les dames et jeunes filles fassent un apprentissage de deux ans, car après un tel laps de temps passé dans le même atelier, la femme un tant soit peu intelligente doit connaître un peu toutes les manipulations : travaux de laboratoire, collage des épreuves, repique des épreuves et satinage, retouche des clichés, retouche sur épreuves positives, tirages d'après négatifs sur tous papiers.

Selon les capacités, on peut débuter avec des appointements de 30 francs par mois, puis progressivement jusqu'à 150 francs qui est le maximum.

Exception est faite pour les dames ou les demoiselles bonnes vendeuses qui doivent avoir un certain cachet d'élégance et qui arrivent quelquefois à 200 fr. et 250 francs par mois.

Ces emplois sont très limités.

Une bonne retoucheuse peut gagner sa vie chez elle, en faisant soit la retouche de clichés, soit la retouche en noir dite gélatino-bromure.

En résumé, les emplois sont nombreux mais peu rémunérateurs, peu de stabilité.

On peut compter une moyenne annuelle de deux mois de chômage.

PLUMES POUR MODES

On comprend dans cette industrie la préparation des plumes, le nettoyage, la teinture et l'apprêt.

Les plumes d'autruche sont celles qu'on emploie le plus communément pour les modes. Leur préparation se fait de la manière suivante : on les attache les unes à côté des autres; on les plonge dans une dissolution de potasse pour les dégraisser; on les laisse baigner dans cette dissolution, puis on les retire pour les plonger dans un nouveau bain après les avoir fait sécher. Cette opération est répétée trois ou quatre fois, jusqu'à ce que les plumes soient complètement débarrassées de l'espèce d'enduit huileux qui les rend imperméables. On les lave ensuite dans une eau légèrement colorée avec une boule d'indigo enveloppée dans un linge, qu'on y trempe pendant un instant. Au sortir de ce dernier bain, on fait sécher les plumes, on les peigne, on les frise et on les livre enfin au commerce.

Lorsqu'elles doivent être teintes, on les fait d'abord passer dans des bains de potasse, puis on leur fait subir un lavage à l'eau pure pour que la potasse n'altère pas les couleurs de la teinture.

Immédiatement après les plumes d'autruche, il faut placer les plumes d'oiseaux de paradis. Chacun sait combien sont vives et riches les couleurs qui parent le plumage de ces petits oiseaux. Aussi, ces plumes sont-elles fort prisées. Mais elles sont très rares ; quelques îles de l'Océan peuvent seules nous en fournir.

Vient ensuite le marabout, dont les plumes nous sont expédiées du Sénégal et du Soudan. Elles ont une longueur de 0 m. 08 à 0 m. 30, et sont garnies d'un duvet soyeux. Elles sont blanches ou grises, leur prix varie suivant les caprices de la mode.

L'aigrette que fournit le héron blanc mâle est classée après les plumes de marabout. Ces plumes longues, droites, effilées et garnies de deux rangs de barbes flexibles servent à faire des panaches. Elles nous viennent de Sibérie, de Guyane, et se vendent à la pièce.

Les plumes dites de vautour sont fournies par l'autruche bâtarde de l'Amérique méridionale. Ces plumes offrent trois catégories distinctes : les longues blanches, les petites blanches et les grises assorties. Les produits fournis par l'autruche de l'Amérique méridionale sont loin de valoir ceux de l'autruche ordinaire ; ils sont cependant fort prisés, et il s'en fait un commerce important. Les Plumes qui ne peuvent être utilisées pour les panaches sont employées à faire de petits plumeaux légers.

Les plumes de casoar se cotent à un prix assez

élevé, provenant à la fois de leur rareté et de leur beauté.

Les plumes de coq sont assez rarement utilisées pour parure ; toutefois, il se présente des saisons où elles sont recherchées pour les articles de prix modérés.

Pour la grande industrie de la plume on emploie aussi toutes celles de basse-cour, telles que celles de canards, oies, pintades, pigeons, etc., apprêtées et teintes pour arriver à faire les jolies fantaisies employées de nos jours.

L'industrie des plumes est surtout parisienne. C'est à Paris que se teignent et s'apprêtent les plus belles plumes, et c'est de là qu'elles sont expédiées sur toutes les places de l'Europe et jusqu'en Amérique.

Plus de 15.000 ouvrières sont employées à Paris à la fabrication des plumes.

Le métier de plumassière a plusieurs avantages ; il n'est pas fatigant, il est bien rétribué, il ne demande qu'un outillage d'un prix insignifiant : un couteau spécial, une pince et quelques aiguilles, ce qui permet à toute ouvrière ayant fini son apprentissage de travailler chez elle. Il est vrai que cette profession peut présenter des chômages imprévus, par suite des caprices de la mode. Aussi nombre de plumassières ont-elles aujourd'hui une autre corde à leur arc : la fabrication des fleurs artificielles, ou tout autre métier pouvant alterner avec celui des plumes.

On peut commencer l'apprentissage de plumassière vers l'âge de douze à treize ans. Une bonne vue, du goût et de l'habileté de doigts sont les qualités nécessaires pour arriver à un résultat satisfaisant dans ce travail.

Au bout de deux ans, les apprenties intelligentes savent préparer les plumes, les coudre et les friser.

Le travail des plumes d'autriche exige un apprentissage spécial, mais qui n'est pas plus long que celui des plumes d'oiseaux.

Les apprenties plumassières gagnent ordinairement 0 fr. 75 par jour pendant la première année et de 1 franc à 2 francs pendant la seconde. Devenues ouvrières, les plumassières gagnent de 3 fr. 50 à 6 francs par jour, selon la capacité, et selon le nombre d'heures de travail.

Les ouvrières plumassières ne peuvent s'établir à leur compte aussi facilement que les fleuristes. L'achat des plumes brutes exige une mise de fonds assez importante, et il faut, en outre, une grande expérience pour pouvoir faire ces achats d'une façon avantageuse.

PLUMES MÉTALLIQUES

Le personnel des fabriques de plumes métalliques est en majeure partie composé de femmes. Mais cette industrie est entièrement localisée, pour la France, à Boulogne-sur-Mer, où se trouvent trois fabriques Seules les fabriques anglaises de Birmingham peuvent lutter contre elles.

Ce n'est guère que de 1830 que l'on peut réelle-

ment faire dater la fabrication des plumes métalliques, comme industrie importante, et ce n'est
qu'en 1846 que la France est venue faire concurrence
aux maisons anglaises d'une façon sérieuse. A cette
époque, la fabrication en fut installée à Boulogne-sur-
Mer par la maison Blanzy, Poure et Cᵗᵉ, qui depuis a
toujours été au premier rang.

Certains libraires vendent des plumes portant leur
nom, mais cette inscription est faite par le fabricant,
et la plupart des plumes n'en sortent pas moins de la
maison Blanzy, Poure et Cᵗᵉ.

L'usine Blanzy occupe environ 720 à 800 ouvrières
et 180 ouvriers. Elle convertit en plumes environ
280 tonnes d'acier. Les 2/5 de ces produits sont con-
sommés en France et 3/5 sont exportés à l'étranger.

Les plumes métalliques sont faites avec le meilleur acier fondu de Sheffield, acier fabriqué spécialement pour l'industrie de la plume. Avant d'employer
l'acier à la confection des plumes, on découpe les
feuilles de tôle en bandes de largeur variable, lesquelles sont recuites, puis laminées aux épaisseurs
voulues. Après le laminage de l'acier, on procède aux
opérations suivantes : le découpage, le perçage, le
marquage, le recuit, le formage, la trempe, l'adoucis-
sage, l'aiguisage en long, l'aiguisage en travers, le
fendage et le vernissage. Viennent ensuite les travaux accessoires, tels que le triage, le comptage ou
pesage, l'emboîtage et l'empaquetage, sans compter de
nombreuses opérations de nettoyage et de polissage.

Toutes les opérations que nous venons d'énumérer
sont nécessaires pour la fabrication des plumes mé-

talliques de bonne qualité. Pour quelques modèles de prix élevé, le perçage, le marquage et le formage sont répétés deux et trois fois ; les plumes passent alors dans une vingtaine de mains.

Les différentes parties de la fabrication, à l'exception du recuit, de la trempe, du nettoyage, du vernissage, etc., s'opèrent à l'aide de découpoirs, de presses, de moutons et de balanciers ; chaque plume est présentée successivement sous l'outil par la main de l'ouvrière. A plusieurs reprises on a tenté de substituer les machines à procédés manuels, mais on a été obligé d'y renoncer pour la plupart des modèles, car leur peu de surface et leur minime épaisseur rendent très difficile leur préhension par des moyens mécaniques.

Ainsi que nous l'avons dit plus haut, l'industrie des plumes métalliques emploie surtout des femmes. Les hommes sont particulièrement chargés de diriger le travail et d'entretenir les appareils.

Les ouvrières commencent leur apprentissage dès l'âge de quinze ou seize ans. Elles doivent être douées d'une certaine dextérité.

Les apprenties gagnent de 0 fr. 75 à 1 fr. 50 par jour ; les ouvrières, 2 à 3 fr. 50

APPRÊTS DES DRAPS ET ÉTOFFES DE LAINE

Ce travail se faisait autrefois dans les fabriques de draps au moyen des *moulins à foulon*, que l'on emploie encore dans plusieurs établissements. Ces moulins se composent de pilons verticaux ou de maillets inclinés qui frappent successivement sur toutes les parties du drap, lequel est placé dans une espèce d'auge circulaire contenant des eaux alcalines où l'étoffe est tournée et remuée en tous sens.

Ces machines, très anciennes, ont été partout remplacées par des appareils fonctionnant d'une manière continue et plus rapide, tout en dépensant moins de force. Les foulons agissent sur les tissus dans le sens de la largeur au moyen d'un conduit, par lequel s'effectue l'admission du drap, et de deux cylindres alimentaires, et dans le sens de la longueur par l'application d'un clapet de plissement de la trompe de guide et par celle d'un fouloir, qui frappe sans cesse le drap sur le tablier de foulage. La nouvelle machine fait une grande économie de savon, et produit beaucoup plus de travail que les foulons à maillets.

Les femmes employées à la manipulation des tissus et au déchiquetage n'ont qu'un court apprentissage à faire, mais elles doivent être d'une santé assez robuste, car leur travail est fatigant et exige un certain déploiement de forces.

Les débutantes gagnent de 0 fr. 15 à 0 fr. 20 l'heure; les ouvrières faites de 0 fr. 25 à 0 fr. 30.

Peu de chômage.

ATTACHES PARISIENNES

Ce travail consiste à découper dans des bandes de cuivre, et à plier ensuite à l'aide d'outils spéciaux les petites agrafes qui servent dans le commerce et dans les bureaux à attacher les lettres, les factures, les échantillons, etc.

C'est un travail très facile et peu fatigant. Aussi, malgré l'énorme consommation que l'on fait aujourd'hui de ces épingles, les ouvrières ne trouvent-elles pas toujours facilement de l'occupation et leur salaire est-il relativement modique.

Au bout de quelques semaines d apprentissage, l'ouvrière peut travailler seule. Elle est payée de 30 à 35 centimes l'heure.

BALLONS-RÉCLAMES

Cette fabrication, et celle des ballons-musettes, qui produisent des bruits si agaçants pour les oreilles des grandes personnes, est très importante à Paris et emploie un grand nombre de femmes.

Après un apprentissage de un ou deux ans, les ouvrières gagnent de 1 franc à 1 fr. 50 par jour, puis elles arrivent à gagner de 2 à 4 francs. C'est un métier peu payé.

Peu de chômage.

BANDAGES HERNIAIRES

La fabrication des bandages herniaires, qui a pris de nos jours une très grande importance, emploie un certain nombre de femmes pour les travaux de couture de ces appareils.

Les jeunes filles qui entrent dans les fabriques de

bandages font un apprentissage de deux ou trois ans.
Elles reçoivent, après quelques mois, un petit salaire
d'environ 50 centimes par jour et sont augmentées
graduellement selon leurs progrès. Devenues ouvrières, elles gagnent en moyenne de 4 à 6 francs par
jour. Certaines ouvrières très habiles, chargées de travaux difficiles, arrivent à dépasser ce chiffre.

La journée de travail est en général de dix heures.
Les chômages sont rares.

BISCUITS (Pâtisserie).

Dans les grandes fabriques de biscuits, les femmes
sont principalement employées à l'empaquetage et au
glaçage. Le travail d'empaquetage est assez facile et
ne demande que quelques jours de pratique, mais il
n'en est pas de même du glaçage ; ici une certaine
expérience est nécessaire.

Les ouvrières sont payées aux pièces. Elles peuvent
arriver à gagner de 2 fr. 50 à 3 francs par jour.

Les centres de fabrication sont surtout Paris,
Reims et Nantes.

BOUTONS EN PASSEMENTERIE

Ces boutons s'exécutent, au moyen d'un crochet ou
d'une aiguille, avec du cordonnet en soie, généralement
noir, quelquefois de couleur. Sortant des mains de
l'ouvrière, ils ont la forme de petites calottes. Ces calottes sont ensuite adaptées sur des moules en bois et
fixées à l'aiguille.

Il faut du goût et de l'habitude pour arriver à se faire des journées passables dans ce genre de travail. Les ouvrières sont payées à la douzaine. Elles n'arrivent qu'au bout de plusieurs mois à gagner 2 à 3 francs par jour. L'ouvrière très habile peut arriver à 5 francs.

Ce travail a en outre l'inconvénient de chômages plus ou moins fréquents, suivant les caprices de la mode.

Les principales fabriques de boutons se trouvent à Paris, rue d'Aboukir, et à Boulogne-sur-Seine.

BOUTONS DE NACRE

Un certain nombre de femmes sont employées à Paris au triage et à l'encartage des boutons de nacre.

On en fait également à Méru et dans les environs.

Ces boutons sont fabriqués à la mécanique.

On peut se livrer à ce travail sans apprentissage préalable. Les femmes sont payées aux pièces et travaillent en atelier ou chez elles. Leur gain moyen est de 2 à 3 francs par jour.

BOURRELETS D'ENFANTS

Bien que l'usage des bourrelets d'enfants diminue de plus en plus, nous croyons devoir donner quelques renseignements sur ce genre de travail.

Deux sortes d'ouvrières sont employées à la fabrication des bourrelets d'enfants : les bourreuses et les couturières.

Les bourreuses sont chargées de ouater la couronne

du bourrelet, les couturières en cousent les différentes pièces, soit à la main, soit à la machine.

On fait généralement ce travail à domicile. L'apprentissage est assez court pour les bonnes couturières.

Lorsqu'elles ont acquis l'habileté nécessaire, les bourreuses peuvent gagner 2 francs par jour environ ; les couturières, de 1 franc à 1 fr. 50 seulement.

De nos jours on en fait de moins en moins.

PRÉPARATION DES BUSCS ET RESSORTS

L'habillage des buscs et des ressorts en acier soit pour corsets, soit pour parapluies, est un travail assez facile, qui, pour une bonne couturière, n'exige pas d'apprentissage à proprement parler, et qui peut rapporter de 2 à 3 francs par jour.

Les ouvrières travaillent aux pièces, et généralement en atelier.

La journée est de 10 heures de travail. Peu de chômage.

CHAUSSONS

Le chausson en lisière étant fabriqué, il reste à y coudre une semelle en peau de mouton dite basane. Ce travail est généralement confié à des ouvrières qui travaillent chez elles.

L'apprentissage ne peut donc se faire qu'auprès d'une ouvrière habile, à laquelle la débutante abandonne une partie de son gain comme dédommagement.

Les ouvrières sont payées à raison d'environ 0 fr. 90 à 1 franc la douzaine. Elles peuvent gagner de 2 francs à 2 fr. 50 par jour.

Lorsqu'on est en relations avec une bonne maison, le travail est assuré pour toute l'année.

CHICORÉE

La chicorée est surtout fabriquée dans le Nord : à Lille, Cambrai, Douai, Valenciennes, etc. Il y a cependant quelques fabriques aux environs de Paris.

Les femmes sont employées à l'empaquetage et travaillent aux pièces. Ce travail ne demandant que de l'habitude, un apprentissage nest pas nécessaire. Elles gagnent dans le Nord de 1 fr. 50 à 2 francs par jour ; aux environs de Paris, 2 fr. 50 à 3 francs.

Peu de chômage.

COLLE FORTE

On sait que la gélatine, connue dans le commerce sous le nom de colle forte, est extraite des rognures de cuir, des tendons, des cornes, des sabots et des os des animaux. Lorsqu'on utilise les débris de membranes, on les fait bouillir rapidement dans une chaudière, et on décante alors qu'une prise d'essai se prend en gelée. La liqueur décantée est maintenue à 100 degrés dans une seconde chaudière, où on la laisse reposer, et quand les matières en suspension se sont précipitées, on en remplit des moules conniques en bois. Ces moules étant convenablement séchés, avec un couteau mouillé on en détache la colle, qui est ensuite coupée en tranches minces et portée sur un filet-séchoir.

Les femmes sont chargées de couper cette pâte en morceaux carrés ou rectangulaires, travail qui ne demande qu'un peu d'habitude et de dextérité.

L'apprentissage est donc rapide. Les journées de 10 heures valent aux ouvrières un salaire de 2 francs à 2 fr. 50.

Les principales fabriques de colle forte sont situées aux environs de Paris. Pas de chômage.

CONFITURERIE

Dans les confitureries importantes, les femmes sont principalement employées au triage et au nettoyage des fruits et à l'emballage des confitures. L'opération de la cuisson, la plus pénible et la plus délicate, est réservée aux hommes.

La journée de travail est de 10 heures. Les ouvrières sont payées à raison de 0 fr. 20 à 0 fr. 25 l'heure.

Beaucoup de chômage.

DRAPEAUX

Les drapeaux, grands et petits, dont on pavoise les façades et qui figurent dans certaines cérémonies publiques sont généralement exécutés par les maisons qui fabriquent les ballons-musettes et autres articles du même genre.

Les ouvrières gagnent de 2 à 4 fr. 50 par jour.

EMPAQUETAGE DES LAINES ET COTONS

Besogne très facile, mais en général peut rémunératrice. On conçoit qu'aucun apprentissage n'est nécessaire à une jeune fille ou à une femme adroite pour mettre en écheveaux ou en pelotes, empaqueter et étiqueter les fils de laine qui viennent d'être fabriqués. Un peu d'habitude est seulement nécessaire pour arriver à travailler rapidement.

Les ouvrières chargées des travaux les plus faciles ne gagnent guère plus de 1 fr. 50 à 2 francs par jour ; les plus expérimentées peuvent arriver à 3 francs, 3 fr. 50 et 4 fr. 50.

De fréquents chômages sont à craindre.

Pous les cotons des femmes sont employées pour le paquetage, c'est-à-dire qu'elles divisent les nattes de coton selon les dimensions et les poids voulus.

Le gain peut varier entre 1 fr. 50 et 3 francs, grand maximum par journée de 10 heures.

FABRICATION DES OBJETS ET VÊTEMENTS EN CAOUTCHOUC

On sait quelle variété d'objets sont fabriqués au moyen du caoutchouc : instruments de chirurgie, tuyaux, rondelles, étoffes imperméables, etc.

De nombreuses ouvrières sont employées dans

ces fabriques. Le travail étant très simple, les débutantes ne tardent pas à pouvoir gagner de 1 franc à 1 fr. 50 par jour. Les ouvrières habiles gagnent de 2 à 3 francs.

Les ouvrières qui s'occupent des étoffes imperméables sont exposées à quelques périodes de chômage.

Pour le caoutchouc industriel, les dessous de bras, le scaphandre, les tissus gommés, les jouets, etc., le salaire féminin est de 1 fr. 50 comme moyenne dans la plupart des usines.

FILS ET CABLES ÉLECTRIQUES

Dans les fabriques de fils électriques, les femmes sont employées à l'habillage des fils de métal. On sait que cette opération consiste à rouler des fils de soie autour des fils de cuivre. Elle se fait à l'aide de machines et de dévidoirs mus par la vapeur et dont l'ouvrière doit surveiller le mouvement avec la plus grande attention, afin de rattacher les soies qui peuvent se casser, car aucune solution de continuité ne doit se produire pour que le fil électrique puisse être utilisé.

L'apprentissage ne demande que quelques semaines à une personne intelligente et adroite. Les ouvrières gagnent de 3 à 4 francs par jour, lorsqu'elles sont au courant de ce travail.

L'industrie des cables électriques paye les ouvrières en moyenne de 2 francs à 2 fr. 50 par jour dans les départements de la Seine et Seine-Oise, 3 francs à Paris, 1 fr. 50 en province.

C'est une moyenne.

Il y a en outre quelques exceptions pour les ouvrières des spécialités, les dévideuses de soie, les doubleuses, les ouvreuses aux pièces ; en général elles gagnent 3 fr. 50 à 4 francs dans toutes les usines.

OBJETS EN CELLULOID

Le celluloïd, quoique de découverte assez récente, a aujourd'hui de nombreux emplois. On sait que cette matière est composée en majeure partie de cellulose (substance ligneuse extraite des plantes) et de camphre.

On fait en celluloïd des peignes, des billes de billard, des bouts de pipe, des cols, des plastrons et des manchettes inusables, etc.

Dans les fabriques qui produisent ces objets, les femmes sont employées au triage des déchets, à la préparation du fil, à la confection des peignes et du linge dit *américain*.

L'apprentissage est de courte durée, et les ouvrières gagnent presque en débutant. Elles sont payées aux pièces. Celles qui sont habiles gagnent en moyenne de 3 francs à 5 francs par jour.

En France, les fabriques de celluloïd se trouvent pour la plupart installées dans les environs de Paris.

CHAUSSURES DE POUPÉES

Ce travail lilliputien n'emploie que très peu d'ouvrières. Disons-en cependant quelques mots.

Les chaussures de poupées se font généralement en atelier. Certaines ouvrières découpent et collent les petits morceaux de cuir verni, d'étoffe, ou des découpures de chaussures de dames, d'autres cousent les ornements à la machine. Du soin et de l'attention, telles sont les qualités requises pour exécuter ces mignonnes chaussures qui ravissent nos bébés.

La débutante intelligente se met rapidement au courant de ce métier. Elle commence par gagner de 0 fr. 50 à 1 franc par jour ; devenue ouvrière, elle peut parvenir à gagner 2 fr. 50 et même 3 francs.

Très peu de chômage.

CHENILLE

La fabrication de la chenille, cet ornement en tissu de soie ou de laine, rond et velouté, souvent employé dans les modes, ne demande guère d'apprentissage. Le travail réservé aux ouvrières dans cette industrie est surtout celui de la préparation des matières qui doivent être livrées aux métiers : ceux-ci sont mis en action par des hommes.

Les ouvrières faites gagnent de 2 à 4 francs par jour, en moyenne.

Quelques chômages, selon les fluctuations de la mode.

DOMESTIQUES

Nous n'avons à parler ici que des domestiques femmes : femmes de chambre, bonnes d'enfants, bonnes à tout faire et femmes de ménage. Nous avons parlé des cuisinières dans un article spécial.

La *femme de chambre* est particulièrement employée aux travaux de couture et à l'entretien de la garde-robe. Elle est aussi chargée de servir à table lorsqu'il n'y a pas de valet de chambre dans la maison.

La *bonne à tout faire* s'occupe de toutes les parties du ménage dans les maisons de moindre importance.

Ainsi que sa dénomination l'indique, la *bonne d'enfants* est spécialement chargée du soin des enfants. Elle fait leur toilette, les promène, les surveille et couche même généralement dans leur chambre.

La *femme de ménage* n'est pas logée dans la maison, comme les autres domestiques. Elle vient à des heures fixées soit mettre un ménage en ordre, dans les maisons qui n'ont pas de bonne, soit aider les autres domestiques dans les grandes maisons.

Les gages des domestiques sont très variables, suivant les localités. Les bonnes d'enfants gagnent de 15 à 30 francs par mois; les bonnes à tout faire, de 25 à 40 francs; les femmes de chambre sont en général mieux payées que les bonnes; elles profitent souvent, en outre, de certains objets de toilette qui ont cessé de plaire à leur maîtresse, et que celle-ci leur abandonne de préférence aux autres domestiques. De là l'élégance relative des femmes de chambre.

Les femmes de ménage sont payées à l'heure : à Paris, de 35 à 40 centimes ; hors Paris leur rémunération dépend, et de la région dans laquelle elles travaillent, et du genre de travail qui leur est confié.

C'est ordinairement par les bureaux de placement ou dans les mairies que les domestiques trouvent des emplois. Le choix du bureau n'est pas indifférent ; certains n'ont pour clientèle que les bonnes maisons ; mais la plupart se préoccupent peu de l'intérêt des maîtres et des domestiques, et les renseignements qu'ils offrent aux uns et autres sont sujets à caution.

Dans toutes les bonnes maisons, d'ailleurs, aucun domestique n'est admis sans avoir pu procurer des références sérieuses.

CORDES A VIOLON

Les femmes sont employées soit au lavage du boyau de mouton, soit au tordage pour le choix des grosseurs et la mise en paquets.

Ces travaux se paient de 2 fr. 50 à 4 francs par jour selon le mérite.

Le filage des cordes, travail consistant à recouvrir le boyau d'un fil de soie, est une spécialité. Il se fait au moyen d'un tour. Le paiement est le même que précédemment.

De même pour les cordes de soie qui remplacent celles en boyau. Ce travail est plus propre et moins dur. Tout dépend de l'habileté de la fileuse.

L'apprentissage demande de 12 à 18 mois. Il y a chômage de fin juin à septembre.

CHALETS DE NÉCESSITÉ (Surveillantes de)

Paris occupe environ cent cinquante de ces employées. Elles doivent être présentes de 7 heures du matin à 10 ou 11 heures du soir (selon le quartier).

Leurs appointements fixes ne sont guère que de 30 à 60 francs par mois : quelquefois les « pourboires » les augmentent un peu.

On exige des candidates qu'elles soient d'une bonne santé et que les travaux du ménage ne les détournent pas de leur assiduité.

Leur recette est vérifiée chaque jour par un contrôleur, au moyen du cadran placé au-dessus de chaque porte et qui constate les « entrées ».

FABRICATION DES CARTES A JOUER

Le glaçage, le coloriage et l'empaquetage des cartes à jouer sont généralement réservés aux femmes. Un apprentissage de dix-huit mois à deux ans est nécessaire à celles qui veulent se livrer à ce genre de travail. Les débutantes reçoivent de 0 fr. 75 à 1 franc par jour, puis sont augmentées progressivement.

Les ouvrières sont payées aux pièces et gagnent de 3 à 4 fr. 50 par jour.

Ce travail dure toute l'année, mais avec un léger ralentissement de janvier à mars.

ENCRES

Les femmes sont employées pour boucher, cacheter et étiqueter les bouteilles avant la livraison. Elles gagnent à ce travail de 2 fr. 50 à 3 francs par journée de dix heures.

Peu ou pas de chômage.

PEINTURES DES ENSEIGNES ET DES STORES

Ces travaux exigent un assez long apprentissage. Ils consistent à enluminer des lettres moulées en plâtre ou en stuc, des ornements en relief, etc. Les ouvrières sont généralement assises devant de longues tables sur lesquelles sont placés leurs accessoires.

Elles sont payées aux pièces, et gagnent de 2 fr. 50 à 3 francs par jour.

MAROQUINERIE

On classe dans cette industrie la fabrication de nombreux articles, tels que portefeuilles, calepins, porte-monnaie, étuis à cigares et à cigarettes, sacs et trousses de voyage, etc.

Les femmes sont employées à la confection de ces objets, soit chez elles, soit en atelier. Les différentes pièces leur sont livrées découpées; elles les collent ou les cousent à la machine. Ce travail est donc relativement facile. Il faut cependant une certaine habitude pour arriver à produire rapidement et d'une manière irréprochable.

Le gain est très variable, selon l'habileté de l'ouvrière et l'importance des travaux qui lui sont confiés. Les débutantes ne gagnent guère que 2 fr. 50 par jour, mais les ouvrières faites gagnent facilement 3, 4, 5 et même 6 francs par jour. Les riveuses gagnent de 4 à 6 fr. 50 par jour, celles qui sont employées aux bourses gagnent de 3 à 6 francs par jour suivant leurs capacités, elles piquent à la machine ou surjettent.

Une autre spécialité est la doublure. La doublure est faite de plusieurs espèces de peaux. Pour la grosse bourse on emploie le mouton chamois, celle-ci est coupée à l'outil à bras d'homme. Pour la bourse en chamois anglais de bas prix, on fait appel à l'agneau et au mouteau megissé de Suède pour l'article moyen et au chevreau pour les articles plus chers.

Les doublures des bourses sont coupées par des mains féminines spéciales et occupent environ une centaine d'ouvrières gagnant de 3 à 5 francs par jour.

A côté de la maroquinerie proprement dite, il faut parler de la fabrication des serviettes, cartons à musique, etc.

Un apprentissage de 2 ans est nécessaire, le gain de début est de 1 franc par jour.

Au bout de 5 à 6 mois les apprenties sont payées 0 fr. 15 l'heure jusqu'au jour où elles sont déclarées ouvrières.

En cette qualité elles gagnent de 0 fr. 35 à 0 fr. 60 l'heure. Ce dernier prix est pour les bonnes ouvrières travaillant vite.

La durée de travail est de 10 heures par jour.

Pas de chômage pour les bonnes ouvrières, vu la variété des articles que comporte la maroquinerie.

MASQUES EN CARTON

Ces masques sont fabriqués avec une pâte de carton et à l'aide de moules.

L'apprentissage est très court; quelques semaines suffisent. Les ouvrières travaillent aux pièces. Elles commencent par gagner 1 franc par jour et peuvent arriver à 2 fr. 50. Ce chiffre est rarement dépassé.

Les grandes maisons de fabrication de Paris fournissent du travail à leurs ouvrières pendant toute l'année.

MANNEQUINS POUR COUTURIÈRES ET TAILLEURS

La fabrication des mannequins pour tailleurs et pour couturières a atteint aujourd'hui une certaine importance. Les maisons qui s'occupent de cet article sont pour la plupart situées à Paris.

Les femmes sont principalement employées au modelage et à la couture des mannequins. Le modelage se fait en collant des couches de papier épais dans des moules en plâtre qui forment la moitié du buste. Les deux moitiés sont ensuite réunies par un nouveau collage.

Après ce premier travail, les couseuses recouvrent les formes en carton d'une étoffe spéciale.

L'apprentissage est peu long pour les ouvrières exé-cutant une spécialité, car ce genre est divisé, elles gagnent de 3 à 4 francs par jour. Les interruptions de travail sont très rares.

Peu de femmes savent faire complètement un mannequin, l'apprentissage étant fort long. Celles qui sont à même d'exécuter entièrement un mannequin gagnent facilement de 5 à 6 fr. 50 par journée de 8 à 9 heures de travail.

OUVRIÈRES AGRICOLES

Nous avons parlé plus haut, à l'article *Agriculture*, des femmes appelées par leur situation ou leur mariage à contribuer à la direction des exploitations agricoles. Il nous reste à donner ici quelques renseignements sur les ouvrières des fermes.

Ainsi qu'on le devine, il n'est pas besoin d'apprentissage spécial pour ce genre de travail. De bons bras, du courage et de l'attention suffisent aux débutantes, car elles n'ont qu'à exécuter ce qu'elles voient faire auprès d'elles.

Leurs gages ne sont pas très élevés, mais on sait qu'à la campagne la vie est bon marché, et souvent ces ouvrières se trouvent plus à l'aise que celles des villes, qui éprouvent d'autres besoins et rencontrent de plus nombreuses occasions de dépenses.

Les ouvrières de ferme, nourries, gagnent de 100 à 350 francs par an; les enfants, de 65 à 200 francs environ.

Les ouvrières non nourries sont ordinairement

payées à la journée. En été, elles gagnent environ 2 francs par jour; en hiver, elles ne dépassent guère 1 fr. 50.

Les enfants non nourris gagnent en été 1 franc à 1 fr. 30 par jour; en hiver, 80 à 90 centimes.

Dans les environs de Paris, les ouvrières employées chez les maraîchers touchent des gages plus élevés, mais leurs travaux demandent généralement plus d'assiduité et d'intelligence.

PAPETERIE

Dans plusieurs fabriques de papiers, un certain nombre de femmes sont employées à la préparation du papier à lettres et à la confection des enveloppes.

Tous ces travaux se font au moyen de machines très ingénieuses et très rapides. L'apprentissage est donc de peu de durée, sauf pour l'impression de la bordure noire du papier de deuil, qui exige, paraît-il, une certaine habileté. Aussi l'apprentissage des ouvrières chargées de ce travail demande-t-il dix-huit mois ou deux ans, pendant lesquels elles sont payées proportionnellement à leurs progrès.

Les ouvrières chargées de mettre au format le papier à lettres et de coller les enveloppes gagnent en moyenne de 2 à 3 francs par jour. Celles qui impriment les bordures noires peuvent arriver à gagner 3 et 4 francs.

Peu de chômage.

PASTILLEUSES

On désigne sous le nom de pastilleurs les ouvriers qui exécutent les petits ornements et les petites figurines qui décorent les pièces de pâtisserie. Ces ornements sont obtenus au moyen de pâte amidonnée, que l'on applique dans des moules ; on les colorie ensuite.

Des femmes sont employées à ces travaux ; l'apprentissage se fait rapidement et ne demande qu'un peu de soin et de goût. Les ouvrières travaillent en atelier et gagnent de 2 à 3 fr. 50 par jour.

C'est un métier qui tend à disparaître.

PERRUQUES DE POUPÉES

Les perruques de poupées forment une spécialité qui occupe à Paris un certain nombre de femmes. Les ouvrières cousent sur des coiffes en étoffe des fils de Thibet préparés à cet effet et qui imitent les cheveux blonds ou bruns, de façon à s'y méprendre.

Le travail se fait soit à l'atelier, soit à domicile, et, en ce dernier cas, par l'entremise des entrepreneuses. En deux ou trois mois, une jeune fille intelligente peut arriver à gagner 1 fr. 25 à 1 fr. 50 par jour. Devenue ouvrière, elle peut atteindre les chiffres de 2 fr. 50 à 3 francs pour dix heures de travail.

Très peu de chômage, à peine de ralentissement de travail au commencement de l'année.

PILOU OU FLANELLE DE COTON

Ce tissu a été inventé à Valenciennes, il y a près d'un siècle, par la maison Place, mais il a depuis lors été très perfectionné. Il est très apprécié par la classe ouvrière, à cause de sa solidité, de la facilité du lessivage de l'étoffe et de son extrême bon marché.

Les pilous sont principalement employés pour peignoirs et vêtements de dames, mais on fabrique aussi des genres destinés spécialement aux vêtements d'hommes, et que l'on désigne sous le nom de satins, moleskines, draps américains, etc.

Les principaux centres de fabrication du pilou sont, aujourd'hui, Valenciennes et les communes environnantes, et Rouen.

Le coton employé à la fabrication du pilou est filé, puis tissé et sort des métiers sous la forme de flanelle écrue. Les pièces subissent ensuite diverses opérations de débouillissage, de râpage, etc., pour les préparer à la teinture et à l'impression. De nombreux produits chimiques sont employés à ces dernières opérations, qui doivent donner au pilou l'apparence des étoffes les plus variées.

Dans cette industrie, les femmes sont employées à toutes les opérations de tissage, bobinage, ourdissage, etc. Leur salaire dépend de leur habileté, car elles sont payées à la tâche. La moyenne est d'environ 3 francs par jour.

Il n'y a point d'apprentissage à proprement parler,

mais une sorte de stage auprès des ouvrières, afin de
s'habituer au travail des machines.

ACCESSOIRES DE PARFUMERIE

La fabrication des houppes et des différents accessoires de toilette employés dans la parfumerie constitue un travail propre et agréable. Il s'agit, en effet,
dans la plupart des cas, de coller, sur des montures
d'os ou d'ivoire, des tampons de satin, puis des touffes
de duvet, de confectionner de petits sacs destinés à
contenir les houppes, et cent autres petits objets analogues.

L'apprentissage est court et ne réclame que de
l'adresse et une certaine dextérité. Dès le début, l'ouvrière peut gagner de 1 franc à 1 fr. 50 par jour, et,
lorsqu'elle a l'habitude de ces petits travaux, elle
arrive facilement à gagner 2 fr. 50 à 3 francs.

Les ouvrières habiles et en relations avec une bonne
maison n'ont guère de chômage à redouter.

FABRICATION DES PIÈCES D'ARTIFICE

Dans les fabriques de pièces d'artifice, les femmes
sont employées aux opérations les moins dangereuses, et surtout au cartonnage et à l'empaquetage.
On ne saurait toutefois conseiller ce genre de travail
qu'aux personnes prudentes et possédant de la dextérité et du sang-froid.

Il n'y a pour ainsi dire pas d'apprentissage dans
cette industrie, où tout est affaire d'habitude et

d'adresse. Les débutantes gagnent de 0 fr. 50 à 1 franc par jour ; les ouvrières faites, de 2 fr. 50 à 3 fr. 50.

Peu de chômage ; diminution de travail seulement à certains moments.

PORTEUSES DE PAIN

C'est un métier assez pénible, et qui exige une robuste constitution. Les porteuses de pain ne sont guère employées qu'à Paris et dans quelques grandes villes. La moyenne est occupée de cinq à onze heures du matin et gagne 15 à 18 francs par semaine. Elles reçoivent en outre environ deux livres de pain par jour.

PORTEUSES DE LAIT

Comme le métier de porteuses de pain, il est excessivement dur et fatigant et ne s'exerce guère qu'à Paris.

Ce sont des fillettes de 14 à 15 ans environ qui portent dès 5 heures du matin le lait à domicile, montant souvent plus de 100 étages en deux heures. L'après-midi elles sont employées au magasin ; elles gagnent de 20 à 25 francs par mois et sont nourries.

Chez les crémiers, les premières filles de boutique ont de 45 à 50 francs et sont nourries.

La journée de travail est de cinq heures du matin à neuf heures et demie du soir.

PRODUITS PHARMACEUTIQUES

Dans les fabriques de produits pharmaceutiques, les femmes sont employées à la mise en boîte, à la mise en bouteilles, à l'étiquetage et à l'emballage des produits.

La journée de travail est de 10 heures. Pas d'apprentissage.

Les ouvrières gagnent en moyenne de 2 fr. 50 à 4 francs par jour.

Pas de chômage.

SACHETS

Ce travail consiste à emplir des sachets de poudre parfumée et à les coudre ensuite. Il est donc extrêmement facile et peu fatigant.

Les maisons qui s'occupent de la préparation des sachets sont situées dans les environs de Paris, et notamment à Levallois.

Les ouvrières débutent à 1 fr. 50 ou 1 fr. 75 par jour, puis arrivent à gagner de 3 à 5 francs; elles ne dépassent guère ce chiffre.

Pas de chômage.

STOPPEUSES

Le métier de stoppeuse exige un an d'apprentissage, ce dernier se fait généralement en province dans les fabriques de drap.

A Paris, le gain est d'environ 3 à 4 francs par jour.

TALONS POUR CHAUSSURES DE DAMES

La plupart des chaussures de luxe vendues dans les grands magasins ont des talons fabriqués à l'aide de moules spéciaux et au moyen d'une composition dans laquelle entrent des débris de cuirs et d'autres matières.

Ce sont des femmes qui sont chargées de ce travail. Leur apprentissage est très court. Au bout de quelques jours, elles peuvent gagner 1 ou 1 fr. 50 par jour, et après quelques semaines, 2 fr. 50 à 3 francs par jour.

Chômages rares.

TRIAGE DES CHIFFONS

C'est un travail très pénible, et que ne sauraient aborder les femmes un peu délicates.

Trier et assortir des chiffons de toute provenance, selon la qualité et la couleur, tel est le rôle que ces malheureuses ouvrières ont à remplir.

Leur travail leur rapporte de 15 à 20 francs par semaine.

HORLOGERIE

Les principaux centres de fabrication pour l'horlogerie sont en France : Paris, Cluses et Morez, Montbéliard et Besançon.

Afin de lutter contre la concurrence étrangère, la fabrication française s'est divisée. Seules, quelques rares usines fabriquent la montre tout entière ; les unes s'occupent des mouvements, d'autres des échappements, etc.

C'est surtout à Besançon et dans les environs de cette ville que se trouvent les établissements qui réunissent et assemblent les divers organes de la montre.

Un grand nombre de femmes et de jeunes filles sont employées dans les usines d'horlogerie du Doubs. Elles gagnent de 1 fr. 25 à 2 fr. 50 par jour.

PRODUITS CHIMIQUES

Les femmes sont employées dans les fabriques de colle et d'engrais. Dans les fabriques de produits pharmaceutiques, elles sont employées à l'empaquetage et à la mise en bouteilles.

Le salaire est de 2 francs à 3 fr. 50 par jour.

RELIURE

A Paris et dans quelques grandes villes, telles que Lyon, Rouen, Poitiers, un certain nombre de femmes sont employées dans les ateliers de reliure.

Elles sont spécialement chargées du pliage et de la couture des cahiers, du vernissage et de la dorure des couvertures de luxe. Les autres parties du travail sont réservées aux hommes.

Dès l'âge de treize ou quatorze ans, une jeune fille peut entrer en apprentissage dans ces ateliers. Elle commence par gagner 0 fr. 75 à 1 franc par jour ; mais, devenue habile ouvrière, elle arrivera à gagner de 2 fr. 50 à 4 et 5 francs, selon ses capacités et le nombre d'heures de travail.

La journée est ordinairement de dix heures, mais à la fin de l'année, elle peut être portée à douze heures avec permission de l'Inspecteur du travail. En re-vanche, la journée n'est souvent que de huit heures en février et mars.

RÉPARATION DES DENTELLES

La réparation des dentelles de prix exige un ap-prentissage spécial, beaucoup de soin, de goût et de patience.

Cet apprentissage se fait généralement en atelier. Au bout de six mois la jeune fille gagne 0 fr. 50 cen-times environ par jour.

Une ouvrière faite gagne de 4 à 6 francs par jour, selon son habileté.

Dans cette partie, le chômage est irrégulier.

RÉPARATION DES VÊTEMENTS
ET DES TENTURES DE PRIX

La réparation des vêtements et des tentures de prix ne peut faire l'objet d'une spécialité que dans les grands centres. Ce travail exige une grande habileté et une excellente vue, car les reprises faites pour dis-simuler les accidents arrivés à ces étoffes doivent être presque invisibles.

L'apprentissage ne peut être fait qu'auprès d'une bonne ouvrière ou dans les fabriques de draps. Les reprises sont généralement payées suivant la valeur de l'objet réparé. Mais il n'est pas rare de voir les ouvrières habiles en ce genre de travail et ayant une bonne clientèle gagner de 5 à 6 francs par jour.

RUCHÉS ET PLISSÉS

Les ruchés et plissés se font à la machine à plisser et à gaufrer au point de chaînette. Au bout de quelques mois de pratique, l'apprentie intelligente peut devenir ouvrière.

Ce travail est malheureusement irrégulier. Quand la commande « bat son plein », une bonne ouvrière peut gagner de 4 à 4 fr. 50 par jour, mais cela ne dure guère que 5 ou 6 mois par an ; le gain se trouve ensuite considérablement diminué ; il s'arrête presque complètement en décembre et en janvier.

En province les ouvrières gagnent de 2 francs à 2 fr. 50 par jour.

SOIE (Fabrication de la)

Dans la fabrication de la soie, les femmes sont principalement employées comme *fileuses* et comme *moulinières*.

On sait que les procédés généralement employés pour le traitement préparatoire de la soie consistent en deux opérations principales : l'ouvraison et le tirage de la soie du cocon, et le **moulinage**. Cette dernière partie comprend le dévidage, le doublage et la torsion que l'on fait subir à la soie grège pour la transformer en fils propres à être employés au tissage.

Le filage de la soie comprend :

1° l'immersion des cocons et la recherche du bon brin de chaque cocon, qui doit être réuni à un certain nombre d'autres, et être engagé sur le dévidoir pour former la soie grège ;

2° le battage, qui a pour but de saisir le fil de cocon, de manière qu'il puisse se dévider jusque vers l'extrémité par laquelle le ver en a terminé le dépôt. Cette opération offre une certaine difficulté, à cause de la manière dont les fils sont enlacés et confondus.

Le procédé généralement adopté est celui-ci : les cocons qui flottent sur l'eau de la bassine sont frappés légèrement avec un petit balai de bruyère fine, des filaments s'accrochent ainsi aux brins du balai, la fileuse les en détache avec les doigts et les attire ensuite jusqu'à ce que la masse finisse par se réduire à un seul fil sur lequel s'opère le dévidage. La fileuse sépare ce fil de la bourre en le cassant, puis elle l'accroche et le tient en réserve. Les brins ainsi obtenus sont ensuite engagés sur le dévidoir en nombre voulu pour former le fil.

La réunion des différents brins de cocons pour former le fil est, dans le filage de la soie, l'opération qui exige le plus de dextérité de la part de l'ouvrière.

Les fileuses et les moulinières gagnent de 1 franc à 1 fr. 50 par jour.

Pour le tissage mécanique des étoffes de soie, on emploie surtout des femmes. L'apprentissage de la jeune fille commence de treize à quatorze ans.

Les ouvrières reçoivent un salaire de 10 à 80 francs par mois.

Le dessin des soieries est aussi une branche importante de cette industrie ; il comprend : la composition, la mise en carte et le lisage ou analyse du dessin ayant pour but de procéder au perçage des cartons.

Un certain nombre de jeunes filles sont employées au lisage. Leur apprentissage commence généralement à seize ans et dure quatre années. Les apprenties doivent être douées d'une bonne vue et d'une bonne mémoire. Les ouvrières liseuses sont généralement pensionnaires chez leur patron. Elles gagnent environ de 5 à 600 francs par an.

Les principaux centres de fabrication de la soie sont : Lyon, Tours et Nîmes. Paris fabrique surtout des étoffes d'ameublement. Le Nord, l'Ain, l'Isère, la Savoie, l'Ardèche et la Loire concourent à la production à des degrés divers. Mais l'industrie lyonnaise est sans rivale ; sa production atteint, dit-on, environ quatre cent millions de francs, plus du quart de la production du monde entier.

STÉNO-DACTYLOGRAPHES

Depuis quelques années l'usage de la dactylographie et de la sténographie s'est répandu.

Aussi beaucoup de jeunes filles se sont-elles mises très vite au courant du mécanisme des machines à écrire, qui demandent surtout une grande dextérité.

L'apprentissage varie suivant l'intelligence de la femme, il est d'environ trois mois.

Il est nécessaire de connaître la sténographie et des langues étrangères si l'on veut gagner de bons appointements.

Le nombre des places est forcément limité, au contraire de celui des candidates qui chaque année augmente, de sorte que les salaires diminuent de plus en plus.

Le gain qui était dans un temps encore peu éloigné, de 100 à 300 francs par mois, est à l'heure actuelle tombé de 60 à 200 francs.

TABLETTERIE

Cette industrie comprend, outre la tabletterie proprement dite (objets d'or, d'ivoire, de bois fin), les articles pour fumeurs et priseurs, les peignes, la brosserie d'écailles, les jeux de billes de billards, etc. Elle a pour centres principaux de fabrication Paris et Saint-Claude, dans le Jura, lieu où se fabriquent la plupart des pipes de bruyère.

Les femmes sont employées dans les deux plus importantes branches de la tabletterie : les articles pour fumeurs et les peignes.

Elles gagnent de 2 fr. 50 à 3 francs par jour dans la fabrication des pipes (finissage et polissage), et de 3 francs à 3 fr. 50 dans la fabrication des peignes.

TAPIS (Fabrication de)

Les principales matières employées dans cette industrie sont : le chanvre, le coton, le lin, le jute, mais surtout la laine cardée et peignée.

Aubusson tient la tête comme centre de fabrication : 3.000 ouvriers et ouvrières y sont employés. Viennent en second lieu Tourcoing, Beauvais, Amiens et Persan (Seine-et-Oise).

Les jeunes filles commencent généralement vers 14 à 15 ans à trouver une occupation dans la fabrication des tapis. Elles sont employées, tout en faisant leur apprentissage, à la confection des canettes pour le tissage mécanique, à l'approvisionnement des laines et des canettes chargées de fils de trame, pour l'alimentation des métiers.

On emploie les femmes dans le bobinage, le montage des chaînes, les apprêts et les diverses opérations accessoires qu'on fait subir au tissu.

Les apprenties gagnent de 0 fr. 75 à 1 fr. 25 par jour.

Les ouvrières travaillent à façon et se font un salaire moyen de 1 fr. 50 à 3 fr. 50 par jour.

TAPISSERIES ANCIENNES (Restauration de)

La réparation des tapisseries anciennes se fait principalement à Paris et dans les environs de la capitale. Les femmes sont généralement chargées de ces travaux ; les hommes s'occupent plus spécialement des dessins.

L'apprentissage peut être commencé de bonne heure, vers 13 ou 14 ans. Les apprenties gagnent 0 fr. 75 à 1 fr. 25 par jour.

Devenue ouvrière au bout de deux ans environ, la jeune fille gagnera de 2 fr. 50 à 4 francs par jour.

Le chômage n'est, paraît-il, pas à redouter pour les bonnes ouvrières.

TAPISSIER DÉCORATEUR

Le tapissier-décorateur est, comme l'on sait, celui qui entreprend la décoration des appartements, qui fabrique et vend les tentures, rideaux, fauteuils, etc., destinés à les meubler.

Les principaux centres de production sont pour cette branche d'industrie, outre Paris, qui fait plus de quarante millions d'affaires par an, Lyon, Marseille, Bordeaux, Lille, Rouen, Nantes, Tours et Nancy.

Dans les ateliers des tapissiers-décorateurs, les femmes sont surtout employées aux travaux de couture des rideaux, draperies, étoffes, tentures, velours, tapis, etc. Il n'est guère besoin d'apprentissage pour celles qui sont bonnes couturières.

Le prix des salaires varie un peu avec l'emploi de chacune.

Les ouvrières sont payées de 3 fr. 50 à 4 francs par jour.

Le chômage est variable suivant le genre d'affaires de chaque maison.

La journée est de 9 à 10 heures de travail.

TISSAGE

Voir *Draperie*.

VANNERIE

La vannerie comprend non seulement la fabrication des vans ou tamis, mais encore celle de tous les ouvrages d'osier.

L'osier employé par les vanniers provient en grande partie du saule têtard; on se sert aussi de jeunes branches d'acacia ou de sureau auxquelles on on a conservé leur souplesse par des lavages prolongés.

La grosse vannerie est particulièrement fabriquée dans l'Aisne, la Marne, le Loiret, la Meuse, le Vaucluse et la Haute-Saône. Dans certaines régions, telles que la Picardie et la Lorraine, la vannerie fine se fait dans les ménages. Hommes, femmes et enfants y sont occupés. Le gain de la femme est d'environ 1 fr. 50 par jour.

La grosse vannerie se fait généralement en atelier et n'emploie que des hommes.

La vannerie artistique est une spécialité parisienne. Elle consiste dans la décoration des paniers, corbeilles, etc., pour les confiseurs et fleuristes.

Les ouvrières travaillent chez elles ou en atelier pour des entrepreneurs.

Leurs salaires sont pour la vannerie garnie de 2 fr. 50 à 4 francs par jour et pour la vannerie fine de 4 francs à 6 francs.

VERRERIE-GOBELETTERIE

Les femmes sont employées dans les verreries-gobeletteries pour le coupage au chalumeau à gaz ou au diamant de la calotte qui surmonte la pièce.

Chez les tailleurs de cristaux, la femme remplit souvent le rôle de polisseur. Dans cet emploi, elle peut gagner de 2 francs à 2 fr. 50 par jour, après quelques mois d'apprentissage.

Les graveurs sur cristaux et sur verre par l'acide fluorhydrique font imprimer et décalquer les dessins par des femmes. Ces ouvrières gagnent en moyenne 3 francs par jour.

Dans les fabriques d'ampoules pour lampes électriques, instruments de physique et de chimie, le travail à la lampe d'émailleur est aussi fait par des femmes dont le salaire moyen est de 0 fr. 60 à 0 fr. 75 l'heure.

Les souffleuses de perles gagnent environ 2 francs en atelier, et de 1 fr. 50 à 2 fr. 50 chez elles.

Les principaux centres de fabrication pour la verrerie sont en France, par ordre d'importance, les départements de la Seine, de Meurthe-et-Moselle, du Nord, de la Seine-Inférieure, du Rhône, de la Loire, de la Marne, de Seine-et-Oise, de l'Aisne, de l'Allier, des Vosges, de l'Orne, de la Gironde et du Cher.

VESTES EN COUTIL POUR CUISINIERS, PATISSIERS, ETC.

Ces vêtements ne se confectionnent qu'à domicile et au moyen de la machine à coudre. L'étoffe est remise toute coupée à l'ouvrière.

Le travail est payé aux pièces. Les ouvrières peuvent gagner de 2 francs à 4 fr. 50 par jour, selon leur habileté et le temps dont elles disposent.

SOCIÉTÉ DE PROTECTION DES APPRENTIS

Parmi ces sociétés philanthropiques, qui rendent les plus grands services aux jeunes apprentis des deux sexes et à leurs familles, nous citerons :

La *Société de l'Assistance paternelle des enfants employés dans les fleurs et plumes*, dont le siège se trouve rue de Lancry, 10.

La *Société pour l'Assistance paternelle aux enfants du papier peint.*

La *Société de protection des apprentis et enfants employés dans les manufactures*, 44, rue de Rennes. (Cette société ne se borne pas à s'occuper du placement des enfants, elle fournit la literie à ceux qui sont logés dans les établissements où ils travaillent, et accorde des récompenses aux institutions et aux personnes qui se font remarquer par leur dévouement pour les enfants qui leur sont confiés.)

L'*Association pour le placement en apprentissage des Orphelins des deux sexes.*

La *Société d'apprentissage des jeunes Orphelins*, 10, rue du Parc-Royal. Outre l'appui et les secours qu'elle procure à ses protégés, elle leur fait suivre, le dimanche, des cours d'enseignement primaire et de dessin professionnel.

La *Société de l'Orphelinat de la Seine*, 28, rue Saint-Lazare. Les enfants sont reçus, dès l'âge de huit ans, dans son établissement de Saint-Maur-les-Fossés, et elle les place plus tard en apprentissage.

L'*École israélite du Travail*, boulevard Bourdon, 13. Elle comprend un internat et des cours professionnels et de dessin.

ASILE NATIONAL DU VÉSINET

L'asile national du Vésinet a été fondé par le décret du 8 mars 1855. Celui du 28 août 1859 l'a affecté aux femmes convalescentes.

Il reçoit pour un temps limité pendant leur convalescence :

1° Les ouvrières travaillant chez des fabricants industriels ou patrons qui ont passé des abonnements avec l'asile ;

2° Celles faisant partie d'une société de secours mutuels ayant passé un abonnement ;

3° Les convalescentes envoyées par les bureaux de bienfaisance et les hôpitaux de Paris ;

4° Sur autorisation ministérielle spéciale celles qui ne rentrent dans aucune des catégories précédentes.

PROFESSIONS DIVERSES

BUREAUX DE PLACEMENT

A Paris et dans les grandes villes, un certain nombre de dames dirigent des bureaux de placement. Inutile de dire que ces bureaux s'occupent spécialement du placement des femmes : professeurs, institutrices ou domestiques.

Depuis 1852, nul ne peut ouvrir un bureau, sous quelque titre ou pour quelques professions, places ou emplois que ce soit, sans une permission spéciale délivrée par l'autorité municipale, et qui ne peut être accordée qu'à des personnes d'une moralité reconnue. Par exception, à Paris, c'est le Préfet de police qui délivre cette autorisation, et à Lyon, c'est le Préfet du Rhône.

Les personnes qui désirent ouvrir un bureau de placement à Paris ou dans le département de la Seine doivent adresser leur demande à la Préfecture de police. Cette pièce doit être accompagnée de l'acte de naissance de la postulante et d'un certificat de résidence et de moralité délivré par le commissaire de police de sa section ou le maire de sa commune.

La postulante doit indiquer dans quel local elle se

propose d'installer son bureau. Ce local doit remplir toutes les conditions voulues dans l'intérêt de l'hygiène, de l'ordre et de la sûreté.

L'arrêté portant autorisation est personnel ; le bureau autorisé ne peut avoir de succursales. En cas de changement de résidence, le nouveau local doit être agréé par l'Administration.

Les registres de la directrice du bureau doivent être tenus constamment au courant et être présentés à toute réquisition.

Toutes les personnes qui s'adressent au bureau de placement pour obtenir un emploi doivent être inscrites sur le registre à ce destiné ; cette inscription mentionne les noms, prénoms et âge, lieu de naissance, profession et domicile des personnes inscrites, ainsi que l'indication des pièces qu'elles ont produites pour établir leur moralité et leur identité. Ces pièces ne peuvent être retenues sans l'assentiment des postulants.

Les droits de placement sont réglés par la loi du 14 mars 1904 et l'ordonnance du 10 juin 1904.

La directrice du bureau est tenue de délivrer gratuitement à toute personne inscrite, et au moment même de l'inscription, un bulletin portant le numéro d'ordre de cette inscription.

Depuis la loi du 19 mars 1904, les droits de placement sont entièrement supportés par l'employeur sans qu'aucune rétribution puisse être reçue de quelque manière que ce soit des employées.

Les frais de timbres et de correspondance ne doivent pas être réclamés à l'employée.

Aucun hôtelier, logeur, restaurateur ne peut joindre à son établissement la tenue d'un bureau de placement.

Il est défendu aux directeurs et directrices des bureaux de placement d'annoncer, d'une façon quelconque, des places ou emplois qu'ils ne sont pas chargés de procurer.

Un tarif des droits et un exemplaire de l'ordonnance de 1852 de la loi du 14 mars 1904, de l'ordonnance du 10 juin 1904 doivent être affichés ostensiblement dans les bureaux.

Sur les trois cents bureaux de placement qui existent à Paris, les deux tiers sont gérés par des femmes.

Ainsi que nous l'avons dit plus haut, le tarif des droits de placement peut varier selon les bureaux, et il est déterminé pour chacun par l'arrêté d'autorisation. Mais il est en moyenne de 3 0/0 sur les gages annuels des domestiques, et de 5 0/0 sur les appointements annuels des employés.

Le droit de placement n'est acquis au directeur ou à la directrice du bureau de placement qu'après un délai déterminé. Ce délai est de huit jours pour les domestiques.

HOTELS (Gérance des)

A Paris et dans les communes suburbaines, les personnes qui veulent ouvrir un hôtel doivent en faire la déclaration à la Préfecture de police.

Aux termes de l'ordonnance du 25 octobre 1883, cette déclaration doit être accompagnée :

1° De l'acte de naissance du déclarant ou de la déclarante ;

2° D'un certificat de résidence ou de moralité délivré par le commissaire de police de sa circonscription ou par le maire de sa commune ;

3° D'un extrait de son casier judiciaire ;

4° D'un état indiquant le nombre de chambres devant être louées en garni, avec leurs dimensions exactes, ainsi que le nombre de lits contenus dans chacune d'elles.

L'administration fait alors procéder à une enquête, puis délivre son autorisation, si aucun motif ne s'y oppose.

L'autorisation peut être retirée en cas de non exécution des prescriptions de l'ordonnance.

En province, la déclaration doit être faite à la mairie, et l'autorisation délivrée par elle.

Créer un hôtel est une entreprise fort scabreuse, mieux vaut en reprendre un possédant déjà une clientèle. Mais alors les conditions d'achat deviendront une affaire délicate et que l'on ne saurait entreprendre sans le conseil de personnes expérimentées.

Une fois installée, la personne qui se trouve à la tête d'un hôtel doit se préoccuper sérieusement de l'observation des règlements de police, et particulièrement de ceux relatifs à la salubrité, car en les enfreignant on risque de s'attirer de sérieux ennuis, et même de faire fermer l'hôtel que l'on dirige.

Les hôteliers ou logeurs sont tenus d'avoir un registre pour l'inscription immédiate des voyageurs. A Paris, ce registre est coté et paraphé par le commissaire de police du quartier. Ce registre doit être présenté à toute réquisition, soit aux commissaires de police, soit aux officiers de paix ou autres préposés de la Préfecture de police. Il est, en outre, soumis, à Paris, à la fin de chaque mois, au visa du commissaire de police du quartier.

Aux termes de l'article 2953 du Code civil, les aubergistes ou hôteliers sont responsables du vol ou du dommage des effets des voyageurs, soit que le vol ou le dommage ait été causé par les domestiques et préposés de l'hôtel ou par des étrangers allant et venant dans l'hôtel. La loi du 18 avril 1889 a limité cette responsabilité à 1.000 francs pour les espèces monnayées et les valeurs ou titres au porteur de toute nature non déposés réellement entre les mains des hôteliers.

Nous ne pouvons examiner ici ni les bénéfices que peuvent recueillir les personnes qui dirigent des hôtels, ni les frais généraux qu'elles ont à subir. Ces chiffres varient à l'infini, selon l'importance et la situation des établissements. Disons seulement que parmi les femmes employées dans les hôtels, la maîtresse lingère a la meilleure situation. Elle est ordinairement logée et nourrie et reçoit de 1.000 à 1.200 francs d'appointements fixes par an. Les dames d'office chargées spécialement des desserts gagnent de leur côté de 800 à 1.200 francs par an.

DÉBITS DE TABACS

Un certain nombre de débits de tabacs étant accordés à des femmes, filles ou veuves de militaires ou de fonctionnaires de l'État, nous croyons bon de donner ici quelques indications pour les personnes qui se trouveraient dans ces situations.

En principe, les débits de tabacs sont accordés, en France, aux personnes qui, par elles-mêmes ou par leurs parents, peuvent justifier de services rendus à l'État, et dont les ressources sont notoirement insuffisantes.

Les débits de tabacs dont le produit ne dépasse pas 1.000 francs sont à la nomination des préfets.

Ceux d'un produit supérieur (débits de 1re classe sont à la nomination du ministre des Finances.

Toute postulante à un débit de tabacs doit produire :

1° Une demande au ministre des Finances (ou au préfet pour les débits de 2e classe) formulée sur papier timbré, indiquant son âge, son domicile et ses titres ;

2° Un état authentique ou une copie dûment certifiée des services militaires ou civils invoqués, indiquant leur durée et leur importance ;

3° Un certificat délivré par l'autorité municipale du lieu de sa résidence, attestant sa moralité, sa situation de famille, et faisant connaître quels sont ses moyens d'existence (ce certificat est établi sur un imprimé de service délivré par l'Administration) ;

4° Un extrait des rôles indiquant le montant des contributions payées par la postulante ou un certificat de non-inscription sur les rôles ;

5° Son acte de naissance ;

6° Son acte de mariage ou celui de ses père et mère, suivant que les services invoqués sont ceux du mari ou du père ;

7° L'acte de décès du mari ou du père, suivant la même distinction ;

8° Un certificat du receveur de l'enregistrement, faisant connaître, autant que possible, le montant de son loyer d'habitation, et les renseignements qui auront pu être recueillis lors de l'ouverture et de la liquidation des successions qui lui sont échues.

Peuvent postuler pour l'obtention d'un débit de tabacs de 1re classe (plus de 1.000 francs de produit brut annuel) :

1° Les femmes, veuves, enfants des anciens officiers de tous grades des cadres réguliers actifs de la guerre ou de la marine ;

2° Les femmes, veuves ou enfants des anciens fonctionnaires ou agents de l'État ayant eu un traitement minimum de 2.000 francs par an ou assujetti à la retenue de 5 pour 100 pour le service des pensions civiles (loi de 1853) ;

3° Les personnes qui auront accompli dans un intérêt public des actes de courage et de dévouement dûment attestés.

La candidature à un débit de tabacs simple de 2e classe (1 000 francs et au-dessous de produit brut annuel), peut être utilement présentée par :

1° Les femmes, veuves, enfants des anciens sous-officiers et soldats des cadres réguliers actifs de la guerre ou de la marine ;

2° Les femmes, veuves, enfants des anciens fonctionnaires ou agents de l'État, des départements ou des communes ayant eu un traitement inférieur à 2.000 francs par an ;

3° Les personnes qui auront accompli, dans un intérêt public, des actes de courage et de dévouement dûment attestés.

Les demandes doivent être adressées au ministre pour les bureaux de la 1re classe, et au préfet pour les bureaux de la 2e classe.

Nous devons faire remarquer qu'il ne suffit pas que les demandes soient agréées et classées pour que les postulantes obtiennent un débit, il faut encore que des vacances se produisent, et elles se font parfois longtemps attendre.

FIN

TABLE ALPHABÉTIQUE

ÉMILE COLIN ET Cⁱᵉ — Imprimerie de Lagny.

E. GREVIN, Succʳ.